Este livro é dedicado

a todos os voluntários do mundo, qualquer que seja a natureza de sua cooperação.

Nenhuma delas é pouca ou simples; todas são grandiosas e inestimáveis.

São pessoas extraordinárias pela coragem, despojamento e abnegação; verdadeiros símbolos humanos da solidariedade.

O amor de que fala este romance é grande, mas pequeno se comparado àquele que impulsiona esses super-heróis do nosso tempo.

Floriano Serra

Nasci em Fortaleza e morei muitos anos em Salvador, onde conheci minha mulher Lita, com quem estou casado há mais de cinquenta anos. Tenho dois filhos e três netos, todos maravilhosos. Vivo em São Paulo desde 1968 e sou formado em Propaganda & Marketing e Psicologia, com pós-graduação em Análise Transacional. Ao longo da minha vida profissional, atuei como psicoterapeuta e, na maior parte do tempo, como executivo de empresas nacionais e multinacionais, sempre em Recursos Humanos.

Sempre gostei muito de ler de tudo: desde histórias em quadrinhos — ah, os saudosos gibis!... — e fábulas infantis até romances clássicos e populares, de preferência sobre temas sobrenaturais, inexplicáveis e de mistério. Apreciava tanto esses temas que, inclusive, colecionava recortes de jornais e revistas sobre discos voadores, fenômenos paranormais e misticismo em geral. Não perdia nada sobre esses assuntos, fosse no cinema, em séries de televisão ou em vídeos. Li todos os romances do moderno mestre americano do horror Stephen King e outros autores do gênero, começando pelo tradicional Edgar Allan Poe. Logo surgiu um grande interesse pela parapsicologia, o que me levou a participar de inúmeros cursos e palestras. Assisti a várias sessões espíritas, buscando presenciar e entender os fenômenos. Reencarnação e vidas passadas tornaram-se temas obrigatórios de minhas pesquisas.

Mas não me tornei um expert. Sei que nessa matéria ainda sou aprendiz. Ainda tenho muito a aprender, porém o fato é que, doravante, quero falar e escrever sobre paz, amor e espiritualidade — como ocorre neste meu terceiro romance —, não apenas como psicólogo, mas como alguém que acredita serem essas as bases que podem fazer do ser humano uma criatura melhor e mais feliz.

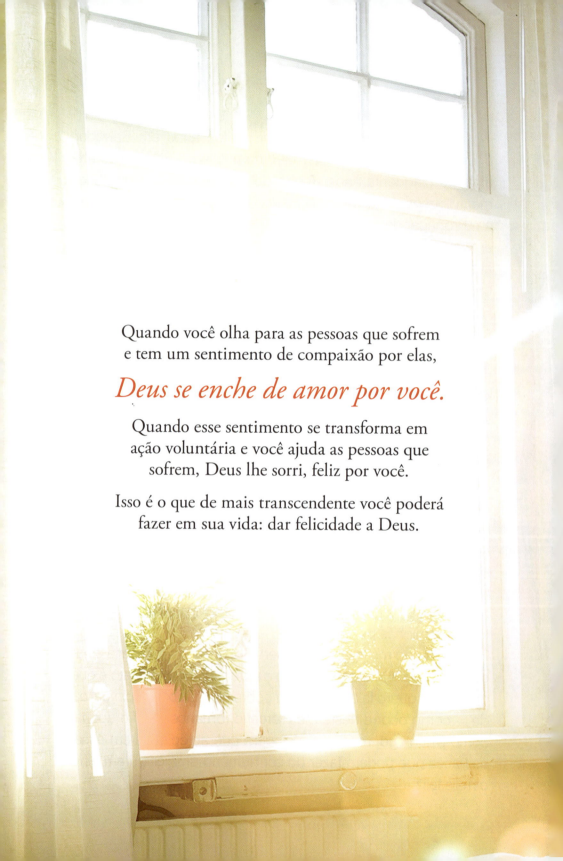

Quando você olha para as pessoas que sofrem e tem um sentimento de compaixão por elas,

Deus se enche de amor por você.

Quando esse sentimento se transforma em ação voluntária e você ajuda as pessoas que sofrem, Deus lhe sorri, feliz por você.

Isso é o que de mais transcendente você poderá fazer em sua vida: dar felicidade a Deus.

Capítulo 1

2 de fevereiro de 2011, quarta-feira

Na residência dos Castro, um elegante sobrado situado nos Jardins, bairro nobre da cidade de São Paulo, acontecia um jantar como tantos outros daquela família.

Naquela noite, as pessoas à mesa não poderiam imaginar que, em poucos minutos, um acontecimento abalaria profundamente a harmonia da família e mudaria para sempre sua história.

Entre comentários de maior ou menor importância sobre os acontecimentos do dia, todos à mesa saboreavam a gostosa comida preparada por Deolinda, a dedicada empregada baiana que trabalhava para a família havia décadas. Seus cabelos inteiramente brancos, resultantes dos mais de oitenta anos de vida, compunham um belo contraste com a pele escura e surpreendentemente lisa para sua idade. Filha de escravos, vez por outra, nas horas de descontração, ela desfiava alguma história sobre a época em que era criança, e não raramente acabava se emocionando ao final daquelas narrativas.

Sem muito entusiasmo, o grupo falava de trivialidades. No entanto, apesar daquela aparente tranquilidade, havia um assunto latente que os preocupava muito, mas sobre o qual ninguém ousava comentar. Era como se houvesse um acordo geral para que o tema não fosse abordado naquela casa.

Semanas antes, na noite do dia 12 de janeiro, ocorrera uma tragédia na região serrana do Rio de Janeiro. Um violento temporal desabara sobre várias cidades, causando o deslizamento das encostas dos morros e provocando imensas avalanches de árvores, lama e rochas, soterrando muitas moradias e causando centenas de mortes. Foi um verdadeiro dilúvio, algo que o Rio de Janeiro jamais presenciara e que mobilizara todo o país em orações e em iniciativas de ajuda.

O quadro era apavorante e desolador. Casas e prédios inteiros desabaram, muitos deles soterrando os moradores. Em poucas horas, a Polícia Civil havia contabilizado mais de novecentos mortos.

O município mais atingido foi Nova Friburgo, seguido por Teresópolis, e outras cidades que faziam parte da região também foram duramente castigadas e registraram muitos prejuízos materiais e trágicas mortes.

O país estava em estado de choque.

Naquele jantar, o motivo da preocupação oculta entre os membros da família Castro era procedente: semanas antes, Patrícia, uma das filhas do casal, no ímpeto dos seus vinte e oito anos, decidira ir para o Rio para acompanhar um grupo de voluntários na ajuda aos desabrigados. Esse grupo fora organizado por uma ONG do bairro onde vivia Léo, namorado de Larissa. Irmã caçula de Patrícia, a jovem trabalhava numa empresa ligada ao banco onde Afrânio, o pai das moças, era um alto executivo.

Orgulhoso pelo trabalho desenvolvido por essa ONG, na qual atuava um grupo de amigos seus, Léo contou o fato à namorada, e a jovem, por sua vez, comentou-o com a irmã. E foi assim que surgiu em Patrícia a ideia de ir para o Rio.

A moça era graduada em serviço social e trabalhava em uma instituição voltada à reabilitação de jovens dependentes químicos, pertencentes a famílias de baixa renda. Tão logo soube das notícias, achou que poderia ser útil no apoio e orientação às vítimas daquela catástrofe.

De imediato, depois de fazer contato com a ONG, Patrícia viajou com o grupo para o Rio. Lá, hospedaram-se em uma modesta pousada na própria região serrana. A ideia era de que, estando próximos ao local das tragédias, não teriam problemas de locomoção e poderiam chegar mais depressa aos necessitados.

Depois de se instalar na pousada, Patrícia passou a telefonar todos os dias para os pais para dar-lhes notícias. Inclusive, fizera contato com eles naquela manhã.

Segundo dissera, estava em um lugar seguro, sendo cautelosa para não se expor a riscos desnecessários. Admitia que estava muito chocada com o drama que presenciara e que estava fazendo o possível para ser útil.

Desde o início, Afrânio não concordara com a iniciativa da moça. A contragosto, reconhecia a nobreza do gesto de Patrícia, mas temia pela vida dela. Ela era sua filha predileta, ainda que não o admitisse.

Por temperamento e formação, Afrânio era um homem muito objetivo, pragmático e de coração duro. Era diretor financeiro e membro do Conselho de Administração de um grande banco em São Paulo. Ao longo de seus sessenta e cinco anos de vida, desenvolvera uma excelente capacidade racional e analítica, mas esquecera-se de dar o mesmo crescimento ao seu lado afetivo, emocional e espiritual. Certamente por isso não via sentido na iniciativa da filha mais velha.

Como homem de negócios, habituado a defender o dinheiro e os bens dos seus clientes e da empresa à qual servia, Afrânio não admitia riscos também à sua vida pessoal e familiar. Os únicos riscos que admitia eram aqueles decorrentes do seu trabalho, nos quais se tornara um renomado especialista: aplicações e investimentos.

Graças à sua inteligência e aos seus esforços, tivera uma ascensão meteórica no banco. Na verdade, sua ascensão acontecera graças não apenas à sua competência, mas também ao seu "faro" para descobrir falcatruas.

Dois anos antes de ser promovido a diretor, Afrânio descobrira um ardiloso golpe que vinha sendo aplicado por Lídia, uma das funcionárias do banco, e que provocara enormes perdas financeiras à empresa. Ele descobrira as fraudes e providenciara na ocasião a imediata demissão da funcionária.

Ao mesmo tempo, solicitou ao setor jurídico que abrisse contra ela um rigoroso processo criminal que, depois de concluído, certamente resultaria no confisco dos bens e na prisão da ex-colaboradora. A história, no entanto, tivera um final trágico, pois Lídia, certamente abalada com a possibilidade de ser presa e de perder suas posses, enchera-se de ódio por ter sido desmascarada, fazendo seu coração não suportar tamanha carga negativa. A mulher acabou sofrendo um infarto fulminante, o que não impediu que o banco recuperasse na Justiça os valores que haviam sido subtraídos pela ex-funcionária.

Daí em diante, Afrânio tornou-se um homem de total confiança dos acionistas e dos conselheiros do banco. Dois anos após esse fato, ele foi convidado a assumir a diretoria financeira da empresa e, em menos de um ano, recebeu um novo convite, dessa vez para integrar o Conselho de Administração da empresa, consolidando seu elevado status na organização. Seu sonho passou a ser comprar ações e tornar-se finalmente banqueiro.

Assim, naquele jantar, a ausência de Patrícia, associada à tragédia no Rio, era o motivo da preocupação latente no grupo sentado à mesa. Uma preocupação forte, mas que não podia ser externada — daí as conversas girarem em torno de assuntos de pouca importância e interesse. Era uma maneira de fugir da tensa realidade que eles estavam vivendo e, ao mesmo tempo, uma forma de não aborrecer o chefe da família, para quem aqueles assuntos eram rigorosamente proibidos.

Em uma das cabeceiras da longa mesa estava Lucila, esposa de Afrânio e mãe dos jovens. Era uma elegante senhora de cinquenta e oito anos, cuja aparência e corpo esguio não revelavam sua idade, apesar dos já emergentes cabelos grisalhos nas têmporas, que ela assumia com soberana autoconfiança.

Mesmo com o passar dos anos, Lucila mantinha os traços da beleza da juventude, que tanto atraíra os rapazes do colégio e da faculdade.

Sempre muito educada e discreta, falava baixinho, quase sussurrando, e quando sorria colocava uma das mãos sobre a boca para manter a sobriedade.

Os filhos, como de hábito, sentavam-se frente a frente durante as refeições da família, um de cada lado da mesa. Ali estavam Larissa, a caçula de vinte e dois anos, e Ricardo, que acabara de completar vinte e quatro anos.

O rapaz formara-se em arquitetura e pretendia, em mais alguns anos, abrir o próprio escritório. Por enquanto, até adquirir experiência na profissão, trabalhava como freelancer para um grupo de arquitetos de renome.

Larissa estava prestes a concluir a formação em psicologia. Desde o início da graduação, a jovem estagiava na área de seleção de uma agência especializada na recolocação de pessoal, que prestava serviços ao banco onde seu pai era diretor. Isso lhe garantia certa flexibilidade de horário e mesmo de comparecimento. À noite, seguia do emprego direto para a faculdade.

Eram jovens bonitos, de aparência saudável e educação esmerada, obtida em bons colégios.

Além da ausência de Patrícia à mesa, notavam-se duas outras: a do próprio Afrânio, que minutos antes ocupava a outra cabeceira. Dispensando a sobremesa, ele levantara-se e fora para a sala de estar para assistir na TV ao noticiário da noite, como fazia diariamente. Naqueles últimos dias, estava visivelmente preocupado com a situação do Rio, sobretudo por causa da filha que se encontrava lá. Outra ausência notada à mesa era a de Eduardo, o primogênito de trinta e dois anos.

Anos antes, para alegria dos pais, principalmente de Afrânio, que sempre sonhara em ter um filho doutor, Eduardo formara-se em medicina. Segundo depoimentos dos professores e colegas, ele fora um dos alunos mais aplicados da turma. Esses depoimentos só faziam aumentar o orgulho e a satisfação de Afrânio, mas logo essa alegria transformou-se em frustração: com menos de um ano de formado, Eduardo decidiu unir-se ao grupo humanitário internacional Médicos Sem Fronteiras. Àquela altura, ele encontrava-se em algum país da África ou em algum outro lugar longínquo do mundo, em mais uma missão de ajuda.

Por causa dessa decisão do filho, Afrânio aborrecera-se profundamente e não o perdoava. Ele acalentara longos sonhos de ter Eduardo por perto, em São Paulo, exercendo sua profissão em um sofisticado consultório em algum ponto de destaque dos Jardins. Afrânio levou algum tempo para assimilar a decisão do filho, mas ainda guardava muitas mágoas daquela iniciativa do primogênito.

Lucila, a esposa, tinha sentimentos distintos dos nutridos pelo marido. Embora sentisse muito a ausência do filho mais velho, no íntimo ela tinha muito orgulho do trabalho que Eduardo desenvolvia nas regiões pobres e carentes do mundo. Via isso como uma missão e sabia que deviam ser incontáveis as vidas que ele ajudava a salvar e que devia ser grande o consolo que levava às milhares de famílias desamparadas por guerras, doenças ou pela falta de assistência dos governantes. Ela considerava um privilégio ter um filho com uma nobreza de espírito tão grande. Mas, obviamente, em nome da harmonia do casal, não compartilhava esse sentimento com o marido.

O apavorante grito de Afrânio, rasgando o quase silêncio da sala de jantar, pegou a todos de surpresa. Foi um grito desesperado, forte, de quem acabara de levar um enorme susto ou de sofrer um grande impacto.

Imediatamente, os olhares voltaram-se para a sala de estar. Afrânio estava de pé, segurando uma taça de vinho na trêmula mão esquerda, com os olhos esbugalhados e fixos na TV, para onde apontava com o dedo indicador da outra mão, também trêmula.

— Vocês ouviram? Vocês ouviram? — balbuciava, nervoso, com a voz rouca pela grande emoção.

Todos se levantaram e correram para a sala, cercando o pai, tentando acalmá-lo, e, ao mesmo tempo, olhando para o televisor, para o qual Afrânio, com os olhos arregalados, continuava apontando. Ali, o noticiário continuava com seu padrão de todos os dias.

Todos falavam ao mesmo tempo, pois também estavam assustados.

— O que foi, pai? — Ricardo questionou.

— O que você estava assistindo, pai? — indagou Larissa, assustada.

— O que aconteceu, querido? — Lucila estava pálida. Tirou a taça de vinho da mão do marido, pôs um dos braços em volta dos ombros de Afrânio e, com a outra mão, tentou fazê-lo sentar-se, forçando delicadamente o braço do marido para baixo, empurrando-o de leve para a poltrona.

A velha Deolinda veio correndo da cozinha e manteve-se à distância do grupo, observando a cena, sem esconder seu ar de preocupação. Em todos aqueles anos em que prestava serviços à família Castro, nunca vira o patrão naquele estado.

Afrânio não parava de apontar para a TV, mal conseguindo manter o dedo firme na direção do aparelho, de tão trêmulo que estava. Com esforço, conseguiu articular algumas frases:

— Patrícia! Foi a Patrícia! Eu vi minha filha! Ela apareceu na televisão!

Todos sentiram um alívio imediato. Ouvindo aquelas palavras, concluíram que o inesperado grito do pai não passara da manifestação de uma forte emoção por ver a imagem da filha ausente.

Larissa estava entre contente e surpresa:

— Minha irmã deu alguma entrevista para a televisão? — e agora já ensaiava um sorriso.

Lucila também se sentia aliviada:

— Foi isso, querido?

Com dificuldade, Afrânio sentou-se na poltrona, mas continuava descontrolado, chorando e tremendo:

— Não, nada disso! Vocês não estão me entendendo!

— Então, querido, se acalme e nos conte o que você viu. Estamos todos curiosos.

— É, pai, fique calmo. Conte pra gente por que você está tão nervoso — de todos, Ricardo era o que parecia mais sereno. Para ele, o pai bebera vinho além da conta, cochilara diante da televisão e tivera um sonho rápido.

Gaguejando, Afrânio tentava explicar-se:

— Patrícia apareceu ali. Aconteceu alguma coisa com ela!

Naquele momento, todos voltaram a ficar preocupados. Larissa parou de sorrir. Lucila não saía de perto do marido:

— O que você está dizendo, Afrânio? Por que você acha que aconteceu alguma coisa com Patrícia? E o que ela estava fazendo na televisão?

— Pai, se você não se acalmar, não vamos conseguir entender nada do que o senhor está dizendo e não vamos poder ajudá-lo! — a voz de Larissa tinha quase o tom de uma repreensão.

Afrânio enxugou as lágrimas com as palmas das mãos, deu um grande suspiro e, aos solavancos, começou a falar:

— Eu... eu estava assistindo ao noticiário. Eles estavam mostrando uns movimentos grevistas na Europa, uma passeata...

Os filhos haviam se agachado diante do pai e ouviam-no com atenção. Lucila, que se sentara no largo braço da poltrona onde estava o marido, continuava acariciando os ombros de Afrânio para relaxá-lo.

Com esforço, ele tentava esclarecer a situação:

— Eu não sei explicar direito. Aconteceu de repente. Não me perguntem como isso é possível nem digam que bebi vinho demais. Eu estava acordado, sóbrio, atento, prestando atenção ao noticiário.

Larissa foi enfática:

— Ninguém está pensando nada disso, pai. Continue.

— Então, de repente, ela apareceu. Patrícia apareceu na tela da TV, interrompendo a reportagem sobre as greves na Europa.

Ricardo achou o relato do pai estranho:

— Como assim "interrompendo"? Os noticiários não costumam fazer isso!

Afrânio olhou para Ricardo quase suplicante:

— Eu sei, filho! Pois foi por isso mesmo que achei estranho. O assunto que estavam mostrando não tinha nada a ver com minha filha. Mas, de repente, lá estava o rosto dela, sorrindo, calmo, olhando para mim.

— Ela falou alguma coisa, pai? — Larissa não escondia sua ansiedade.

— Falou, filha. Ela... — Afrânio cobriu o rosto com as mãos, curvou-se sobre os joelhos e recomeçou a chorar.

Ricardo aproximou-se de Afrânio e afagou as costas do pai como se estivesse massageando-as:

— Calma, pai. Sabemos que você está com saudades da Pati.

Larissa completou a frase do irmão:

— É, mas também não exagere, pai — talvez Larissa estivesse com uma pontinha de ciúme quando se dirigiu a Afrânio daquela forma.

Afrânio levantou o rosto molhado pelas lágrimas. Os filhos nunca haviam visto o pai — sempre racional e senhor de si — daquela maneira e estavam quase chocados.

— Não é isso, filha. É que ela falou diretamente para mim! Não era nenhuma entrevista, nenhum depoimento. Patrícia falou comigo, ela se dirigiu diretamente a mim! Vocês estão me entendendo?

Larissa e Ricardo entreolharam-se, compartilhando em silêncio, de forma cúmplice, a opinião de que aquilo era um absurdo e de que o pai estava delirando.

— Querido, conte-nos exatamente o que você ouviu — Lucila esforçava-se para manter a calma, mas estava começando a ter um mau pressentimento sobre aquele assunto.

Novamente, Afrânio levantou o rosto, e seu semblante, subitamente, tornou-se sério, com ar de cansado. E foi com a voz rouca, pausada e sem vida que ele falou:

— Não sei se as palavras foram exatamente essas, mas ela disse mais ou menos o seguinte: "Pai, daqui a pouco vocês vão ter notícias sobre mim. Não são boas, mas não se desesperem. Eu vim fazer o que o meu coração mandou. Não me arrependo. Quero que saibam que não sofri e não estou sofrendo, mas acho que vou sentir saudades. Sempre amarei vocês todos" — e então Afrânio rompeu em um choro convulsivo, voltando a esconder o rosto.

O pequeno grupo agachado não sabia o que dizer nem o que fazer. Os jovens ficaram em silêncio por alguns minutos, olhando para Afrânio, cujo corpo curvado sobre os joelhos era sacudido por intensos soluços.

Ricardo foi o primeiro a levantar-se e ficou andando de um lado para o outro da sala, com as mãos nos bolsos da calça. Pensava no que deveria ser feito. Larissa começou a chorar baixinho, ainda ajoelhada, e logo tomou uma decisão:

— Pois vamos resolver isso agora mesmo. Vou ligar para ela.

A jovem esticou o corpo, pegou o celular na bolsa e digitou o número da irmã. Ricardo parou de caminhar e ficou olhando para Larissa, na expectativa do que iria acontecer.

Fez-se um profundo silêncio na sala. Afrânio e Lucila olhavam para a filha quase sem respirar. Deolinda, que permanecera a um canto da sala, fazia preces em voz baixa.

Depois de alguns segundos de espera, Larissa desligou o telefone contrariada:

— Está na caixa — disse em um fio de voz.

Vendo a tristeza e o medo estampados no semblante de todos, Lucila percebeu que precisava manter-se lúcida. Afrânio era a fortaleza da família. Era um rochedo, tão tradicionalista e conservador, que, com frequência, chegava a ser rígido e preconceituoso na defesa de suas opiniões, crenças e valores. Possuía uma boa cultura geral, era um homem trabalhador, honesto e amante da vida familiar, ainda que não fosse dado a demonstrações de afeto com os filhos nem com a esposa. Pelo contrário, na maioria das vezes apontava falhas e cobrava deles comportamentos mais de acordo com sua própria cultura. No entanto, como pai era respeitado e amado. A família sabia que podia contar sempre com Afrânio, apesar de toda sua frieza afetiva e inflexibilidade de opinião.

Mas Lucila percebia que, naquele momento, o marido estava fragilizado e cabia a ela tomar alguma iniciativa para administrar a situação que ameaçava transformar-se em pânico. Ainda que procurasse não demonstrar, estava de fato muito preocupada com o que ouvira de Afrânio. Era espírita e, em seus estudos, ela aprendera que, em situações de extrema emoção, era possível ocorrer comunicações telepáticas de várias formas entre pessoas próximas, mas separadas pela distância. Sobretudo se uma dessas pessoas estivesse em perigo ou se...

Lucila não quis continuar a pensar naquela segunda hipótese. Procurou controlar a voz, para que seus filhos não percebessem que ela estava também prestes a perder a serenidade:

— Gente, vamos manter a calma e apurar isso direitinho — Lucila esforçou-se para que sua voz soasse da forma mais doce possível para não aborrecer o marido com a pergunta que lhe faria. Agachou-se diante de Afrânio, pondo as mãos nos joelhos do marido para apoiar-se: — Querido, não se zangue com o que vou lhe perguntar. Nós acreditamos em você. Sabemos que é um homem responsável e não é dado a brincadeiras de mau gosto. Mas o assunto requer muito cuidado para ser bem compreendido. Você... — hesitou antes de continuar — você tem certeza de que não cochilou, de que tudo não passou de um sonho desagradável?

Em outras circunstâncias, Afrânio realmente teria se aborrecido por ter suas afirmações contestadas ou postas em dúvida. Sendo um homem que se gabava de ser lúcido e racional ao extremo, ele desenvolvera o hábito de pensar bem antes de afirmar qualquer coisa. Mas, naquele momento, surpreendentemente, Afrânio não se zangou.

Bem devagar, Afrânio ergueu a cabeça, que estava caída sobre o peito, olhou para a mulher com uma expressão sofrida e triste, e falou com uma voz quase inaudível:

— Infelizmente não foi um sonho, querida. Não cochilei, nem estou bêbado. Eu realmente vi nossa filha na televisão falando aquelas coisas para mim. Não sei como isso é possível, mas eu a vi e ouvi. Ou então eu estou ficando completamente louco.

Lucila estremeceu interiormente. Não era a resposta que esperava ouvir. Aquela resposta a fazia voltar a pensar nas mensagens telepáticas. Por fim, decidiu tomar outra providência mais prática e, procurando demonstrar iniciativa, levantou-se:

— Pessoal, vamos ligar para a ONG que convidou Patrícia. Alguém sabe o número do telefone de lá?

— Não adianta ligar agora, mãe — foi Ricardo quem retrucou. — Já passa das nove horas da noite. A essa altura, todos já foram embora, não deve ter mais ninguém no escritório.

Lucila reconheceu que o filho tinha razão, mas achava que devia haver um meio de confirmar que Patrícia estava bem.

— E se ligarmos para alguma emissora de televisão ou de rádio ou para a redação de algum jornal do Rio?

Larissa respondeu irritada, muito mais por frustração diante da situação do que para contestar a mãe:

— E dizer o quê, mãe? Que meu pai teve uma visão da filha enquanto assistia à televisão e tomava vinho? E que é para eles fazerem o favor de irem ao morro, debaixo da tempestade, verificar se ela está bem? A senhora tem ideia de quantos pais estão fazendo ou querendo fazer a mesma coisa neste momento? — enquanto esbravejava, a raiva ia se transformando em choro.

Vendo o desespero da filha, Lucila correu para abraçá-la.

Ricardo tentou amenizar o ambiente:

— Pessoal, estamos fazendo um drama por algo que nem sabemos se... — ia completar "se é verdade", mas dizer isso implicaria afirmar que seu pai sonhara ou tivera uma alucinação. Afrânio percebeu o comentário e não gostou do que ouviu, o que o fez levantar-se zangado:

— Vocês acham que eu estou mentindo ou que estou bêbado, não é? Estão enganados! Não sei explicar o que aconteceu, mas sei muito bem o que vi e ouvi!

Lucila correu a abraçá-lo e acalmá-lo:

— Calma, querido, ninguém aqui está insinuando nada. Mas você há de concordar que a situação é no mínimo inusitada.

Afrânio acalmou-se um pouco:

— Concordo e por isso estou tão confuso quanto vocês.

Naquele momento, o telefone da sala tocou. O efeito daquele som foi devastador: todos ficaram petrificados. Os corações dispararam.

Os olhos do grupo estavam fixos no aparelho, que continuava tocando. Nunca o toque de um telefone soara tão lúgubre. Pareceu decorrer uma eternidade antes que alguém decidisse atender a ligação.

Larissa caminhou até o telefone e tirou-o do gancho. Naquela sala, as respirações estavam suspensas.

— Boa noite — ela falou e fez uma pausa. — É daqui mesmo — nova pausa. — Isso mesmo. Patrícia Castro é minha irmã — desta vez a pausa foi ainda maior.

Os corações de Afrânio, Lucila, Ricardo e Deolinda começaram a ficar apertados quando perceberam que os olhos de Larissa se avermelhavam e as lágrimas começavam a se acumular neles.

Ao responder, a voz da jovem já traía seu pânico e o início do choro:

— Mas quem está falando? Quem é o senhor? De onde está falando?

Pelo nervosismo de Larissa, aparentemente a pessoa do outro lado da linha não estava se identificando de forma clara. Quem sabe talvez estivesse nervosa também.

— Quem? Defesa Civil do Rio de Janeiro? — ainda soluçando, ela ouviu por uns instantes o que a outra pessoa dizia. De repente, a jovem soltou um grito horrível, largando o telefone e levando as mãos à boca: — Não!

Ricardo correu até Larissa a tempo de evitar que a irmã desabasse no chão, desmaiada. O telefone ficou pendurado pelo fio, falando sozinho com a dor daquela família.

Lucila, então, não teve mais dúvida de que o pior havia acontecido com sua filha. Como havia imaginado, a aparição da imagem de Patrícia na televisão, vista e ouvida pelo pai, fora uma concessão especial das entidades espirituais para preparar aquela família para o que estava por vir, antes que o fato fosse divulgado de forma sensacionalista pela imprensa.

Capítulo 2

No vigor dos seus vinte e oito anos, Patrícia era uma jovem bonita, de pele clara e cabelos longos, lisos e negros. Muito inteligente, era irrequieta, sempre alegre e disposta a fazer coisas novas. Mas, acima de tudo, tinha um coração de ouro, tal a permanente disposição da moça para ajudar quem precisasse de seus conhecimentos, de sua experiência ou apenas de sua atenção. Era essa a opinião quase unânime de seus amigos e colegas.

Patrícia graduara-se em serviço social porque achava que era a formação que mais a qualificaria para satisfazer seu desejo de ajudar as pessoas menos favorecidas da sociedade. Apesar de ser filha de um rico executivo, não tirava proveito das regalias que tal condição poderia proporcionar-lhe. Pelo contrário, a moça não aceitava as desigualdades de renda nem os desmazelos sociais, que ela considerava fruto do descaso do governo, das autoridades e dos políticos.

Por pensar e agir assim, estava quase sempre envolvida em várias campanhas, passeatas, iniciativas e em projetos de natureza beneficente ou social. Essas atitudes aborreciam e preocupavam seu pai, Afrânio, que a amava muito, mas preferiria vê-la mais pacífica e acomodada, talvez até alienada.

No entanto, Patrícia entregava-se de corpo e alma a seu trabalho de recuperação de jovens dependentes de drogas. Em seu expediente diário, não se limitava a permanecer nas instalações da instituição e, com frequência, ia visitar os familiares dos adolescentes, onde quer que morassem. Sabia que, sem o apoio da família, sobretudo dos pais, ficaria muito difícil para os jovens resgatarem a autoestima e retomarem o caminho saudável do trabalho e dos estudos.

Quando aconteceu a tragédia no Rio no início do ano, Larissa comentou com a irmã em uma noite, quando ambas já se preparavam para dormir, que seu namorado Léo lhe falara sobre um grupo que estava sendo formado por uma ONG do seu bairro. O objetivo era ir para o Rio prestar auxílio às pessoas atingidas pela catástrofe. Entre os profissionais solicitados como voluntários, os organizadores estavam buscando médicos, enfermeiros, psicólogos e assistentes sociais.

Ao fazer aquele inocente comentário, Larissa nunca imaginaria que sua irmã levaria o assunto tão a sério.

Sabendo da existência daquela ONG e do trabalho desenvolvido pela organização, Patrícia não pensou duas vezes. No dia seguinte bem cedo, a jovem entrou em contato com os organizadores do projeto e inscreveu-se para acompanhar o grupo na condição de voluntária.

Assim que chegou a sua casa após o trabalho, reuniu os pais e comunicou-lhes a decisão de incorporar-se ao grupo da ONG e seguir para o Rio já nos próximos dias. Inclusive, já havia pedido e obtido uma licença não remunerada no seu emprego.

Na ocasião, Afrânio e Lucila ficaram surpresos e chocados, não apenas com a súbita decisão da filha, mas com a firmeza com que ela transmitira sua vontade de ajudar aquelas pessoas. Durante a conversa, embora de forma educada, Patrícia deixara claro que não estava pedindo permissão aos pais para ir, mas apenas comunicando-lhes uma decisão já tomada — e, pelo visto, de forma irrevogável.

Preocupados por saberem que se tratava de uma missão cheia de riscos, Afrânio e Lucila tentaram demover a filha da ideia, mas, por mais que tivessem tentado, nada conseguiram.

Larissa e Ricardo encararam a decisão da irmã de forma natural, até com admiração por sua coragem e determinação. A mãe, apesar da inevitável preocupação com Patrícia, no íntimo também sentia orgulho da atitude da filha. Portanto, a única pessoa que de fato lamentou a partida de Patrícia foi Afrânio, que ficou realmente abalado com a decisão da jovem.

Desde que seu filho mais velho, Eduardo, aderira aos Médicos Sem Fronteiras e fora percorrer o mundo, deixando a família saudosa e preocupada — pois sabiam que ele estaria sempre em zonas de conflitos e doenças —, Afrânio passou a dedicar toda sua atenção e todo seu carinho a Patrícia. Essa nem sempre disfarçada preferência não passava despercebida pelos filhos mais jovens, apesar de que nenhum dos dois jamais tocara no assunto nem mostrara qualquer tipo de ressentimento ou ciúme.

Na primeira semana de trabalho no Rio, Patrícia comunicava-se duas vezes por dia com seus pais: pela manhã, antes de iniciar suas atividades, e à noite, ao deitar-se.

Na segunda conversa que tivera com sua família, chorando, ela fez um relato emocionado sobre os horrores que vinha presenciando e sobre o que estava fazendo para amenizar o sofrimento daquelas pessoas, desesperadas com a perda de entes queridos, das moradias e dos bens materiais. Tudo o que lhes restara era apenas a roupa do corpo. Depois desse episódio, no entanto, Patrícia passou a encerrar as ligações com uma palavra de carinho dirigida aos pais e de esperança de dias melhores aos vitimados.

Naquela noite fatídica, a jovem e seus amigos da ONG haviam se recolhido mais cedo. Não apenas porque estavam exaustos pelo enorme esforço despendido durante o dia inteiro no auxílio às vítimas, mas, sobretudo, porque a chuva se transformara novamente em um temporal.

A Defesa Civil, temendo novos desabamentos, recomendara a todos os voluntários que se recolhessem e deixassem para retomar os trabalhos na manhã seguinte, bem cedinho, se o tempo apresentasse alguma melhora.

Patrícia e mais alguns membros do grupo entenderam a cautela das autoridades. Fizeram um rápido lanche, ouviram músicas relaxantes para aliviar a tensão e em seguida trataram de deitar-se.

Já estavam em sono profundo quando a moradia onde dormiam foi súbita e violentamente atingida por uma imensa avalanche de lama e rochas, ficando totalmente soterrada.

Não havia a menor possibilidade de encontrarem sobreviventes.

Na manhã seguinte, a tragédia foi percebida em toda sua extensão pelas demais pessoas. A modesta pousada onde os voluntários tinham se hospedado estava inteiramente soterrada e, como era de se prever, nenhum dos ocupantes escapou com vida.

A comunicação oficial aos familiares — tanto do Rio como de outros estados — só aconteceu no início da tarde, após a retirada e identificação dos corpos.

Mas na noite anterior e poucas horas após o ocorrido, o oficial responsável pelas operações de resgate — justamente aquele que recomendara à turma de Patrícia que se recolhesse mais cedo — decidiu dar a trágica notícia aos pais da moça, por meio daquela ligação que foi atendida por Larissa.

O oficial tomara aquela decisão porque fizera amizade com Patrícia desde que ela chegara dias antes ao local. Ela apresentara-se a ele como voluntária, juntamente com o grupo coordenado pela ONG. O oficial achou a jovem muito simpática, comunicativa, cheia de energia e que a moça lembrava muito sua filha, que, por coincidência, tinha a mesma idade e o mesmo nome da voluntária. Durante a conversa de apresentação, Patrícia, por pura precaução e pela simpatia do oficial, anotara o telefone de sua casa em São Paulo em um pedaço de papel e entregara ao homem, para o caso de uma eventual necessidade de comunicar-se com seus pais.

Naquele começo de noite, foi esse mesmo oficial quem pessoalmente ajudou o grupo de Patrícia a chegar até a pousada onde estavam hospedados.

Menos de três horas depois, ele foi chamado às pressas para tomar conhecimento do que ocorrera. Com sua experiência em ações de salvamento, ao ver o estado em que a moradia ficara — inteiramente encoberta por uma enorme montanha de lama, troncos e rochas —, o oficial logo percebeu que nada mais havia a fazer para ajudá-los. Apesar de estar acostumado com missões daquela natureza, não pôde evitar que, ao lembrar-se da simpática moça e de seus amigos, uma forte emoção invadisse seu peito.

Passado o impacto inicial, o oficial, ainda que as buscas por sobreviventes não tivessem sido iniciadas, sentiu que deveria ligar para a família da moça em São Paulo para informá-la do que ocorrera. Achava que devia isso àquela jovem que tanto lembrava sua filha. Por isso, com o coração partido, fizera aquela triste ligação, atendida pela irmã caçula de Patrícia. Deixara claro que não era uma informação oficial, mas que temia pelo pior, à luz de sua experiência em ocorrências semelhantes. Poderia estar errado — e torcia fervorosamente para que estivesse —, mas não achava justo deixar os pais da jovem sem notícias durante dias. Ele sabia que agira assim muito mais levado pela emoção do que pelos procedimentos regulamentares, mas não seria correto permitir que a família alimentasse falsas esperanças de que a garota fosse encontrada viva.

Como vinha acontecendo nas últimas noites, Eduardo estava com dificuldade para conciliar o sono. Em Marere, no sul da Somália, até as madrugadas eram quentes, como deviam ser também em outras regiões da África. Certamente o calor era para os estrangeiros uma das causas da dificuldade de dormir.

Mas não era o caso de Eduardo, pois ele já estava ali havia quase um mês e, portanto, era possível dizer que ele já se habituara àquele mormaço noturno.

Outra coisa vinha inquietando-o. Poderia ser o cansaço. Adorava seu trabalho, tinha orgulho e satisfação de ajudar as populações carentes, mas às vezes era tomado por certo desânimo. Via muita miséria diariamente e em várias partes do mundo, e doía-lhe o coração não poder ajudar a todos os necessitados.

Por outro lado, ficava revoltado com o descaso dos governantes, políticos e autoridades, que demoravam para promover soluções ou pelo menos medidas paliativas para amenizar o sofrimento daquela gente. O que via era o abandono completo daqueles pobres coitados, principalmente crianças e idosos, que passavam por sofrimentos diários e que, para terem direito a um atendimento mais digno, dependiam de iniciativas particulares, como a dos Médicos Sem Fronteiras.

Na ocasião, Eduardo e seus colegas vinham combatendo surtos de cólera e sarampo em Marere. Incluindo as aldeias vizinhas — Jilib, Keytoy e Osman —, eram cerca de cinco mil somalis vindos de outras regiões do país para receberem atendimento. O grande desafio de Eduardo, no entanto, eram as barreiras burocráticas, que impediam o acesso dos profissionais de saúde aos locais afetados pelas doenças e que limitavam a liberdade das operações necessárias. Isso criava uma dificuldade adicional, que impedia o atendimento adequado aos pacientes.

A guerra civil, desencadeada no início daquele ano e aliada à falta de saneamento básico e à seca, deixou os habitantes fracos e desnutridos, abrindo caminho para doenças como cólera e sarampo. Uma campanha de vacinação em massa poderia impedir que aquelas doenças se transformassem em uma epidemia, mas as autoridades demoravam a autorizar os procedimentos.

Enquanto tentavam obter as permissões para darem início aos tratamentos de saúde, os integrantes dos Médicos Sem Fronteiras realizavam a cloração da água dos poços e, ao mesmo tempo, distribuíam cobertores e itens essenciais para centenas de famílias.

Por tudo isso, Eduardo, às vezes, sentia-se cansado e desanimado. Ultimamente, inclusive, vinha pensando em dar um tempo naquela missão e retornar ao Brasil. Era nisso que novamente pensava naquela noite calorenta, deitado em sua cama de campanha, olhando para o teto do alojamento, com as mãos cruzadas por trás da cabeça.

Antes de concluir a graduação em medicina, Eduardo tinha a intenção de instalar seu consultório em um bairro popular de São Paulo e reservar alguns horários em alguns dias da semana para o atendimento a pessoas carentes, que não tinham condições de pagar pelas consultas, geralmente caras. Achava que tinha herdado essa tendência humanitária de sua mãe, mulher caridosa e bondosa.

Esse era o projeto profissional de Eduardo, projeto que conflitava com o autoritarismo e a frieza de seu pai. O último ano de sua graduação, por exemplo, fora um tormento para o rapaz. Somente graças a um enorme esforço de tolerância, Eduardo conseguira manter-se longe de acirradas discussões com Afrânio. Ele conhecia os planos de grandeza que seu pai tinha para o filho médico, mas não concordava com tais aspirações.

Afrânio queria que o consultório de Eduardo fosse luxuoso e instalado nos Jardins, voltado a atender à nata da sociedade paulistana. No entanto, Eduardo não comungava dos projetos do pai. Chegaram a conversar algumas vezes sobre o assunto, mas, como sempre, acabaram discutindo e ficando irritados.

Eduardo tinha muita saudade dos irmãos. Identificava-se muito com Patrícia, que também manifestava um enorme desejo de ajudar as pessoas — e fazia isso em seu trabalho e fora dele, sempre que surgia uma oportunidade. A jovem tinha um coração de ouro.

Ricardo era um grande companheiro. Apesar de mais jovem, sempre acompanhava o irmão, principalmente nos estádios de futebol, quando havia jogos importantes. Eduardo muitas vezes lamentava que o curso de medicina fosse tão intensivo a ponto de não sobrar muito tempo para curtir mais a companhia de Ricardo.

Ah, e Larissa, a caçulinha! Um doce de criatura! Tão linda e meiga em sua impulsividade e às vezes em sua rebeldia! Eduardo adorava provocá-la durante uma conversa qualquer só para ver suas faces tornarem-se rosadas de indignação.

Eduardo preocupava-se muito com o que seus irmãos pudessem estar passando com a rigidez do pai. Sabia que eram pessoas sensíveis e certamente sofreriam muito se não fossem tratadas com o devido respeito e carinho.

"Como seria bom se eu pudesse revê-los!", pensava.

Seus devaneios, no entanto, foram subitamente interrompidos, e o silêncio da noite foi quebrado pelo toque estridente do celular. Naquelas circunstâncias, o susto era natural. Além disso, Eduardo não conseguia imaginar quem poderia estar ligando àquela hora.

Só compreendeu que poderia se tratar de algo relacionado à família, quando percebeu que era uma ligação internacional. E, ao ouvir a voz de Lucila, um forte pressentimento deixou-o em dúvida se deveria alegrar-se ou preparar-se para alguma notícia ruim.

Capítulo 3

Os dias que se seguiram à morte de Patrícia foram de absoluta dor para a família Castro.

Larissa e Ricardo pediram licença dos seus empregos e não saíam dos seus quartos. Os olhos de ambos estavam inchados de tanto chorar.

Deolinda, a velha e fiel empregada, parecia ter envelhecido mais dez anos em pouco tempo. Passava os dias andando sem destino pela casa, murmurando palavras ininteligíveis.

Lucila telefonara para seu filho Eduardo para dar-lhe a triste notícia. Durante a ligação, ela ficou sabendo que ele e seu grupo estavam, naquele momento, na cidade africana de Marere, no sul da Somália, uma das regiões mais pobres do mundo. Tentavam combater surtos de cólera e sarampo, mas vinham enfrentando fortes barreiras políticas de acesso à área e limitação de ação nas operações de combate àquelas doenças. Estavam aguardando as autoridades darem permissão para que uma campanha de vacinação em massa, voltada para as crianças daquelas aldeias, fosse iniciada para impedir uma epidemia e evitar outras mortes.

Ao receber a triste notícia sobre a morte da irmã, Eduardo chorou bastante ao telefone e se dispôs a voltar imediatamente para o Brasil, mas a mãe o demoveu da ideia:

— Filho, entendo a sua tristeza e o seu desejo de estar aqui conosco, compartilhando de nosso sofrimento, mas sejamos realistas... Não há nada que você possa fazer aqui. Nem para a cremação você chegaria a tempo. No entanto, aí onde está, há muita gente precisando de sua ajuda. Essa é a sua missão.

Percebendo que seu filho ainda chorava, Lucila tentou confortá-lo:

— Faça suas orações, desabafe sua tristeza com os amigos, mas não interrompa seu trabalho humanitário. Tenho certeza de que o espírito de sua irmã concordará com a minha posição. Ela nos deixou enquanto, assim como você, tentava ajudar outras pessoas. Cabe a você continuar seu trabalho e valorizar o dela.

Eduardo entendeu as considerações da mãe e deu-lhe razão. Depois, quis saber como o pai e os irmãos estavam reagindo à tragédia. A mãe procurou tranquilizá-lo:

— Estamos sofrendo muito, meu filho. Mas Deus sabe o que faz. Ele nos dará forças para resistirmos a esta provação. Ore por todos nós, é o que você pode fazer.

Eduardo revelou à mãe que vinha pensando em dar um tempo em suas atividades no projeto Médicos Sem Fronteiras. Ficaria com eles por mais alguns meses, talvez por mais um ano, e depois retornaria ao Brasil para clinicar em São Paulo. Assim, poderia continuar ajudando as pessoas e, ao mesmo tempo, ficaria próximo da família. Confessou que muitas vezes a saudade batia tão forte que ele precisava se controlar para não largar tudo e pegar um avião de volta para casa.

Fez questão de dizer que nunca esquecia a família e que, se não fosse o trabalho intenso diário, não conseguiria suportar a distância. Por fim, Eduardo comprometeu-se a ligar com mais frequência, para que, mesmo de longe, pudesse acompanhar a vida de sua família.

Apenas Afrânio e Lucila foram ao Rio buscar o corpo de Patrícia para que a cremação fosse realizada em São Paulo.

Para os Castro, tudo parecia um pesadelo, do qual cada um de seus membros rezava para acordar logo. No entanto, as dolorosas horas que se seguiram ao velório, aos cumprimentos dos amigos e colegas e à cremação, trouxeram todos à realidade e fizeram-nos finalmente perceber que tinham perdido um dos mais amados integrantes daquela família.

Assim que retornou a São Paulo, Afrânio tirou quinze dias de licença do trabalho. Precisava refazer-se do impacto da perda da filha, pois não estava conseguindo se concentrar em suas atividades profissionais. Sua privilegiada racionalidade, pela primeira vez, fora duramente atacada pela emoção, algo que até então não desfrutara de sua intimidade.

Lucila aprovou a iniciativa do marido, pois notava que ele estava terrivelmente abatido e desconsolado e precisava de um período para refazer-se daquela tragédia. Ela mesma necessitava também de apoio. Assim, o casal teria um tempo para refletir sobre o ocorrido e planejar o recomeço da vida da família, agora sem Patrícia.

Na semana seguinte, Lucila foi ao centro espírita que frequentava havia anos e no qual, inclusive, ajudava nas sessões de passes e de comunicação com os espíritos.

Geralmente ia sozinha ao centro. Afrânio não se confessava ateu porque acreditava em Deus, mas não participava de nada que dissesse respeito a religiões e doutrinas. Nenhuma delas. Era avesso a qualquer tipo de leitura ou conversa que abordasse tais assuntos.

Afrânio não fazia objeções às atividades espirituais da esposa, que se acostumara a não conversar a respeito do assunto com o marido nem compartilhar das campanhas beneficentes que eram promovidas regularmente no centro. Na verdade, o patriarca dos Castro só não desdenhava das atividades espirituais da esposa por respeito e amor a ela, mas, no íntimo, não via sentido naquilo. Afrânio acreditava que aquela doutrina e suas reuniões não passavam de crendice e de pura perda de tempo.

Paciente e tolerante, Lucila compreendia a postura do marido e por isso não insistia para que ele a acompanhasse nas sessões. Sabia que a infância de Afrânio fora dura e que seu pai, por exemplo, abandonara a esposa quando soube que ela estava grávida. A mãe de Afrânio, por sua vez, ao ser abandonada, entrara em depressão e entregara-se ao álcool e às drogas, relaxando inteiramente nos cuidados e na educação do filho recém-nascido.

Sem avós maternos ou paternos conhecidos, Afrânio se fizera sozinho, à custa do que a vida lhe ensinara e graças a seus próprios esforços para crescer e ser uma pessoa melhor. Devido à falta de estrutura familiar, perdera a afetividade e a fé, pois decidira entregar-se de corpo e alma aos estudos e ao trabalho.

O tripé "estudar, trabalhar e ganhar dinheiro" passou a ser sua meta de vida e não havia nada que o demovesse de seus objetivos. Eram as únicas coisas em que Afrânio realmente acreditava.

Certamente não fora por acaso que o destino pusera Lucila à sua frente. Quando se conheceram, sentiram-se logo atraídos um pelo outro. Ela, uma mulher bela, inteligente, sensível e muito dedicada aos estudos e às práticas espirituais. Ele, frio, calculista e descrente. Os dois iniciaram uma relação que tinha tudo para não dar certo. Tinham personalidades inteiramente distintas, mas, como reza o dito popular, "os opostos se atraem". No caso dele, o ditado aplicou-se perfeitamente.

A dinâmica das leis espirituais os uniria de qualquer forma, mas era preciso que existissem motivações terrenas para que a união se consumasse. Talvez Afrânio tenha visto em Lucila justamente o que lhe faltava: um porto seguro para suas inseguranças existenciais, suas carências emocionais e para sua permanente busca de paz interior. E ela tenha visto nele a retidão, a responsabilidade e a perspectiva de ter um companheiro fiel e dedicado.

Enfim, quaisquer que tenham sido as razões terrenas que os uniram, o casamento resultou em uma união que já durava trinta e sete anos.

Desde cedo, Afrânio revelara-se um fervoroso amante dos números. Devido a essa habilidade, conseguiu bons empregos em grandes estabelecimentos bancários até chegar ao atual. No banco, galgou rapidamente os postos de supervisão e gerência. Essa ascensão permitiu-lhe obter subsídios da empresa para fazer cursos de graduação, mestrado e doutorado em Economia e Finanças, com vários estágios e seminários de especialização no exterior. Diante desses investimentos, era evidente que a companhia tinha grandes planos para Afrânio.

Lucila seguiu outro caminho. Desde o nascimento do primeiro filho, de comum acordo com o marido, optou por permanecer em casa para dedicar-se integralmente à educação e formação daquela criança e das outras que viriam, pois planejavam ter vários filhos.

Em paralelo, Lucila dedicava-se com afinco às suas atividades em um grupo espiritualista. Lia bastante a respeito da doutrina, frequentava muitas palestras e diversos cursos, e não perdia nenhum dos compromissos semanais, geralmente beneficentes, programados pela casa.

Lamentava apenas, por mais esforço que fizesse e argumentos que usasse, não conseguir sensibilizar o marido a, pelo menos, acompanhá-la às reuniões. Imaginava que, se Afrânio frequentasse os encontros, tomaria gosto e se interessaria pela doutrina.

Nas poucas vezes em que tentou convencê-lo a ir às reuniões, a reação de Afrânio não foi nada amistosa, e Lucila então parou de insistir para não colocar em risco a harmonia do casal.

    Seus filhos, embora não demonstrassem interesse especial pelo assunto, pelo menos não ironizavam nem faziam comentários desrespeitosos sobre o tema. Com o passar dos anos, Lucila desistiu de tentar convencer alguém da família a compartilhar de sua crença e concluiu que deveria tocar sozinha seu trabalho espiritual. E, com a perda da filha, mais do que nunca se entregara às orações e à sua fé.

Capítulo 4

Para Afrânio, as duas semanas de licença foram um tormento, mesmo sabendo que precisava relaxar. O problema era que ele não estava habituado a "ficar sem fazer nada", como costumava dizer.

Admitia que era um workaholic, um viciado em trabalho. Mas não se sentia culpado por isso. Afinal, tinha plena convicção de que fora justamente devido à sua obsessão pelo trabalho que conseguira chegar à elevada posição que desfrutava no banco e que, sobretudo, permitia-lhe dar uma boa vida à sua família.

Seu sucesso profissional, acreditava, possibilitara a seus filhos ingressarem em boas faculdades em São Paulo. E sua mulher, Lucila, nunca precisara trabalhar. Além disso, moravam em um amplo sobrado nos Jardins, todos tinham seu próprio carro e vestiam roupas da moda. O que mais poderiam querer? Quem, em sã consciência, poderia afirmar que ele estava errado na escolha de seu modo de viver? Ou que se equivocara em suas decisões?

Afrânio sentia-se um vencedor.

Não fora fácil chegar aonde chegou depois de ter sido abandonado pelo pai e mal orientado por uma mãe alcoólatra na infância. Avós? Nunca soube da existência deles.

Assim, cresceu sozinho. Havia enfrentado muitas dificuldades, mas seguiu em frente. Arregaçou as mangas, renunciou à alegria, à diversão e ao desfrute e foi à luta. Logo percebeu que o trabalho e o dinheiro eram seus únicos companheiros, os únicos em que podia confiar e a que devia se dedicar pelo resto da vida. E, para isso, precisou estudar muito para ter cada vez mais qualificações para conquistar trabalhos melhores e ganhar mais dinheiro.

Quis o destino que ele se casasse com uma mulher espiritualizada. Ele não se queixava disso, porque Lucila tinha muitos outros atributos positivos que compensavam o que ele considerava uma "limitação". Ela era uma dona de casa extraordinária, uma mãe zelosa e uma esposa dedicada e fiel, mas, para Afrânio, Lucila perdia muito tempo com rezas e orações.

Afrânio achava que sua esposa poderia aproveitar melhor o tempo, de forma mais produtiva e lucrativa, se aprendesse uma atividade que lhe pudesse gerar alguma remuneração. Mas logo percebeu que o que ela gostava mesmo era de administrar a casa e os filhos. Então, assim que Eduardo nasceu, ficou acertado que cada um faria a sua parte. Ele cuidaria do provimento financeiro da família e não se intrometeria nas preces e orações dela. Lucila, por sua vez, cuidaria da casa e dos filhos e não se envolveria nos negócios e no jeito do marido de tocar o trabalho. Cada um na sua. Essa era a regra do casal.

A primeira providência que Afrânio tomou quando reassumiu seu posto no banco foi chamar Olga, sua secretária, e dizer-lhe que não queria, de forma alguma, que funcionários viessem lhe dar os pêsames ou comentassem a tragédia de que sua filha fora vítima.

A mensagem que deveria ser transmitida pela secretária a quem procurasse Afrânio era de que aquele drama se tratava de um assunto pessoal e já pertencia ao passado. Portanto, todos os funcionários deveriam esquecer o assunto e se empenhar em suas tarefas profissionais. O que passou, passou — era o que ele repetia.

Ao ouvir aquela ordem, mesmo sem concordar intimamente com o seu teor, a secretária suspirou aliviada ao perceber que acabara de se livrar de uma repreensão constrangedora, pois sua intenção era justamente a de apresentar ao chefe suas condolências.

Na verdade, o constrangimento durou o dia todo, pois ela foi procurada por muitos funcionários que desejavam oferecer uma palavra de consolo a Afrânio. Fazendo todo o possível para ser gentil e não magoar os sentimentos daquelas pessoas, ela teve que transmitir a indisposição do seu chefe para receber tal apoio a cada um dos colaboradores da empresa.

A única exceção ocorreu quando um casal, representante da ONG que promovera a ida do grupo de voluntários ao Rio, se apresentou e pediu para falar com Afrânio.

Olga achou que se tratava de um caso especial — até porque o banco concedia generosas contribuições mensais àquela ONG, autorizadas pelo próprio Afrânio. Contudo, dadas as circunstâncias, preferiu consultar o chefe se podia fazê-los entrar em sua luxuosa sala.

A reação de Afrânio foi assustadora e inesperada: vermelho de raiva, com os olhos faiscando de indignação, ele vociferou:

— Ah, são eles? Aqueles que mandaram minha filha para a morte? Pois mande-os entrar! Com esses eu quero falar!

Olga já estava arrependida de tê-lo consultado, mas agora não podia retroceder. Temerosa e vacilante, abriu a porta da sala do chefe e pediu ao casal que entrasse.

Demonstrando respeito, não apenas pelo cargo de Afrânio, mas pela dor pela qual ele estava passando, o casal entrou de mansinho no escritório e, lenta e silenciosamente, sentou-se nas duas poltronas dispostas à frente da mesa de Afrânio.

Antes que os representantes da ONG pudessem dizer alguma coisa, Afrânio fuzilou-os com o olhar e disse em uma voz baixa, mas feroz:

— Como é que vocês ainda têm o desplante de vir aqui, depois do que fizeram à minha filha?

O casal entreolhou-se surpreso com aquela inesperada e desagradável recepção. Nenhum dos dois conseguiu dizer uma só palavra.

— Se não sabem — continuou Afrânio cada vez mais vermelho e irritado —, vocês são os verdadeiros culpados pela morte de minha filha! Se vocês não tivessem enchido a cabeça dela com conversas de ajuda, solidariedade e outras baboseiras, Patrícia ainda estaria viva!

O homem da ONG pigarreou e ensaiou uma defesa em voz baixa:

— Doutor Afrânio, entendemos a sua dor, mas a nossa entidade...

Foi interrompido bruscamente:

— Entendem a minha dor uma ova! Vocês têm uma filha adulta? Se têm, por acaso a mandaram também para aquele inferno lá no Rio? Hein? Conversa fiada! Vocês e todas as ONGs deste país não passam de redutos de aproveitadores da boa-fé do povo! Já estou farto de ouvir e ler sobre os desfalques e desvios cometidos por essas aberrações chamadas de ONGs!

Ainda que temerosa diante dos disparates proferidos por Afrânio, a mulher tentou falar também:

— Doutor Afrânio, nós sentimos muito pelo que ocorreu com a sua filha, mas nós gostaríamos...

Nova interrupção:

— Desculpe, minha senhora, não quero faltar-lhe com o respeito, mas vocês não sentem coisa nenhuma! Somos nós, os pais e familiares, que sentimos a perda de um ente querido. Principalmente nas circunstâncias em que o fato se deu. Vocês tiraram minha filha da segurança do lar e convenceram-na a ir para um local perigoso e deu no que deu! Foi exatamente isso o que vocês fizeram!

Diante de tantos insultos, o representante da ONG encheu-se de coragem e ensaiou um princípio de indignação:

— Doutor Afrânio, sua filha se apresentou à ONG como voluntária! Ela nos procurou e se ofereceu para ir ao Rio ajudar. É isso que o senhor precisa entender: nós não a convidamos; ela é que se ofereceu!

Esse argumento só fez aumentar a ira de Afrânio:

— Pois vocês deviam ter recusado a ajuda dela! Que experiência minha filha tinha para enfrentar uma situação daquelas? Aquela ação exigia a presença de profissionais e não de voluntários! Vocês foram irresponsáveis! — irritado, com as mãos trêmulas de indignação, Afrânio pegou alguns papéis que estavam sobre a mesa e mudou o tom, mesmo mantendo o nervosismo. — E agora me desculpem, pois tenho mais o que fazer — e assim falando, discou para a secretária pelo interfone: — Dona Olga, por favor, venha à minha sala para conduzir os visitantes até a saída.

Os representantes da ONG estavam desnorteados. Olhavam um para o outro como se pedissem ou buscassem ajuda diante daquela situação tão inesperada e humilhante.

Pareceu-lhes que a secretária levou horas para entrar. Por fim, levantaram-se, fizeram um tímido e leve aceno com a cabeça na direção de Afrânio e encaminharam-se rapidamente para a porta. Em nenhum momento, Afrânio olhou para os visitantes enquanto saíam. Quando o casal já estava próximo da porta, ele levantou o rosto e, com um tom de voz surpreendentemente calmo para quem estivera urrando minutos antes, disse-lhes:

— Um momento!

O casal voltou-se, pálido. O que viria agora?

Afrânio falou em um tom baixo, maquiavélico, sílaba por sílaba:

39

— Antes que eu me esqueça, a partir de hoje está cancelada a ajuda financeira que este banco vinha concedendo mensalmente à entidade de vocês... — e, elevando a voz, continuou: — Acabou-se a mamata!

O casal fez menção de retrucar, mas detiveram-se quando ouviram Afrânio falar:

— Minha decisão é uma lição para que vocês parem de mandar a filha dos outros para a morte!

A representante da ONG não conseguiu conter as lágrimas e foi logo conduzida para fora da sala por seu acompanhante.

Antes de fechar a porta, Olga lançou um olhar de absoluta desaprovação para seu chefe, mas nada disse. Afinal de contas, ela precisava do emprego.

Para não chamar a atenção dos demais funcionários que transitavam por ali, Olga conduziu a representante da ONG para a copa, onde ela pôde dar vazão com mais liberdade à sua tristeza e vergonha. Foi preciso servir-lhe água e abanar-lhe o rosto, pois a mulher começara a passar mal, para desespero de seu acompanhante.

Felizmente, a mulher recuperou-se em poucos minutos, e Olga, finalmente, pôde acompanhar o casal até a saída. Estava muito envergonhada com a situação embaraçosa que seu chefe provocara.

Faltando menos de uma hora para o término do expediente, Léo, o namorado de Larissa, pediu a Olga para falar com o sogro. A secretária preveniu-o de que Afrânio estava com um péssimo humor, mas o jovem insistiu para falar com ele — afinal, era o namorado da filha dele e isso, acreditava o rapaz, lhe dava alguma segurança de que seria bem atendido.

Temerosa, Olga abriu a porta da sala, e Léo entrou.

Capítulo 5

Afrânio escrevia e assim continuou.

Respeitosamente e em silêncio, Léo manteve-se de pé, próximo à porta.

Depois de longos minutos, Afrânio levantou os olhos e atacou:

— O que você pensa que está fazendo calado e parado aí feito um poste?

Léo sentiu um gosto amargo na boca:

— Desculpe, doutor Afrânio, eu não queria interrompê-lo.

A resposta foi imediata e grosseira:

— Mas interrompeu. E já que interrompeu, pode se sentar. O que você veio fazer aqui?

Léo estava surpreso diante da rispidez de Afrânio, pois desconhecia aquele lado do sogro. Já arrependido de ter tomado a iniciativa de visitar o pai de sua namorada para apresentar-lhe suas condolências, o rapaz não sabia por onde começar:

— Doutor Afrânio, eu quero dizer ao senhor que sinto muito...

Afrânio interrompeu o jovem bruscamente:

— Pode parar por aí, meu jovem. Já estou farto dessa ladainha. Você não sente coisa nenhuma. Aliás, devia sentir sim.

Foi você que apareceu na minha casa com essa história de ONG, de levar ajuda aos desabrigados do Rio.

Mesmo inseguro, Léo tentou defender-se:

— Desculpe, doutor Afrânio, eu apenas comentei com a Larissa...

O rosto de Afrânio foi ficando vermelho:

— E ela comentou com a irmã! Não é isso que você ia dizer?

Seguro do que afirmava, Léo sustentou o olhar duro do sogro:

— Mas essa é a verdade, doutor Afrânio.

Então Afrânio explodiu, esmurrando a mesa e assustando Léo com seus gritos, que eram ouvidos por Olga do lado de fora da sala:

— Pois você não tinha nada que comentar essas coisas com minha filha! Cada um cuida de sua vida! Viu no que deu seu comentário, viu? E agora, quem vai trazer de volta minha filha?

Léo percebeu que não adiantaria tentar argumentar. Apenas baixou a cabeça e continuou ouvindo:

— Que isto lhe tenha servido de lição, embora à custa da vida da minha filha! Daqui para a frente, meta-se em sua vida! E trate de não colocar caraminholas na cabeça de Larissa, sua namorada — e, em tom mais baixo, mas não o suficiente para ocultar a ironia —, pelo menos por enquanto.

Léo ouviu a ameaça e olhou assustado para o descontrolado homem à sua frente:

— Doutor Afrânio, gostaria que o senhor soubesse que Larissa não tem nada a ver com isso. Nós nos amamos e...

Nova explosão de fúria do homem:

— Vocês se amam? Vocês se amam? Eu não estou acreditando no que estou ouvindo! — e Afrânio soltou uma gargalhada amarga e irônica ao mesmo tempo: — Por acaso você está me dizendo que vocês se amam? Eu ouvi direito?

Apesar do medo que estava sentindo daquele homem violento, Léo ainda teve coragem de defender seu amor:

— Sim, doutor Afrânio, foi isso mesmo que eu disse. Eu e Larissa nos amamos.

Afrânio deu um novo murro na mesa e levantou-se irritado:

— E vocês lá sabem o que é amor, rapaz?! O negócio de vocês é "ficar", é ir pra balada, para o motel, é curtir a vida, é gastar o dinheiro dos pais, conquistado com suor e sacrifícios! E você vem me falar de amor? Amor eu tinha pela minha filha que você ajudou a mandar para a morte, isso sim!

Indignado, Léo levantou-se em um pulo:

— Doutor Afrânio! O que o senhor está dizendo?

Afrânio sustentou a acusação, ainda com mais ênfase, com o dedo indicador em riste:

— Você ouviu o que eu disse! De uma forma ou de outra, você contribuiu para a morte de minha filha! Você é, sim, um dos culpados por ela não estar mais entre nós!

Léo estava vermelho, chocado com o absurdo das palavras que ouvia:

— Doutor Afrânio! Com todo o respeito, eu não posso aceitar...

A reação de Léo só fazia aumentar a ira de Afrânio:

— E quem você pensa que é para aceitar ou deixar de aceitar alguma coisa que eu falo? E vamos parar a conversa por aqui antes que eu me aborreça mais. Não tenho mais nada para lhe dizer, nem você tem mais nada a tratar aqui. Para mim, esta conversa já acabou. Peço-lhe que se retire.

Léo estava tão chocado que não conseguia sair do lugar.

Olga deixara a porta entreaberta e escutara todo o diálogo. Percebendo a delicadeza da situação, entrou rapidamente no escritório, pegou Léo carinhosamente por um braço e conduziu-o para fora da sala. Apesar de rapaz feito, ele chorava como uma criança, e Olga não tinha a menor ideia do que poderia fazer para consolá-lo. A mulher simplesmente pôs-se a chorar também enquanto saíam daquela sala.

43

Afrânio ainda permaneceu um longo tempo olhando para a porta por onde Léo acabara de sair levado por sua secretária.

Sem que ele tivesse a mínima ideia — até porque não acreditaria —, um espírito perverso de mulher posicionara-se ao seu lado e começara a sugerir-lhe coisas.

Por isso, de repente, seus olhos brilharam e ele pareceu ter tido uma ideia que lhe agradou muito. Seu sorriso era maquiavélico. Pelo interfone, ligou para o departamento de Recursos Humanos da empresa. Uma voz de homem atendeu ao telefone prontamente. Empolgado pelo pensamento que acabara de ter, Afrânio nem cumprimentou a pessoa que o atendeu:

— Quem está falando?

Surpreso pelo rompante da pergunta, o funcionário respondeu:

— Aqui é o Antunes.

Afrânio nunca tinha ouvido falar daquele funcionário. Além dos demais diretores e executivos, ele conhecia pouca gente no banco e não via maiores razões para manter relacionamentos com os funcionários de menor escalão.

— Eu quero falar com o supervisor. Você é o supervisor da área, Antunes? — indagou Afrânio.

— Sim, senhor.

— Antunes, aqui é o doutor Afrânio.

Pelo tom de voz, era perceptível a surpresa do supervisor. Não era sempre que recebia a ligação de um diretor.

— O diretor financeiro?

Afrânio estava impaciente:

— Isso mesmo.

O rapaz lembrou-se do ocorrido com a filha do Afrânio:

— Doutor Afrânio, eu queria aproveitar para apresentar-lhe...

Afrânio interrompeu-o bruscamente:

— Deixe disso, Antunes! Já sei que você sente muito. Agora, preste atenção ao que vou lhe pedir.

Antunes engoliu em seco e, com o susto diante da resposta grosseira de Afrânio, quase caiu da cadeira. Já ouvira falar que o homem era rude, mas não imaginava que fosse tanto.

— Sim, senhor.

— Sabe o Léo, o rapaz que namora a minha filha?

Como quase todo mundo no prédio já tinha conhecimento sobre aquele namoro, Antunes achou que não faria mal algum admitir que também sabia:

— Sei, sim, senhor.

Afrânio estava em seus piores dias, então resolveu tripudiar um pouco sobre o rapaz antes de entrar no assunto que motivara sua ligação:

— Ah, sabe? Quem lhe contou isso?

Afrânio teria ficado feliz se pudesse ver a expressão de Antunes: estava desconcertado, sem saber o que dizer, como quem é flagrado fazendo algo errado. Mas não tinha como negar:

— Bem, doutor Afrânio... é o que o pessoal comenta...

Afrânio continuava implacável, sentindo um prazer sádico diante do constrangimento do rapaz:

— Que pessoal?

— Bem, doutor Afrânio, o pessoal... isto é, todo mundo.

— Todo mundo? Quantos fofoqueiros existem aqui no banco, hein, Antunes? Acho que os gerentes deveriam aumentar a carga de trabalho de todos eles, pois parece que há bastante tempo sobrando para fofocas nesta empresa.

— Eu... eu não quis dizer isso, doutor Afrânio.

Afrânio achou que já tinha se divertido o suficiente:

— Deixe pra lá, isso não vem ao caso agora. Me diga uma coisa, Antunes... em que setor esse tal de Léo trabalha?

— Ele trabalha aqui mesmo no setor de Recursos Humanos.

— E o que é que ele faz aí?

— Como ele é formado em educação física, ele cuida da parte de Esportes e Lazer.

Afrânio foi acintosamente irônico:

— Esportes e Lazer, hein? Passa o dia inteiro pensando em como se divertir, não é isso o que ele faz?

Antunes fingiu que não notou a ironia do chefe e deu um sorriso como se tivesse achado graça da piada:

— Não é bem assim, doutor Afrânio.

— Pois me faça um favor, Antunes. Envie para mim a ficha completa do rapaz. Quero saber onde ele mora, quanto ganha, quando começou a trabalhar aqui... tudo isso e o que mais tiver por aí.

Antunes achou melhor apressar-se para agradar ao diretor:

— O senhor quer que eu leve essa ficha agora mesmo? Não demora nada.

— Não precisa trazê-la agora, mas quero ver este material sobre a minha mesa amanhã bem cedo.

— Sim, doutor Afrânio. Entregarei a ficha ainda hoje para dona Olga.

— Obrigado — e Afrânio desligou o telefone sem dizer mais uma palavra, nem de despedida.

Afrânio recostou-se na poltrona e ficou olhando para o teto, com as mãos entrelaçadas por detrás da cabeça. Algum plano não muito amistoso passava pela sua cabeça naquele momento em relação ao emprego de Léo. E, ao seu lado, o espírito perverso de uma mulher também se regozijava.

Do outro lado da linha, Antunes ficou segurando e olhando para o telefone durante algum tempo sem saber direito o que pensar a respeito do que acabara de acontecer. Tudo o que conseguiu foi dizer em voz alta:

— Caramba!

Alguns funcionários, que passavam perto da mesa do rapaz naquele instante, ouviram a exclamação, mas, como nada entenderam, não fizeram perguntas. Apenas franziram a testa expressando estranheza diante daquela cena. Alguns até sorriram, sem imaginar que se tratava de um assunto sério.

Capítulo 6

Léo saiu completamente aturdido da sala de Afrânio. Já estivera com ele em outras ocasiões, inclusive em sua residência, quando ia visitar Larissa, mas era a primeira vez que se encontravam no banco, apesar de o rapaz já trabalhar na empresa há dois anos.

O jovem iniciara a carreira no banco como estagiário na área de Recursos Humanos. Após se formar em educação física, foi efetivado e logo depois promovido: passou a ser coordenador da área de Esportes e Lazer, um setor novo que tinha por objetivo desenvolver e implantar programas voltados para a melhoria da saúde e da qualidade de vida dos funcionários.

Sem dúvida, fora uma ascensão rápida, mas ele fizera por merecer, pois trabalhara com afinco e entusiasmo por muitas horas além do seu expediente normal. Heloísa, a gerente de Recursos Humanos, notando a motivação e o talento do rapaz, deu ao jovem apoio e motivação para que ele mantivesse aquele ritmo e foi uma das pessoas do banco que mais lutou pela promoção dele. E Léo ficou muito feliz com isso, não apenas por ter sua remuneração melhorada, mas também pela demonstração de reconhecimento do seu talento por parte da empresa.

Desde que começara a namorar Larissa, em nenhum momento Léo tirara proveito do fato de o pai da moça ser o diretor do banco em que trabalhava. A prova disso era que aquela visita fora a primeira vez em que tivera contato direto com o sogro na empresa. Já cruzara com Afrânio pelos corredores, mas o contato não passara de um discreto e respeitoso aceno.

Léo sabia que Afrânio era um homem rígido e reservado. Nas vezes em que esteve em sua casa, o contato com o sogro limitara-se a um cumprimento formal e educado. Nunca nenhum dos dois iniciara qualquer tipo de diálogo. Léo achava que, se tomasse a iniciativa de iniciar uma conversa com Afrânio, isso poderia ser interpretado como uma tentativa de agradar o importante sogro. Além do mais, a impressão que Léo tinha era de que o homem não aprovava seu namoro com Larissa.

Mas o que acabara de ocorrer passava de todos os limites do que o jovem poderia esperar de Afrânio, mesmo que o sogro não tivesse — como de fato não tinha — simpatia pelo rapaz.

Léo até entendia a tristeza e a revolta do sogro pela perda da filha mais velha, mas nada justificava jogar sua ira, revolta e seu desespero contra ele, nem contra pessoa alguma. Tudo o que o rapaz fizera fora comentar com Larissa que a ONG de seu bairro estava organizando um grupo para ir ao Rio para ajudar as vítimas da tragédia da região serrana. Achara a iniciativa muito bonita e muito humana, por isso fizera o comentário com sua namorada.

Soube depois que Larissa, por sua vez, comentara o assunto com a irmã, e foi a partir daí que Patrícia tomara a decisão de acompanhar o grupo. Portanto, que culpa tinha ele se aquela história tivera um desfecho tão trágico? Quem poderia prever? E depois, a decisão de apresentar-se como voluntária fora da própria Patrícia.

Decididamente, Afrânio exagerara em suas palavras de revolta e, mais do que isso, fora injusto para com o rapaz, que ficou profundamente magoado e triste.

Léo não sabia se deveria comentar o ocorrido com Larissa. Não queria criar nenhuma indisposição entre a filha e o pai, mas certamente ela notaria sua tristeza e lhe faria perguntas.

O rapaz simplesmente não sabia o que fazer a respeito do assunto. Talvez o melhor a fazer era não comentar nada, esperar passar mais alguns dias e então voltaria a procurar Afrânio para ver se as coisas se ajeitavam.

Seu maior temor era de que a revolta daquele pai desesperado pudesse de alguma forma influir no andamento de seu namoro com Larissa. Apesar de jovem, ele sentia que amava muito aquela garota. Não era uma simples relação inconsequente; para o rapaz, era amor de verdade.

Léo conhecera Larissa quando, um ano antes, ela estivera no banco com outras colegas da faculdade para fazer um trabalho de pesquisa para uma monografia sobre o tema "Saúde e Qualidade de Vida no Trabalho".

Depois de passarem por várias áreas do banco pertinentes ao tema, as estudantes estiveram na sala de Léo para dar continuidade ao projeto. Quando os dois jovens se olharam, foi como se uma corrente elétrica tivesse cortado o ar e unido seus corações. O frisson foi mútuo. Houve uma imediata e recíproca atração. Dali em diante, o plano cósmico fez com que as coisas acontecessem como deveriam entre dois jovens saudáveis e atraentes. Em poucas semanas estavam namorando firme.

Depois de vencida a mágica fase de aproximação e conquista, Léo passou a sentir-se inquieto e desconfortável por causa do nível social de Larissa — sentimento que aumentou bastante depois que soube de quem a moça era filha. O rapaz chegou até a pensar em romper a relação com a namorada e, na primeira oportunidade, externou sua preocupação à garota.

A moça escutou-o atentamente, mas depois soltou uma gostosa gargalhada. Sorrindo e acariciando o namorado, disse a Léo que as condição social de ambos era apenas um detalhe e que não tinha a ver com o namoro dos dois. A jovem pareceu tão sincera e espontânea em suas considerações que o assunto logo foi esquecido e a paixão entre os dois fortaleceu-se.

Léo vinha de uma família pobre. Nascido em Belo Horizonte, o rapaz perdera o pai aos cinco anos de idade. Viúva, sua mãe aprendeu a fazer docinhos e bolos e passou a atender a confeitarias, bufês e padarias daquela capital. Graças aos esforços da mulher e à qualidade de seus produtos, o pequeno negócio prosperou. Em pouco tempo, a mãe de Léo precisou contratar duas auxiliares para que pudesse atender à demanda que crescia a cada dia.

Foi à custa desse trabalho que a mãe de Léo conseguiu pagar-lhe uma boa faculdade em São Paulo. Não tinha sido fácil para o rapaz convencê-la de que seu futuro estava nessa cidade. Diante dos válidos argumentos do jovem, ela, por fim, acabou convencendo-se daquela decisão e concordando com a mudança de Léo para a capital paulista. No entanto, ela decidiu permanecer em Belo Horizonte, ainda que saudosa, para não ter que encerrar seu próspero negócio.

No início, ela enviava para o filho uma quantia todos os meses, que servia para pagar a faculdade e o aluguel do pequeno apartamento onde ele se instalara na pauliceia. Mas isso durou pouco tempo. Logo o rapaz conseguiu o emprego no banco e pôde ter a satisfação de mostrar à mãe que as coisas estavam caminhando conforme o planejado, ou seja, que ele já tinha condições de assumir suas próprias despesas. Depois, seu namoro com Larissa viera para completar sua felicidade — felicidade que agora estava ameaçada pela inesperada atitude de Afrânio.

No começo da noite, Léo não tinha ânimo nem coragem para ir à casa da namorada. Não tinha condições emocionais para rever o homem que o maltratara tanto. Resolveu, então, telefonar para Larissa e dizer que algo que comera não lhe fizera bem e que por isso estava sem disposição para sair. Ficaria em casa assistindo televisão.

No íntimo, achava que a namorada não acreditaria muito em sua história, mas resolveu arriscar. De qualquer forma, e como imaginava, ela ficou preocupada e disse que iria vê-lo.

— Não, linda — era assim que ele, carinhosamente, chamava Larissa na intimidade. — Não precisa vir, nem ficar preocupada. É um mal-estar passageiro. Amanhã já vou estar bem.

Larissa só concordou sob a condição de voltarem a se falar após o jantar. Se ele não tivesse melhorado, ela iria até o apartamento do namorado. Alguma coisa dizia a Larissa que aquela história de indisposição alimentar estava mal contada. Desde que começaram a namorar, Léo nunca deixara de ir vê-la em casa ou de encontrá-la depois do trabalho para um passeio, uma rodada de pizza ou cinema. Alguma coisa estava errada, mas, ainda que contrariada, preferiu acreditar no namorado.

Na casa dos Castro, todos jantavam em silêncio. Vinha sendo assim desde a passagem de Patrícia para o outro plano. Mas naquela noite havia algo a mais no ar, o ambiente estava pesado.

Sem que ninguém esperasse, Larissa, aparentando muita tranquilidade, quebrou o silêncio e dirigiu-se ao pai:

— Pai, o senhor sabe se o Léo foi trabalhar hoje?

Afrânio olhou para a filha sem nenhuma expressão especial no rosto:

— Por que não iria?

— Ele me ligou ainda há pouco para dizer que não virá aqui hoje porque não está passando bem. Mas não disse o que estava sentindo nem desde quando está assim.

O pai continuou com o semblante impassível, quase indiferente:

— Fique tranquila, não é nada. Ele não tem nada.

Larissa levava o garfo à boca, mas interrompeu o movimento no meio, fitando o pai com uma interrogação no rosto:

— Não é nada? Como é que o senhor sabe disso?

Afrânio respondeu sem olhar para a filha:

— Ele deve estar chateado por conta de uma conversa que tivemos hoje.

Lucila e Ricardo entreolharam-se prevendo uma tempestade.

Intrigada, Larissa largou os talheres e apoiou os dois braços sobre a mesa, olhando diretamente para o pai:

— Que conversa, pai?

— Nada importante. Continue jantando.

Larissa não deu importância à segunda frase do pai. Simplesmente repetiu a pergunta, desta vez com mais ênfase:

— Que conversa, pai?

Desta vez, Afrânio olhou diretamente para Larissa, disposto a enfrentar a reação da filha, qualquer que fosse:

— Eu apenas mostrei a seu namorado a parcela de culpa que ele teve na morte de sua irmã.

Boquiaberta, Larissa não acreditou no que acabara de ouvir do pai. Aliás, ninguém na mesa acreditou nas palavras proferidas por Afrânio. Com os olhares cravados nele, o espanto era geral.

Com a testa franzida, Larissa perguntou:

— Você o quê? — e também não era comum a jovem tratar o pai por "você".

Afrânio disparou seu argumento, como se fosse algo natural:

— Se ele não tivesse trazido para esta casa o assunto da ONG, nada teria acontecido à sua irmã.

A discordância de todos gerou um silêncio absoluto na mesa. Até a velha Deolinda, que levava um prato para a cozinha, parou no meio do caminho e voltou-se para o patrão com uma expressão de surpresa estampada em seu quase centenário rosto.

Larissa estava vermelha de indignação e lágrimas começavam a aparecer em seus lindos olhos. Enquanto isso, surpresos, Lucila e Ricardo olhavam para Afrânio.

Após bater as palmas das mãos na mesa, Larissa levantou-se irritada e continuou a não tratar Afrânio por "senhor", como costumava fazer:

— Pai, você não pode ter dito isso para o Léo! Eu não acredito!

Afrânio, então, respondeu de modo desafiador, sem alterar a voz:

— Pois pode acreditar. Disse sim. E ele merecia ouvir! Seu namorado é um dos culpados pela morte de minha filha!

Larissa levantou o tom de voz:

— Parece até que você não se lembra que "sua filha" era minha irmã! Eu não concordo com o que você pensa a respeito das causas da morte de Patrícia nem com a forma como falou com o Léo.

Pela primeira vez naquela conversa, Afrânio levantou a voz como se estivesse descontrolado:

— Pois goste você ou não, fique sabendo que o seu namorado mandou sua irmã para a morte!

Ela também gritou:

— Isso não é verdade! Você está errado! E, além disso, está sendo muito injusto e cruel! O que, aliás, não é nenhuma novidade nesta casa, pelo menos no que me diz respeito! — e saiu da mesa, subindo correndo as escadas em direção a seu quarto.

Lucila levantou-se com a intenção de socorrer a filha, mas Afrânio segurou-a pela mão, fazendo-a permanecer na mesa:

— Deixe-a. Ela está fora de si. Nossa filha precisa pensar a respeito do que aconteceu com a irmã. Quando ela se acalmar, voltará e pedirá desculpas pelo rompante.

Lucila pensou em retrucar e dizer ao marido que era ele quem estava fora de si, mas achou melhor ficar calada para que o assunto não virasse um conflito de grandes proporções. Então, voltou a sentar-se. Ricardo nada dizia, fingindo estar concentrado na comida. Mas, no íntimo, também não concordava com o que o pai dissera. Até porque ele gostava muito do Léo e considerava-o um jovem inteligente e esforçado. Ele não merecia ser tratado daquele jeito por Afrânio.

Em menos de cinco minutos, Larissa saiu do quarto, desceu as escadas novamente correndo, atravessou a sala de estar e saiu para a rua batendo forte a porta.

Dessa vez, Lucila não se conteve e correu para a porta, chamando a filha:

— Larissa, minha filha, aonde você vai a essa hora desse jeito? Volte aqui, minha filha, vamos conversar melhor!

Lucila viu a filha acelerar o carro, que estava estacionado na frente do sobrado, e sair cantando pneus, dirigindo em alta velocidade. Após assistir à cena, Lucila recostou-se na porta e começou a chorar baixinho. Do jeito que a filha saíra transtornada, era grande o risco de sofrer ou causar um acidente com o carro e ficar muito machucada.

Depois de chorar em silêncio por um tempo, Lucila lentamente fechou a porta e voltou para a mesa. Afrânio continuava jantando, impassível. Ricardo mantinha o olhar fixo no prato — daquela maneira, não deixava ninguém perceber, pela sua fisionomia, o que ia dentro de sua alma. Estava ao mesmo tempo triste e revoltado com a atitude do pai. E, claro, preocupado com a irmã.

Lucila, sempre em silêncio, lutando para conter a indignação que tinha em relação à atitude do marido, começou a recolher os pratos com o auxílio de Deolinda. Ambas as mulheres mantinham a expressão fechada.

Depois de alguns minutos, Ricardo retirou-se em silêncio e foi para seu quarto. Afrânio foi para a sala de estar para assistir ao noticiário na TV.

Lucila terminou a arrumação da sala de jantar e também foi para seu quarto. Precisava orar — e muito.

Capítulo 7

Depois da lamentável conversa que tivera com Afrânio no banco, Léo ficou em dúvida se deveria ir ou não para seu apartamento. Se fosse, não teria com quem desabafar. Precisava conversar um pouco com alguém a respeito do que lhe acontecera.

Após alguns instantes de indecisão, achou melhor mesmo ir para casa. Naquela noite, não seria boa companhia para ninguém. Não estava com espírito de passear nem de se divertir.

Tomou um demorado banho quente e deitou-se para pensar no que tinha acontecido e no que deveria fazer dali para frente. Permaneceu horas deitado na cama, fitando o teto, com os braços cruzados sob a cabeça. Nem se animou a preparar alguma coisa para comer. Ele não conseguia afastar de sua lembrança a terrível experiência que tivera no banco com o pai de Larissa.

A campainha do apartamento soou. Léo levantou-se para abrir a porta e não se surpreendeu ao ver Larissa olhando-o séria, com os braços cruzados sobre o peito. Ele sabia que ela não suportaria ficar sem vê-lo depois que o rapaz lhe telefonara dizendo que não estava passando bem. Na verdade, uma pequena mentira para não ter que enfrentar a namorada depois do que o pai dela lhe aprontara.

Larissa jogou-se nos braços de Léo e, juntos, foram para o quarto do rapaz. Ela já adquirira intimidade suficiente para movimentar-se tranquilamente por todos os cantos daquele apartamento.

Léo voltou a deitar-se e Larissa sentou-se ao seu lado na cama. A jovem debruçou-se sobre o namorado, deu-lhe um beijo carinhoso nos lábios e, enquanto acariciava os cabelos do rapaz, observava-o amorosamente. Depois, deitou o rosto sobre o peito de Léo e, quando começou a falar, sua voz oscilava entre a calma e tristeza:

— Eu já sei o motivo de sua indisposição...

Ele não pareceu surpreso:

— Seu pai lhe contou?

— Não contou tudo. Disse apenas que teve uma conversa com você sobre minha irmã.

Léo pôs um dos braços sobre os olhos. Não queria que sua namorada o visse chorando. Quando falou, balbuciou uma resposta com um fio de voz:

— Foi horrível, linda. Seu pai parecia transtornado. Me acusou de ser um dos culpados pela morte de Patrícia, porque fui eu quem falou da ONG. Tentei explicar-lhe que eu só havia feito um comentário a respeito da ação, mas ele não me deixou falar.

Tentando manter-se calma, Larissa respondeu:

— Meu pai é um idiota, Léo. Falou uma bobagem sem tamanho. Não ligue para o que ele disse, lindo — ela retribuía a mesma forma carinhosa de tratamento. — Minha irmã já era maior de idade e sabia o que fazia da vida. Ela foi ao Rio por livre e espontânea vontade. Ela era assim mesmo, gostava de ajudar as pessoas. Portanto, ninguém tem culpa de nada. Se fosse assim, eu também seria culpada, porque fui eu quem falou do assunto da ONG para ela.

— Pois eu acho que seu pai também pensa isso.

Larissa levantou o rosto e encarou o namorado:

— Isso é problema dele, lindo. Eu sei a causa disso. Depois que Eduardo foi correr o mundo com os Médicos Sem Fronteiras, papai sentiu a perda e, para compensar, focou todo o amor e a atenção em Patrícia. Agora que ela morreu, ele está desorientado porque não está sabendo administrar essa segunda perda.

Léo acariciou os cabelos da namorada:

— Você está certa, linda. Eu também acho isso, mas não quero que você brigue com seu pai por minha causa. Não quero que toque mais neste assunto com ele.

Pela primeira vez desde que chegara ao apartamento, Larissa mostrou irritação na voz e levantou-se da cama em um rompante:

— Eu te amo muito, Léo, e não vou mentir para você: vai ser muito difícil me controlar quando estiver na presença do meu pai, porque a vontade que eu tenho...

Léo levantou-se, aproximou-se da namorada e carinhosamente tapou os lábios da jovem com a mão, interrompendo sua revolta:

— Pois esqueça essa sua vontade. Nós dois vamos esquecer esse assunto. É o melhor que temos a fazer, senão as coisas podem ficar ainda mais difíceis para nós — ele retirou a mão dos lábios de Larissa e deu-lhe um beijo.

— Como assim?

— Ele pode pegar no meu pé e querer atrapalhar nosso namoro. Todo mundo sabe que seu Afrânio deseja um partido melhor para você. Para ele, eu não passo de um pé de chinelo, um peão do banco.

— Ei, moço, eu já sou grandinha, se esqueceu disso? Sou maior de idade. Meu pai não interfere nas escolhas de minha vida. Eu sei o que é melhor para mim — e mudando o tom de voz para o máximo de suavidade — e o melhor para mim é você. Eu já fiz minha escolha.

Dessa vez o beijo foi intenso e arrebatador, típico das grandes paixões. Ela empurrou-o delicadamente para a cama e deitou-se sobre ele. Excitados, deixaram-se ficar por muito tempo ali, trocando carícias e amando-se. Depois, permaneceram agarradinhos, em silêncio, apenas fazendo suaves carinhos um no outro.

No fundo, ambos sabiam que Léo dissera uma verdade: Afrânio poderia atrapalhar muito a vida dos dois. Afinal, o emprego do rapaz estava nas mãos do diretor financeiro do banco.

Já era tarde da noite quando Afrânio se recolheu. Desde o final do jantar, quando Larissa saíra de casa de forma intempestiva e Lucila fora para o quarto, o casal não havia conversando.

Nenhum dos dois estava com sono, ainda que por motivos diferentes.

Afrânio falou primeiro:

— Eu sei que você não gostou de saber que conversei com Léo.

Lucila estava esperando justamente por aquela oportunidade para desabafar sobre o assunto. Por isso, foi dura na resposta:

— Conversa? Tudo indica que você não teve uma conversa com o rapaz, Afrânio. Você o destratou e o acusou injustamente de ser o culpado da morte de nossa filha.

Ele não hesitou um segundo em assumir sua posição a respeito de Léo e retrucou de forma desafiadora:

— E é isso mesmo que eu continuo a pensar.

Ela contra-atacou com o dedo em riste, gesto pouco habitual nas conversas entre eles:

— Mas você está errado — não era comum Lucila enfrentar o marido daquela forma, mas aquilo fora longe demais. Ela sabia que sua filha amava o namorado e que Léo era um rapaz de valor e não merecia ter passado pelo constrangimento ao qual seu marido o submetera. — Patrícia era adulta e sempre tomou suas decisões com autonomia, inclusive sem nos consultar. Ela foi para o Rio porque quis, porque tinha um coração de ouro e achou que poderia ajudar aquelas pessoas.

O argumento de Lucila não sensibilizou o marido:

— Não era dever de Patrícia fazer aquilo.

Brava, Lucila continuava no mesmo tom de voz ríspido:

— Você está enganado! É dever de todo cristão ajudar o próximo. É dever de toda pessoa de bom coração socorrer quem necessita de ajuda.

Ele fez um gesto de desdém:

— Isso é conversa fiada para seus amigos espíritas passarem o tempo! — ele se referia, de maneira desqualificante, ao centro espírita que a esposa frequentava.

Lucila retrucou com um sorriso de ironia:

— Eles também são culpados? Eu, Léo, Larissa, Ricardo, o zelador... Quem mais você vai culpar pela morte de nossa filha?

Afrânio deitou-se e puxou o lençol até os ombros, como se não atribuísse nenhuma importância àquela conversa ou como se quisesse dá-la por encerrada. Concluiu os insultos passando-se por vítima:

— Eu já devia saber. Nem você me compreende.

Lucila estava disposta a ir até o fim naquela troca de argumentos:

— Todas as pessoas compreendem sua dor, mas ninguém compreende essa insanidade de acusar o mundo inteiro pela nossa perda. Ou você pensa que só você sofre com a ausência de nossa filha?

Afrânio foi cruel na resposta:

— A impressão que tenho é exatamente essa.

Nem assim Lucila perdeu a calma:

— Você tem essa impressão porque é insensível e não percebe o que se passa à sua volta, com os outros. Você não entende que o mundo não é um banco, e muito menos que sua casa não é uma empresa que você possa administrar da forma que faz no trabalho. Enquanto você projeta sua revolta e ataca as pessoas, eu procuro apoio, ajuda e força em Deus e nos espíritos que podem nos ajudar, já que não tenho encontrado amparo em você.

Era a oportunidade que ele esperava para ironizá-la novamente. Com expressão sarcástica, ergueu a parte superior do corpo para fazer a pergunta provocativa:

— E por que nenhum desses espíritos foi ajudar nossa filha quando ela mais precisou?

Sem titubear, Lucila respondeu com segurança:

— Eu não posso lhe explicar agora um assunto que precisa de tempo para ser compreendido e, além disso, ainda preciso fazê-lo entender como funcionam as leis que regem a vida. Mas se você concordar em comparecer às nossas reuniões...

Afrânio voltou a deitar-se, cobrindo o rosto por inteiro:

— Ah, não me venha agora com essa história de novo! Eu não vou a lugar nenhum, muito menos a essas reuniões de fraudes e misticismos que você adora!

A provocação de Afrânio passara dos limites. Lucila ficou muito brava e respondeu em um tom de voz bastante agressivo:

— Calma lá! Exijo que me respeite! Você não tem o direito de se referir assim à minha fé!

Ele voltou a levantar a parte superior do corpo, apoiando-se nos cotovelos:

— Fé em quê? Em promessas e crenças vãs? Vocês falam, falam, mas não conseguem provar nada do que afirmam — sentou-se na cama e continuou em tom desafiador: — Pois faça um espírito aparecer aqui, agora, na minha frente! Quero conversar com ele! Quero fazer-lhe umas perguntinhas e ver se ele tem as respostas!

Com expressão de desânimo, Lucila balançou a cabeça para os lados e sorriu ironicamente diante da ignorância do marido. Controlou-se e respondeu com muita calma:

— Não é assim que as coisas funcionam, meu caro. Além disso, os espíritos não são seus funcionários, que obedecem cegamente a qualquer ordem sua! Saiba que você não tem nenhum poder sobre eles, mesmo que fosse o presidente do banco. Você está debochando de uma coisa muito séria.

Como Afrânio não respondia, ela insistiu:

— Além do mais, você já teve a prova do poder de comunicação dos espíritos.

— Eu? Quando?

— Quando nossa filha apareceu para você na televisão. E, caso não esteja se recordando, quando isso aconteceu, ela já não estava mais em nosso mundo.

— Ah, então você quer dizer que foi o espírito de Patrícia que eu vi e ouvi na televisão?

— Pode ter certeza de que foi. E não se espante tanto, querido. Esse é um fenômeno espiritual relativamente comum. Se você quiser conversar com meus amigos do centro, eles explicarão melhor como isso é possível.

Ele voltou a deitar-se e a cobrir-se:

— Conversar coisa nenhuma! Eu tive uma alucinação. E não quero ficar aqui discutindo essas bobagens a essa hora da noite. É pura perda de tempo! Já basta eu não impedir que você frequente esses lugares. Dê-se por satisfeita com isso. Mas não venha me aporrinhar com esses convites e essas teorias fantasiosas.

Lucila conseguiu manter a serenidade, mesmo ouvindo os absurdos proferidos pelo marido:

— Quer você acredite quer não, há muitas pesquisas e muitos estudos sérios sobre o assunto. Não são apenas teorias, Afrânio.

— Claro que são. Aquilo que não se pode provar não passa de teoria ou fantasia. Realidade é outra coisa. É aquilo com que eu lido diariamente no trabalho. Números! A matemática é infalível. Os números não mentem, não enganam, não manipulam. É disso que eu gosto e é nisso que eu acredito. O resto é balela.

— Está bem. Não vou mais ficar aqui discutindo este assunto com você. Já vi que é perda de tempo. Para mim, a conversa acaba aqui. Quero apenas que você saiba que, em minha opinião, você foi injusto com o Léo — e caminhou para o banheiro.

— Não fui. Ele é um dos culpados, sim! — de repente, sentindo como se alguém lhe tivesse soprado uma ideia no ouvido, Afrânio soergueu novamente o corpo. Ele não poderia imaginar, mas havia um espírito feminino desorientado ao seu lado, o mesmo espírito que o influenciara no banco e o levara a humilhar Léo, e que agora lhe dava novas ideias. — E sabe do quê mais? Não quero mais ver o Léo trabalhando no banco. Vou mandá-lo embora amanhã mesmo. Se eu não fizer isso, ele irá contaminar outras pessoas com essas ideias de ONGs e outras baboseiras.

Lucila levou um choque. Saiu do banheiro e, pasma, aproximou-se do marido, que voltara a se deitar:

— Afrânio, eu não acredito no que você acabou de dizer!

Ele respondeu sem se abalar:

— Pois pode acreditar. E vai ser amanhã mesmo. A primeira coisa que farei quando chegar ao banco será mandar esse rapaz embora.

Com um íntimo prazer sádico, ele percebeu que tinha acertado o golpe em cheio, pois Lucila desesperou-se:

— Afrânio, o que você está dizendo, homem de Deus? Léo é o namorado da nossa filha! Eles se amam e ela vai sofrer com isso! Como você vai ter coragem de fazer uma coisa dessas?

— Pois saiba que ficarei muito feliz se nossa filha trocar de namorado, se conseguir alguém com mais futuro. Esse aí não vai muito longe em trabalho algum.

— Você está sendo novamente injusto. Léo é um rapaz muito inteligente e esforçado.

— Então você não precisa se preocupar com ele. Se for tão inteligente e esforçado como dizem, vai arranjar logo outro emprego. Só sei que no meu banco ele não trabalhará mais.

Lucila estava chocada:

— Meu Deus, Afrânio, como você é cruel e injusto! Eu não conhecia esse seu lado perverso e vingativo!

Grosseiramente, ele jogou os lençóis para o lado e levantou-se da cama, irritado:

— Viu só o mal que esse rapaz representa para nossa família, viu? Depois de contribuir para a morte de nossa filha, agora ele está nos fazendo discutir, está nos jogando um contra o outro!

— Mas, homem de Deus, não é ele que está nos fazendo discutir. É a sua intransigência, a sua dureza de coração!

Percebendo que estava perdendo na argumentação, Afrânio decidiu atacar por outro lado:

— Pois você quer saber de outra coisa? Se eu não fosse tão duro assim com a ordem e a disciplina nesta casa, não haveria dinheiro para manter a boa vida desta família.

Era desaforo demais! De tanta raiva, Lucila não conseguiu segurar o pranto. Jogou a toalha de rosto sobre a cama e saiu do quarto. Não conseguiria ficar na cama ao lado daquele homem depois de todos os insultos e absurdos que ele lhe dissera.

Lucila desceu as escadas e foi para a cozinha dar vazão à sua indignação, raiva e tristeza.

Deolinda, que já estava deitada, ao ouvir os soluços da patroa, levantou-se, pôs um roupão sobre a camisola e aproximou-se de Lucila:

— O que foi, dona Lucila? O que aconteceu, minha filha?

Com um gesto de cabeça e balançando a mão, Lucila, sem nada dizer, deu a entender que não era nada. A velha e fiel empregada insistiu:

— Mas como não é nada, minha filha? Ninguém chora por nada — e pôs suavemente uma das mãos nas costas da patroa, que estava sentada com os cotovelos apoiados na mesa.

— Você está certa, minha amiga, mas não se preocupe comigo. Pode ficar tranquila, Déo. Isso passa já. Eu te acordei, não foi? Desculpe ter atrapalhado seu sono.

— Não atrapalhou nada, minha filha. Eu ainda estava fazendo minhas orações de todas as noites.

A boa mulher foi pegar água para a patroa:

— Tome um pouco de água e procure se acalmar.

Lucila bebeu sofregamente a água e depois soltou um longo suspiro:

— Ah, Déo, como a vida nos prega peças e nos ensina lições...

— Mas, minha filha, não esqueça que as lições devem sempre ser aprendidas.

Lucila teve que sorrir diante da simplicidade sábia das palavras da sua velha empregada:

— É verdade, Déo. Você está certa. É que algumas lições nos pegam desprevenidas.

Deolinda nada respondeu, encostou-se mais na patroa e puxou-a para perto de si. Lucila, então, recostou a cabeça na barriga generosa da empregada e ficou curtindo os afagos que Deolinda fazia em suas costas, sentindo que aquele gesto a acalmava. Depois, se recompôs:

— Obrigada, minha amiga, já estou melhor. Vou ver se consigo dormir.

— Procure não pensar em coisas ruins, dona Lucila. Peça aos bons espíritos que acompanhem seu sono.

— Farei isso, Déo. Mas agora eu quero que vá descansar. Você sempre trabalha muito todo dia. Vou ficar mais um pouco aqui, fazendo algumas preces. Até amanhã e obrigada por tudo, viu?

— Está bem, minha filha, fique com Deus.

E devagar, sob o peso da idade, Deolinda retornou ao seu quarto.

Lucila tomou mais um pouco de água. Ali mesmo, na cozinha, dirigiu novas preces a seus espíritos protetores, pedindo-lhes que iluminassem e suavizassem o coração e a mente de Afrânio. Certamente ele estava tomado por algum espírito obsessor malvado, pois não era possível aceitar que um homem tão inteligente como ele pudesse ter posições tão contraditoriamente insustentáveis e preconceituosas.

Os bons espíritos ali estavam ao lado de Lucila, mas eles tinham a percepção de que alguns dissabores iriam ocorrer naquela família. Seria uma prova e, ao mesmo tempo, uma oportunidade de aprendizagem em relação às grandes transformações positivas que a vida oferece.

Imersa em seus pensamentos, Lucila não sentiu o tempo passar. Quase duas horas depois, decidiu retornar ao seu quarto, pois o desgaste emocional e o sono já a dominavam. Antes, passou pelos quartos de Ricardo e Larissa.

Seu coração ficou ainda mais apertado e encheu-se de medo e tristeza ao perceber que nenhum dos dois estava em casa, apesar de já serem quase três horas da madrugada. Intimamente, ela pediu a Deus que os protegesse onde quer que estivessem e que se compadecesse de sua família.

Capítulo 8

Depois do jantar, durante o qual presenciara a quase discussão dos pais e a saída intempestiva de Larissa de casa, Ricardo foi para o apartamento de Luciano, seu melhor amigo. Ele ficara muito chateado com tudo o que vira e ouvira em sua casa na hora do jantar.

Ricardo achava que seu pai estava muito estranho desde que Patrícia se fora. Claro que ele também sofria muito com a perda da irmã, mas já entendia que a vida precisava continuar. Quanto a existir ou não culpados, em sua opinião tudo fora obra da fatalidade. Ninguém podia ser acusado pelo que ocorrera com sua irmã.

A decisão de ir ao Rio para ajudar as vítimas da tragédia na região serrana fora de Patrícia. E se ela não ficasse sabendo da existência da ONG por Léo, certamente saberia por outras pessoas ou de outras formas, pois não foram poucos os grupos de solidariedade que se formaram em São Paulo para oferecer ajuda ao estado vizinho. Portanto, seu pai estava sendo injusto ao atribuir a culpa da tragédia familiar a Léo.

"Que pena que Edu não está aqui. Ele me ajudaria a pensar", Ricardo recordava-se do irmão mais velho, Eduardo, e sentia falta da presença do rapaz. Considerava-o um gênio, não apenas por ter se tornado um médico sensível e competente, mas porque era sábio e inteligente. Lúcido e ponderado, Eduardo costumava dar-lhe conselhos e orientações, sempre válidos e consistentes. Tinha muito orgulho da missão que o irmão abraçara junto aos Médicos Sem Fronteiras, mas isso não o impedia de sentir a ausência daquele irmão, sempre tão parceiro e cúmplice.

Ricardo ficara muito preocupado com a saída arrebatada de Larissa àquela hora da noite. Ele sabia que a irmã caçula era uma garota impulsiva, que agia sempre sob o domínio da emoção. E, irritada como saíra, poderia se expor a riscos inimagináveis. Mas preferiu ser otimista e achar que no dia seguinte tudo estaria solucionado e a paz voltaria a reinar em sua família.

Ricardo tinha a mesma idade de Luciano. Haviam se conhecido no primeiro ano de faculdade e fizeram o curso juntos até a graduação. Saíam com frequência, dividiam sonhos e trocavam planos e confidências. Assim, nada mais natural que, em uma noite em que se sentia chateado, fosse procurar o amigo para desabafar.

Luciano morava sozinho em um modesto apartamento em Moema, na zona sul de São Paulo. Seus pais eram empresários gaúchos, radicados em Porto Alegre, mas, de comum acordo com eles, o rapaz decidira sair de sua terra para cursar arquitetura na capital paulista. Era um rapaz bem-apessoado, de hábitos saudáveis e tinha uma ampla cultura geral. Assim como Ricardo, trabalhava em um escritório de arquitetura e sua principal meta era adquirir experiência para, no futuro, montar seu próprio negócio.

Era espírita, e semanalmente comparecia a um centro próximo à sua casa, no bairro onde residia. Mas, sabendo que seu amigo não era espírita, evitava tocar no assunto, embora soubesse que a mãe dele professava sua doutrina.

Entre as várias coisas que os dois amigos tinham em comum, destacava-se o hábito de irem ao cinema ou assistirem a vídeos em casa. Ambos eram verdadeiros cinéfilos e era comum passarem horas a fio discutindo um filme que tinham acabado de ver. Discutiam desde seus aspectos técnicos e artísticos até a atuação dos atores e a criatividade (ou não) do roteiro, da edição e da direção. E assim muitas horas se passavam.

Quando Ricardo chegou ao apartamento de Luciano, o rapaz logo percebeu que o amigo não estava bem. Abraçaram-se com o calor de sempre, mas sem fazerem os comentários e cumprimentos de praxe. Por educação e discrição, Luciano nada comentou. Ricardo, por sua vez, tentou disfarçar sua chateação:

— Desculpe ter vindo sem avisar, mas estava passando aqui por perto e resolvi lhe fazer uma visita.

Luciano respondeu com alegria, o que contrastou com a tristeza de Ricardo:

— Que legal, cara! Você parece que adivinhou. Eu estava mesmo me sentindo um pouco solitário e querendo uma companhia para assistir a um filme.

O apartamento era simples, mas decorado de forma moderna. Em vez de cadeiras ou poltronas, a sala de estar era repleta de almofadas grandes e coloridas. Assim, as visitas podiam se comportar de forma mais informal e descontraída, bem ao gosto do anfitrião. Recostavam-se gostosamente nas almofadas e ali ficavam batendo papo, assistindo a vídeos ou tocando violão — o que Luciano fazia com maestria.

Depois de algum tempo jogando conversa fora, Luciano tomou a iniciativa:

— E então, vai me contar o que está rolando ou não?

Ricardo se fez de desentendido:

— Contar o quê, meu?

— Ah, deixe disso, cara! Você acha que, depois de tanto tempo de amizade, eu não o conheço? Acha que não sei quando você está legal ou não? Ainda que não admita, sei que está em uma "deprê" daquelas.

Ricardo sorriu por ter sido descoberto, mas manteve o olhar baixo. Ele não se importava em dividir com o amigo suas preocupações. Já o fizera em outras ocasiões. Mas agora a questão envolvia sua família e ele não gostaria de falar mal do próprio pai.

Luciano tinha uma percepção bastante aguçada e rapidamente notou a hesitação do amigo:

— Ricardo, não se sinta forçado a falar nada que não queira. Com este comentário, eu só quis te dar uma abertura, um empurrãozinho para falar. Mas se não quiser...

Ricardo recostou-se em uma almofada:

— Sei lá, cara, é complicado falar dessas coisas de família.

Luciano sentou-se na almofada ao lado do amigo:

— Eu sei como é. A gente desabafa, mas depois costuma bater um enorme sentimento de culpa, não é isso?

Ricardo concordou com a cabeça, mas decidiu falar:

— O problema é com o meu pai. Ele está muito esquisito. Depois da morte de Patrícia, o clima lá em casa ficou diferente, pesado, e todo mundo está muito nervoso.

— Convenhamos que era de se esperar tal reação. Patrícia era uma pessoa muito querida. Todos devem estar sentindo muito a falta dela.

— Com certeza. Mas parece que meu pai acha que todo mundo é culpado pelo que aconteceu a ela.

Luciano surpreendeu-se:

— Como assim? Até onde sei, a decisão de ir para o Rio como voluntária foi dela.

— E foi mesmo, mas a coisa não é tão simples assim — fez uma pausa e continuou: — Depois que Eduardo, meu irmão mais velho, se filiou aos Médicos Sem Fronteiras e decidiu sumir no mundo, meu pai passou por uma fase de forte depressão. Ele adorava Eduardo e, durante anos, investiu todas as suas fichas nele, na expectativa de ter um filho médico. Mas, assim que se formou, Eduardo foi embora. Meu pai, então, ficou meio perdido e muito frustrado. E, para compensar ou repor alguém em sua predileção, passou a focar sua atenção em Patrícia, que se tornou sua filha predileta.

— Desculpe, amigo, mas será que isso procede? Acredito que seu pai ame todos os filhos igualmente, não é assim?

Ricardo balançou a cabeça e sorriu com desânimo:

— Não é bem assim. Pelo menos, não na minha percepção nem na de Larissa. Quando Patrícia ainda estava entre nós, nos sentíamos em segundo plano. É que você é filho único e não tem esse tipo de problema. Mas alguns pais, não sei se a maioria, acabam elegendo um filho ou filha como o preferido, ao qual dispensam mais cuidados e com o qual possuem mais afinidades. E, geralmente, a esse filho ou a essa filha costumam dedicar mais atenção.

Luciano achava difícil acreditar que aquele tipo de discriminação pudesse existir em uma família:

— Não sei não. Acho que os pais tratam os filhos de forma diferente porque sabem que cada um tem um jeito único de ser. Desde pequenos, as personalidades já se caracterizam por uma série de diferenças. E alguns filhos distorcem tudo e interpretam de forma errada as atitudes dos pais, achando que estão relacionadas a predileções, rejeições ou outras coisas. Posso estar errado, mas é o que penso.

— Bom, pode ser que você esteja certo, mas pelo menos era assim que eu e Larissa nos sentíamos em relação ao modo como papai tratava Patrícia. Por tudo o que observávamos em casa, tínhamos a clara impressão de que ela era a preferida dele.

Luciano percebeu que aquela discussão acabara por desviar o assunto sobre o qual Ricardo começara a falar:

— Desculpe, Ricardo, estávamos falando de outra coisa. Eu não quis interromper sua linha de raciocínio com a minha observação.

— Tudo bem, Luciano. Verdade ou não, o fato é que papai, segundo entendemos, passou a ver Patrícia como a sua menina dos olhos. Por isso, depois da ida de Eduardo para o exterior, a morte de Pati foi a segunda grande perda que ele teve que enfrentar. Ficamos com a sensação de que papai precisava encontrar um culpado para o que aconteceu, pois ele não está acostumado a perder nada.

— E você acha que ele encontrou esse culpado?

— Um só, não. Ele encontrou vários culpados. O primeiro, na perspectiva dele, é a ONG que aceitou Patrícia como voluntária. Veja bem que eu disse "aceitou", pois minha irmã, como você já sabe, não foi convidada nem chamada para ajudar: ela se apresentou voluntariamente. Então, cadê a culpa da ONG?

— É, de fato. Se Patrícia se apresentou como voluntária, ela fez uso de sua autonomia, de seu livre-arbítrio.

— É o que todos nós achamos, menos ele. O segundo "culpado", segundo papai, é o Léo, o namorado de Larissa.

Luciano não pôde esconder sua surpresa:

— Ué, o Léo? Essa eu não entendi! Mas o que é que o Léo tem a ver com essa história?

Ricardo esforçava-se para manter a calma diante dos absurdos que estava narrando para o amigo:

— Em um de seus encontros com Larissa, Léo comentou com ela a ação promovida pela ONG do bairro dele. Com certeza, ele fez esse comentário mais para expressar sua admiração pela iniciativa de solidariedade da organização do que por qualquer outra razão. Também deve ter se sentido orgulhoso por se tratar de um movimento que surgiu em seu bairro. Enfim, todos nós acreditamos que foi um comentário casual, informal, sem maiores intenções.

— Concordo, é o que também me parece. Deve ter sido exatamente isso. Mas ainda assim não consigo ver em que ele errou.

— Você já vai entender até onde foi o raciocínio do meu pai para chegar à conclusão que chegou. Depois desse papo com Léo, Larissa comentou com Patrícia sobre a ONG. Ela se entusiasmou tanto com a coisa, achou a iniciativa tão fantástica, que, no dia seguinte, sem falar nada com ninguém, fez contato com a organização e se inscreveu para ajudar. Na semana seguinte, viajou com o grupo. Pronto, foi isso que aconteceu. Papai acha que, se Léo não tivesse comentado com Larissa sobre a ONG, Patrícia não teria ido para o Rio.

"Mas que coisa absurda!", Luciano pensou e sorriu. Depois, disse:

— Olha, Ricardo, com todo o respeito que tenho pelo seu pai, eu acho que o argumento dele não tem nada a ver! Está "viajando na maionese". E mesmo que alguém levasse em conta esse raciocínio absurdo, ainda assim a culpa seria de Larissa, que foi a pessoa que comentou sobre a ONG com a irmã.

— Pois papai também acha isso. Larissa está em terceiro lugar no ranking dos "culpados", segundo o raciocínio dele.

Luciano estava indignado:

— Gente, que coisa mais louca...

— Tem mais um "complicômetro". Você sabia que o namorado de Larissa trabalha no banco onde meu pai é diretor? Léo entrou lá pelas próprias pernas, sem a ajuda de ninguém. Pois hoje de manhã papai teve a coragem de chamar o Léo na sala dele e passar-lhe a maior descompostura, acusando-o pela morte da Patrícia!

— Ah, essa não! Eu não acredito que seu pai fez isso!

— Pois fez.

— Gente, que loucura! Isso deve ter deixado o Léo arrasado!

— Com certeza. Acabou com o cara. E hoje, no jantar, papai fez questão de comentar esse fato para que todos pudessem ouvir o que ele tinha feito com o rapaz.

— Comentou isso no jantar, na presença de toda a família?

— Foi. Lógico que, quando ouviu a história, Larissa se revoltou, se levantou da mesa e saiu de casa chorando de raiva. Pegou o carro e saiu a toda velocidade, cantando pneus!

Luciano estava indignado:

— Que coisa terrível! Coitados da Larissa e do Léo. Para onde será que ela foi?

— Não sei, não faço a menor ideia. É possível que tenha ido conversar com o namorado.

— Nossa mãe! Isso criou uma situação muito chata. Como o namoro deles ficará daqui por diante?

— Acho que não vai ser nada fácil. Principalmente se acontecer o que estou prevendo.

Intrigado, Luciano franziu a testa:

— O que você acha que vai acontecer, Ricardo?

Ele não teve coragem de encarar Luciano para falar:

— Eu espero estar enganado, mas confesso-lhe que não ficarei surpreso se papai mandar Léo embora do banco.

Surpreso, Luciano quase deu um pulo:

— O quê? Mandar o Léo embora? Não acredito! Você acha que seu pai seria capaz de fazer o rapaz perder o emprego por causa dessa... dessa fantasia absurda?

— Eu acho. E se ele fizer isso, aí, meu amigo, sinceramente, eu não sei o que poderá acontecer lá em casa.

Vendo Ricardo tão preocupado, Luciano não escondeu sua indignação. Levantou-se da almofada e começou a andar nervoso pela sala, de um lado para o outro, murmurando frases que expressavam sua revolta:

— Gente, isso é loucura! Isso não pode estar acontecendo! O rapaz não tem culpa de nada! Nem ele nem ninguém tem culpa do que aconteceu com Patrícia.

Ricardo permaneceu em silêncio, olhando para o copo que tinha nas mãos.

Luciano parou de caminhar, ficou pensativo por uns instantes e depois voltou a sentar-se na almofada ao lado de Ricardo.

— Posso lhe fazer uma proposta?

Ricardo olhou para o amigo e balançou a cabeça afirmativamente. Luciano continuou:

— Diante de uma situação tensa como essa, por que você não vem morar aqui comigo pelo menos por uns tempos?

Ricardo pareceu não entender bem a proposta:

— Como é que é o lance?

Luciano repetiu:

— Você poderia vir morar aqui comigo por uns tempos. Este apartamento é até grande para uma pessoa só. Aqui cabe uma família. Já que a gente se dá tão bem, por que não podemos fazer companhia um ao outro? Sabemos que o clima em sua casa não está bom e que, infelizmente, permanecerá assim ainda por mais algum tempo. Se você vier para cá, não terá que se envolver nessa confusão e ainda poderá esfriar a cabeça.

Ricardo estava demorando a entender a extensão daquele convite:

— Você está propondo que eu venha morar aqui com você? Que eu saia de casa?

— A expressão "sair de casa" é muito forte. Dá a impressão de rompimento, de conflito. Estou fazendo um convite para algo amigável, amistoso. Na verdade, é uma oportunidade de se afastar um pouco do ambiente pesado de sua casa agora. Aqui você poderia colocar as ideias em ordem, numa boa, sem pressão. Depois, se quisesse e quando quisesse, poderia voltar a morar com a sua família.

Ricardo ficou olhando para o amigo em silêncio. Muitas coisas passavam pela cabeça do rapaz naquele instante. Apesar de já ter vinte e quatro anos, nunca havia pensado na possibilidade de sair de casa, a não ser para casar-se. Contudo, a ideia não era de todo má. De fato, o apartamento de Luciano era bem amplo e estava localizado em uma região nobre e de fácil acesso na cidade. Por que não experimentar?

— No que você está pensando, Ricardo?

— Sei lá. A ideia não é má, mas...

— Mas...?

— Não sei como minha mãe reagiria a essa notícia. E depois, seria mais uma espécie de perda para meu pai... mais um filho a sair de casa.

— Ricardo, como eu disse, a ideia é que seja algo amigável, sem essa de rompimentos e sofrimentos. Antes de aceitar, você teria, primeiramente, que conversar com sua mãe, que é com quem você parece ter mais afinidade e proximidade. Dependendo dos seus argumentos, das suas justificativas, acredito que ela concordaria. Claro que dona Lucila ficaria triste se essa decisão fosse fruto de uma briga, um conflito familiar, mas não é esse o caso. Ela sabe que somos amigos e que somos pessoas civilizadas.

Luciano pôs a mão no ombro do amigo:

— Mas depois você teria que enfrentar a parte mais difícil, acho eu: a conversa com seu pai. Não consigo imaginar a reação que ele terá. Como homem, e em circunstâncias normais, acho que ele entenderia a sua decisão até melhor que sua mãe. Ele deve saber que os homens gostam de se emancipar quando ultrapassam a adolescência e começam a vida adulta, não é mesmo? Mas, depois de tudo o que vem acontecendo, ele poderá até pensar que se trata de uma retaliação pelas atitudes que ele vem tendo e que você não aprova.

Ricardo, pensativo, ponderava todas as considerações que Luciano fazia.

— Por outro lado, já que você disse que a menina dos olhos de seu pai era Patrícia, não sei se ele se importaria muito com a sua mudança. A menos que seu Afrânio esteja pensando em transformá-lo em sua próxima menina dos olhos.

Ricardo levantou-se incomodado com essa possibilidade:

— Ah, isso não! Primeiro porque eu não gostaria de assumir essa posição. Senti na pele o que é ser preterido por outros irmãos e não faria Larissa passar novamente por essa situação por minha causa. Sem chance. Se eu percebesse essa tendência, aí a decisão estaria tomada. Sairia de casa no dia seguinte.

— Bom, amigo, espero que entenda que fiz esse convite para que você possa ter uma vida mais tranquila, principalmente nesse momento tão turbulento. Mas não gostaria que isso se transformasse em motivo de preocupações ou conflitos. Inclusive, nem precisa responder agora. Leve o tempo que quiser para tomar sua decisão. Estarei sempre aqui à sua disposição. Você sabe que pode contar comigo.

Ricardo deu um forte abraço no amigo:

— Sei disso, cara. Você é o irmão que não tenho por perto, já que Eduardo está rodando o mundo. Você sempre foi legal comigo e sei que nossa amizade é sólida. Agradeço muito pela preocupação e pela oferta. Vou pensar nela com carinho. Se for melhor para mim, aceitarei o convite com a maior satisfação. Nem que seja por um período.

— É isso aí, cara. Fique à vontade para decidir. Agora vamos sair para tomar umas? Aqui em Moema temos ótimas choperias, sempre bem frequentadas por belas garotas.

— Vamos nessa!

E saíram em busca de alegria e possibilidades.

Capítulo 9

Na manhã seguinte, assim que chegou ao banco, Afrânio começou a assinar alguns documentos e despachar os assuntos mais urgentes. Depois, ligou para Heloísa, a gerente de Recursos Humanos, e pediu-lhe que fosse à sua sala.

Ao colocar o telefone no gancho, Heloísa tinha uma expressão preocupada, afinal, não era comum ser chamada pessoalmente pelo diretor financeiro da empresa. Como era hábito, os pedidos de qualquer diretoria, qualquer que fosse o assunto — desde que pertinente à área de Recursos Humanos —, chegavam até ela por meio do seu próprio diretor, o Amílcar.

Heloísa achava que, ligando diretamente para ela, Afrânio estava fazendo algo errado. Havia uma linha de hierarquia que devia ser respeitada. De acordo com essa linha, ele deveria falar primeiro com Amílcar e este repassaria o assunto a Heloísa. Enfim, não cabia a ela discutir aquele assunto, ainda mais com Afrânio, que tinha fama de durão e cara de poucos amigos.

Mesmo contrariada, Heloísa levantou-se e foi até a sala de Afrânio, fazendo o possível para esconder seu nervosismo. Trabalhando há vinte anos na mesma empresa, ela não deveria mais ter receios daquela natureza. Com as indenizações de uma rescisão, uma demissão seria como ganhar na loteria. O problema era que ela amava seu trabalho e se habituara ao banco, apesar de todos os aspectos que precisariam ser melhorados.

Olga, a secretária de Afrânio, anunciou Heloísa pelo interfone, e ele autorizou a entrada da funcionária em sua ampla e luxuosa sala.

Ainda assim, Heloísa bateu de leve na porta antes de empurrá-la com cuidado. Timidamente, entrou e ficou parada atrás da poltrona, com as mãos apoiadas no encosto, à frente da imponente mesa de Afrânio. Ele estava escrevendo alguma coisa e assim permaneceu por alguns minutos, sem dirigir um olhar à funcionária nem mesmo para cumprimentá-la.

"Parece que o sujeito é mesmo um casca-grossa", pensou Heloísa, impressionada com tamanha falta de educação.

Após algum tempo de silêncio, Afrânio fechou o volumoso caderno no qual estivera escrevendo e, finalmente, olhou a mulher à sua frente de forma absolutamente inexpressiva.

— Acredito que a senhora seja a dona Heloísa, gerente da área de Recursos Humanos. Confere?

— Sim, senhor.

— Por favor, sente-se.

Cautelosamente, Heloísa deu a volta na poltrona e sentou-se, pondo as mãos entre os joelhos, em um gesto instintivo de submissão. Afrânio observou-a por algum tempo antes de começar a falar:

— A senhora conhece o funcionário Léo? Acho que ele se chama Leonardo.

— Deve ser o rapaz que trabalha conosco no RH, o Leonardo Campos.

— Há outros Leonardos na empresa?

— Não, senhor.

Ele deu um sorriso irônico:

— Então deve ser o próprio.

Heloísa ficou preocupada ao imaginar que alguém de sua equipe pudesse ter cometido uma falha tão grande a ponto de chegar ao conhecimento de um diretor.

— Ele cometeu alguma falta, senhor?

Afrânio desviou o olhar e fingiu consultar alguns papéis na mesa:

— Se a senhora me permite, não gostaria de comentar o assunto — fez uma pausa e, olhando fixamente para ela, as mãos cruzadas sobre a mesa, disparou: — Quero apenas que a senhora o demita.

Heloísa levou um choque. Considerando sua equipe inteira, Leonardo era um de seus melhores funcionários.

— Demiti-lo?

Afrânio manteve o olhar duro sobre Heloísa:

— Ainda hoje.

Inicialmente, Heloísa hesitou em perguntar a Afrânio quais teriam sido as razões do pedido de demissão do rapaz, mas, por fim, decidiu que devia saber o que tinha acontecido. Afinal, Léo pertencia à sua equipe, e ela, portanto, tinha o direito de saber por que o funcionário deveria ser demitido. Procurando esconder seu nervosismo, perguntou em voz baixa:

— Doutor Afrânio, posso saber o motivo dessa decisão? Afinal de contas, ele é meu funcionário.

Afrânio encarou-a com dureza:

— Que eu saiba, ele é funcionário da empresa.

Heloísa percebeu a ironia, mas manteve a calma:

— Sim, claro, mas ele presta serviços à minha área e está vinculado diretamente a mim. E eu o considero um ótimo funcionário.

Afrânio estava implacável:

— Heloísa é seu nome, não é?

— Sim, senhor.

— Então, Heloísa, me desculpe, mas não me lembro de ter pedido sua opinião a respeito desse funcionário.

Novo choque. Heloísa estava usando todas as suas energias para manter-se inabalável diante de tantos ataques.

— Eu é que lhe peço desculpas por insistir, doutor Afrânio, mas preciso de uma razão para demitir um funcionário.

Afrânio ergueu as sobrancelhas em um gesto afetado:

— Por acaso a ordem de um diretor, que é membro do Conselho de Administração, não é suficiente?

Ela ficou desconcertada:

— Sim, claro que é, mas...

Percebendo que atingira um ponto vulnerável da funcionária, ele decidiu encerrar o assunto:

— Então, dona Heloísa, estamos entendidos. É uma decisão minha. Por favor, cumpra-a ainda esta manhã.

Ao levantar-se, reunindo suas forças, Heloísa ainda teve coragem de dizer:

— Sim, senhor, farei isso agora mesmo, mas antes devo comunicar o fato ao meu diretor, o senhor Amílcar.

Afrânio pareceu não se abalar com aquela informação e respondeu com calma:

— Pois faça isso. Não há nenhum problema. Diga a seu chefe que a ordem para demitir o Leonardo foi minha.

Heloísa ainda não estava satisfeita. Na verdade, estava profundamente indignada com tamanha injustiça e falta de senso profissional daquele diretor, que, como tal, deveria dar exemplo de ética e respeito às pessoas:

— E ao funcionário, o que eu devo dizer?

— Diga também que a ordem foi minha. Ou melhor, diga a ele que dei essa ordem por considerá-lo um elemento nocivo à equipe e à empresa em geral.

Mesmo se considerando uma pessoa equilibrada e serena, Heloísa achou que era demais ouvir tamanha tolice e desconsideração de Afrânio. Ela, então, apressou-se a sair dali antes que chorasse de raiva na frente daquele homem, que considerava cruel, desumano e injusto. E, se isso acontecesse, ela não se perdoaria jamais.

Saindo da sala de Afrânio, Heloísa foi imediatamente falar com seu diretor, Amílcar, mas não conseguiu evitar que lágrimas escapassem durante o trajeto. A secretária dele, Aninha, percebeu que Heloísa havia chorado e correu em sua direção:

— Ei, amiga, o que aconteceu? Por que você está chorando?

Aninha notou que alguns colegas que passavam por ali viam que algo de errado estava acontecendo e, se não paravam para observar a cena, no mínimo reduziam o passo. Ela, então, decidiu ser discreta e preservar a intimidade da colega:

— Venha aqui, vamos até a copa — e delicadamente conduziu Heloísa a uma pequena cozinha, onde ficavam os bebedouros, um frigobar e a máquina de café. Aninha pegou um copo de água e colocou-o nas mãos da amiga.

No limite de sua resistência, Heloísa desatou a chorar de vez. Aninha não sabia o que fazer para consolá-la.

— Calma, amiga, calma, procure se controlar. Beba um pouco d'água e me conte o que aconteceu.

Com as mãos trêmulas, Heloísa tomou alguns goles, respirou fundo e procurou acalmar-se. Não era de seu feitio perder o controle daquela maneira, mas Afrânio passara de todos os limites de civilidade e profissionalismo. E isso fora demasiado para a sensibilidade dela.

Heloísa confiava bastante em Aninha, que era outra veterana no banco, com mais tempo de casa do que ela: já trabalhava ali havia quase trinta anos. Quando, cerca de vinte anos antes, Heloísa fora contratada, aquela colega veterana recebeu a novata com muito carinho e gentileza, dando-lhe todas as orientações necessárias para uma rápida integração. Por isso, Heloísa sabia que podia confiar nela.

Começou a contar-lhe o que ocorrera, mas interrompia a narrativa toda vez que alguém se aproximava para beber água ou pegar um pouco de café. Dessa maneira, em doses homeopáticas, contou para a amiga tudo o que acontecera na sala de Afrânio.

No final, Aninha também estava indignada:

— Aquele... — e disse um sonoro palavrão. — Não sei como se mantém no cargo! É um casca-grossa! Um covarde que se prevalece do cargo para prejudicar os outros!

— Aninha, estou muito preocupada com o coitado do Léo. Ele é um dos meus melhores funcionários, uma ótima pessoa! O que poderia ter feito de tão errado que justificasse uma demissão?

Aninha levantou uma hipótese:

— Até posso imaginar, amiga. Vai ver ele brigou com a namorada, que é filha do doutor Afrânio... Você sabe desse namoro, não sabe?

— Sei, sei. Isso não é segredo para ninguém aqui no banco. Mas ele não pode misturar assuntos familiares e pessoais com assuntos profissionais.

— Claro que não pode, mas turrão como ele é, não é de se espantar que ele misture alhos com bugalhos.

Heloísa pôs o copo sobre a mesa e levantou-se, ajeitando a roupa e enxugando as lágrimas:

— Bom, eu já estou mais calma. Preciso contar para o Amílcar que o doutor Afrânio mandou demitir um funcionário nosso.

— Claro, vá lá agora. Aproveite que ele está sozinho na sala. E conte tudo exatamente como se passou.

Aninha conduziu Heloísa até a porta da sala do diretor de Recursos Humanos, deu três batidinhas de leve, entreabriu-a e pediu:

— Com licença, senhor Amílcar...

Amílcar era o mais jovem diretor do banco. Não devia ter mais que quarenta e cinco anos de idade. Bonito, de porte atlético, bem-humorado, mantinha um sorriso permanente no rosto.

— Claro, Aninha, pode entrar.

— Desculpe, senhor Amílcar, não sou eu, é a Heloísa que deseja falar com o senhor.

— Pois então peça a Heloísa que entre do mesmo jeito! É gente nossa! É prata da casa! — e levantou-se para receber a funcionária. Estendeu a mão, mas parou assustado no meio do caminho, quando percebeu que ela havia chorado.

— Ei, amiga, o que houve? — e pôs o braço em torno do seu ombro para ampará-la.

Heloísa fazia força para não desatar no choro outra vez:

— Desculpe, Amílcar, mas se você me perguntar isso de novo, vou desabar aqui.

— Não faça isso, por favor. Não gosto de ver mulheres chorando. Sente-se aqui.

Delicadamente, segurando um dos braços de Heloísa, Amílcar conduziu-a à poltrona defronte à sua mesa. Depois, sentou-se ao lado dela. Sempre que atendia alguém de sua equipe, Amílcar deixava sua elegante cadeira de diretor e vinha sentar-se ao lado da pessoa. Dizia que agia assim para que todos se sentissem iguais a ele.

Não gostava que o tratassem como diretor, nem que o chamassem de "senhor" e muito menos de "doutor" — e essa atitude era sincera, não era mera demagogia. Apesar de ocupar um posto importante no banco, Amílcar tinha uma origem humilde e talvez por isso aprendera a manter-se simples, independentemente dos títulos acadêmicos e dos cargos conquistados ao longo dos anos.

Falou delicadamente:

— Não tenha pressa, Helô. Quando você se sentir à vontade para falar, saiba que a ouvirei atentamente.

Heloísa sorriu meio sem jeito, fungou, assoou o nariz com seu lencinho bordado e ficou retorcendo-o entre as mãos. Gentilmente, Amílcar levantou-se, pegou uma caixa de lencinhos de papel e colocou-a na frente da funcionária. Heloísa, então, guardou seu lencinho em um dos bolsos da saia e pegou um lenço de papel. Desta vez, usou-o para enxugar as lágrimas.

— Desculpe esse papelão, Amílcar.

— Que é isso, amiga? Chorar não é vergonha. Quero ouvi-la porque estou preocupado com você. O que aconteceu?

Entrecortando sua narrativa com alguns soluços discretos, Heloísa contou tudo ao seu chefe, que a ouvia sem interrupções. O cenho franzido de Amílcar e os movimentos que fazia com a cabeça mostravam sua desaprovação à atitude de Afrânio. Quando Heloísa terminou sua narrativa, ele voltou para sua poltrona. Depois de ficar um pouco pensativo, perguntou:

— Ele não disse quais teriam sido as razões para tomar essa decisão?

— Não. Bem que eu insisti, mas ele nada disse e demonstrou claramente que não aprovava minha insistência. Preferi me calar e obedecer, mas antes avisei que viria falar com você.

— Esse rapaz, o Léo, não é aquele que namora a filha dele?

— Esse mesmo.

— Humm... Provavelmente eles brigaram feio e, como é comum, o pai tomou as dores da filha.

— Também pensei nessa hipótese.

— Que, se for confirmada, é absurda. Assuntos pessoais não devem interferir no trabalho. E, pelo que sei, pelas suas referências, o Léo é um excelente funcionário.

— E é mesmo! É um rapaz inteligente, pontual, assíduo, educado, colaborador e muito competente no que faz. Teria uma brilhante carreira conosco. E, por seus próprios méritos, conseguiu ser promovido a supervisor da nova área de Esportes e Lazer. E, olhe, nunca tirou proveito do fato de ser namorado da filha de um dos diretores da empresa.

Amílcar deu um longo suspiro.

— Eu até entendo que o Afrânio esteja muito abalado com a morte da filha naquela tragédia do Rio. Mas isso não significa que ele possa descarregar sua revolta ou sua dor nas pessoas que nada têm a ver com seu drama — fez uma pausa e parecia refletir sobre que providências tomar a respeito do assunto: — O pior é que nada posso fazer. O Afrânio, além de diretor, é membro do Conselho de Administração. Eu sou apenas um diretor. Posso tentar conversar com ele e descobrir quais foram as razões para ele tomar uma medida tão drástica, mas certamente não vou conseguir fazê-lo mudar de ideia.

— Me desculpe, Amílcar, mas, pelo que ouço falar do doutor Afrânio, acho que nem convém tentar intervir... para não criar uma indisposição que possa vir a lhe prejudicar.

— Eu sei. Ele é bem capaz disso.

Por alguns momentos, os dois ficaram em silêncio. Depois, Heloísa falou:

— E então, o que faremos?

Amílcar voltou a suspirar forte, mostrando resignação e revolta ao mesmo tempo:

— Bem, temos que ser realistas: não temos alternativas para mudar a situação. Portanto, faça o que ele mandou. Já pensei bastante e concluí que não temos saída. Mas vamos ajudar o rapaz a se recolocar no mercado. É o mínimo que devemos fazer para minimizar essa injustiça. Eu, pessoalmente, farei contatos com alguns amigos, que são diretores de Recursos Humanos de outros bancos, e tenho certeza de que conseguirei recolocar o Léo em pouco tempo.

— Contanto que o doutor Afrânio não venha a saber disso. Acho que ele não gostaria de tomar conhecimento dessa ajuda que você oferecerá ao Léo.

— Com certeza. Concordo com você. É melhor que essa ajuda fique apenas entre nós. Não é a solução ideal, mas é o que podemos fazer no momento. É uma pena perdermos um funcionário tão bom, com tantas possibilidades de crescimento aqui.

— Pois é, Amílcar. E o pior de tudo é a injustiça. Se alguns clientes soubessem que nosso banco tem esse tipo de conduta, certamente encerrariam suas contas.

— Não duvido, mas, como disse, não temos outra opção. E você ainda vai ficar com a pior parte. Sei que demitir o Léo não será uma tarefa fácil para você. Tudo o que posso recomendar é que procure ser o mais gentil possível com o rapaz, mas evite fazer comentários negativos sobre Afrânio. É uma questão de ética, você sabe. Apesar de tudo, ele é nosso diretor e membro do Conselho de Administração. Temos que preservar a imagem do nosso banco.

— Eu entendo, Amílcar. Pode ficar tranquilo quanto a isso — e levantou-se para sair. Já à porta, Heloísa parou e voltou-se para seu chefe: — Deseje-me boa sorte. Que eu receba inspiração para me sair bem nessa tarefa tão desagradável e ingrata.

— Não se preocupe. Tenho certeza de que você receberá a inspiração necessária para sair-se bem.

Heloísa saiu e foi cumprir sua tarefa.

Ao passar por Aninha, abraçou-a carinhosamente, agradecendo a ajuda. A colega retribuiu o carinho:

— Vá com Deus, amiga.

Capítulo 10

Heloísa sentiu um aperto no coração quando Léo entrou todo sorridente em sua sala. Os dois mantinham uma boa amizade, sem prejuízos à relação profissional que era levada muito a sério.

— Oi, Helô, tudo bem?

Ela não teve coragem de responder "tudo bem". Baixou os olhos e esperou que o rapaz se sentasse. Percebendo que alguma coisa não ia bem com a gerente, ele continuou:

— Ih, já vi que hoje você não está em seus melhores dias. Estou acostumado a vê-la sempre de alto astral. Posso ajudá-la?

Heloísa mexeu em alguns papéis que estavam sobre a mesa, apenas para disfarçar seu nervosismo e sua angústia antes de falar:

— Léo, preciso conversar com você sobre um assunto muito desagradável e confesso-lhe que não sei nem por onde começar.

Algo no coração do rapaz preveniu-o de que não ia gostar do que ia ouvir de sua chefe. Não devia ser coisa muito agradável, mas estava longe de imaginar a verdade.

Ela continuou escolhendo cuidadosamente as palavras:

— Eu tenho uma má notícia para você. Na verdade, uma péssima notícia.

Léo interrompeu o sorriso e olhou-a, franzindo a testa, manifestando surpresa, curiosidade e, claro, preocupação:

— Do que se trata? — ele tinha o pressentimento de que já sabia o motivo daquela conversa.

Heloísa pigarreou e decidiu falar de uma vez, mesmo com o coração partido:

— Hoje cedo recebi a incumbência de demiti-lo, Léo...

Embora já imaginasse que a conversa era sobre sua demissão, Léo não deixou de sentir um forte desconforto diante da informação oficial, e ainda mais dita de forma tão direta.

Heloísa abriu a boca para dizer alguma coisa, mas nenhum som saiu. Ela, então, confirmou a decisão com os olhos lacrimejando:

— Infelizmente...

Léo, como se quisesse que nenhuma dúvida pairasse sobre o que acabara de ouvir, perguntou:

— Eu... eu fui demitido?

Ela balançou afirmativamente a cabeça sem olhar para o rapaz. Depois tentou explicar-se:

— Léo, não foi decisão minha, nem do Amílcar. Nós o consideramos um dos melhores funcionários de nossa equipe.

Léo tentava encontrar outro motivo que não fosse o que imaginava:

— Algum cliente fez queixa contra mim?

— Não, Léo, nada disso. Todos gostam muito de você.

— Mas, mas então o quê... por quê...?

Heloísa percebeu que ela precisava dizer alguma coisa ao rapaz, para tentar esclarecer aquela situação:

— Na verdade, Léo, a decisão não saiu de nossa área. Veio da diretoria de outra área.

Nesse momento tudo se confirmou. Certamente, aquela decisão havia partido de Afrânio. Léo balançou a cabeça e falou com amargura:

— Foi o doutor Afrânio quem tomou essa decisão, não foi?

Heloísa confirmou com a cabeça.

Mesmo conhecendo a natureza do pai de sua namorada, Léo estava chocado e incrédulo:

— Como ele pôde...?

Heloísa estava cheia de compaixão pelo rapaz, que se mostrava confuso e indefeso, e tentava ajudá-lo de alguma maneira:

— Léo, eu quero fazer uma pergunta como amiga, não como chefe, porque nem eu estou entendendo essa situação. Eu sei que você namora Larissa, a filha do doutor Afrânio. Vocês brigaram? Aconteceu alguma coisa séria entre vocês que justificasse tanta raiva por parte de doutor Afrânio?

Indignado e revoltado, Léo baixou a cabeça e pôs-se a chorar. Heloísa via o corpo do rapaz ser sacudido por soluços silenciosos e em pensamento maldisse a crueldade de Afrânio. Ela, então, deixou o jovem desabafar.

Depois de algum tempo, ele tirou um lenço do bolso de trás da calça e enxugou as lágrimas, parecendo envergonhado.

Heloísa estava muito abalada com aquela decisão e fez questão de admitir seu incômodo para o rapaz:

— Léo, você não sabe o quanto sinto por estar fazendo isso. Estou com o coração partido. Gostaria muito de poder ajudá-lo. Lamento muito vê-lo sofrer assim.

Ele olhou para a chefe com uma expressão de revolta no olhar:

— Não estou chorando por ter perdido o emprego, Helô. Estou chorando de raiva, de indignação, de impotência diante de tamanha injustiça, diante da falta de coração daquele sujeito, que está se prevalecendo do poder que tem para usá-lo contra mim. Aquele sujeito não passa de um recalcado, um louco!

Heloísa permaneceu calada. Por uma questão de ética, não poderia admitir que concordava com o rapaz. Por outro lado, não sabia o que dizer, mas queria entender o motivo real da demissão de Léo:

— Você pelo menos sabe ou tem alguma ideia do porquê de doutor Afrânio ter tomado essa decisão a seu respeito?

— Sei, sim. E é uma coisa absurda! Você não vai acreditar.

Essa resposta aumentou a expectativa de Heloísa, que ficou esperando por uma explicação.

Léo guardou o lenço e, aparentemente já um pouco refeito da onda de revolta que o abateu, começou a explicar:

— O doutor Afrânio acha que sou o culpado pela morte da filha dele, a Patrícia.

Heloísa levou um choque:

— O quê? Você, culpado? Mas como? Por quê? Pelo que sei, a filha dele morreu soterrada em uma das avalanches que aconteceram na região serrana do Rio no começo do ano.

— E foi isso mesmo. Ela foi ao Rio como voluntária da ONG do meu bairro.

— Sim, e daí?

— Daí que Patrícia ficou sabendo dessa ONG por meio da Larissa. Eu havia comentado com ela sobre a iniciativa da organização de ajudar o pessoal vitimado pela catástrofe...

Heloísa estava realmente confusa:

— Espere aí, deixe-me entender. Você comentou com sua namorada a respeito da ONG que estava organizando um grupo de voluntários para ir ao Rio. Sua namorada então comentou o assunto com a irmã, e daí a Patrícia decidiu se incorporar ao grupo. Foi isso que aconteceu?

— Foi isso mesmo.

— E o doutor Afrânio acha que você é culpado pela morte da filha só porque foi você quem levou o assunto à Larissa, que, por sua vez, comentou a iniciativa com a irmã. É isso mesmo?

O rapaz confirmou com a cabeça, mostrando os olhos ainda molhados pelas lágrimas:

— Isso mesmo.

— Meu Deus! Não é possível, Léo! Isso é uma insanidade! Esse homem está louco! Até entendo a dor de doutor Afrânio pela perda da filha, mas isso não justifica descontar essa dor nas pessoas, prejudicando-as e maltratando-as, como ele está fazendo com você!

— Pois é, também acho isso. Ontem, seu Afrânio me chamou na sala dele e desancou essa história em minha cara! É isso mesmo que ele pensa. A acusação foi bem clara. Seu Afrânio acha que sou culpado pela morte de Patrícia. Se ele acha isso, até entenderia que ficasse com raiva de mim. Mas em nenhum momento me passou pela cabeça que ele chegasse ao extremo de me demitir.

— Deus do céu! Como um diretor tecnicamente tão competente e tão poderoso dentro da estrutura do banco pode se rebaixar a praticar ações tão... tão desumanas, injustas e cruéis? Isso não pode ficar assim! — Heloísa estava claramente revoltada. — Vou falar agora mesmo com Amílcar.

Léo balançou a cabeça em sinal negativo:

— Não faça isso, Helô. O homem é poderoso demais aqui no banco. Poderá prejudicá-la e criar uma situação de inimizade com o Amílcar, que é uma ótima pessoa. Vocês não têm nada a ver com isso.

— Mas, Léo, isso que o doutor Afrânio está fazendo com você é uma loucura!

— Eu sei. O mundo está cheio de loucos. Mas eu tenho certeza de que, com a ajuda de Deus e dos amigos, vou me arranjar e sair bem dessa. Eu sei que sou competente. Não vou deixar isso me abater: vou correr atrás de um novo emprego amanhã mesmo.

— Léo, vamos dar a você todo o apoio possível. Vamos ajudá-lo a fazer seu currículo e dar as melhores referências a seu respeito. Aliás, o próprio Amílcar prontificou-se a fazer contato com diretores de Recursos Humanos de outros bancos, amigos dele, e indicá-lo para algumas vagas. Eu também farei contato com alguns amigos. Você não estará sozinho nessa jornada de recolocação no mercado.

Léo abriu um largo sorriso; era gratificante ouvir aquilo. Dois grandes profissionais estavam preocupados em ajudá-lo em um momento tão difícil.

— Muito obrigado, Helô. Eu agradeço a vocês. Por favor, diga ao Amílcar que ficarei muito grato a ele por tudo que possa fazer em meu favor.

— Não, senhor. Você mesmo irá procurá-lo para se despedir e então poderá agradecer pessoalmente a ajuda que ele lhe ofereceu.

— Ótimo, vou fazer isso.

Heloísa pensou um pouco antes de fazer uma pergunta:

— Léo, gostaria de lhe perguntar uma coisa, mas peço-lhe que não a considere uma intromissão em sua vida pessoal.

— Que é isso, Helô? Pergunte o que quiser, numa boa.

— Como ficará a sua situação com a Larissa? Você já imaginou como ela vai se sentir quando souber o que doutor Afrânio fez com você?

Léo refletiu para responder:

— Eu estava pensando nisso agora mesmo... Para falar a verdade, eu não sei. Sinceramente, não consigo imaginar qual será a reação dela. Sei que Larissa não vai gostar nem um pouco de descobrir o que ele fez, mas não consigo imaginar o que fará. Aliás, nem sei se devo contar a ela...

— De uma forma ou de outra ela ficará sabendo. Essas notícias correm e se espalham depressa. Você vai precisar assinar os papéis da demissão e vários funcionários participarão dessa etapa. Um deles irá telefonar para Larissa, tenho quase certeza. Então, se você me permite dar uma sugestão, eu acho melhor que ela fique sabendo por meio de você mesmo, sem intermediários.

— O problema é que, se eu fizer isso, o doutor Afrânio ficará ainda mais bravo comigo.

— Ué, e o que mais você tem a perder além do emprego, que inclusive já perdeu? Você não é mais funcionário do banco, ele não poderá fazer mais nada contra você.

— É, eu sei, mas talvez ele resolva se vingar na filha. Talvez decida impedir nosso namoro, sei lá. Já vi que o sujeito é louco mesmo, por isso prefiro não correr riscos.

— Bom, reconheço que é mesmo uma decisão delicada. O importante é que sua demissão, mesmo tendo sido iniciativa do pai dela, não interfira no namoro de vocês.

— Ah, isso não! De jeito nenhum. Nós nos amamos muito.

— Então proteja esse amor contra as loucuras desse homem — e mudando de tom: — Agora, vamos à parte desagradável. Você precisa ir ao Departamento Pessoal para assinar os papéis da demissão. Eles vão explicar direitinho quais são os seus direitos trabalhistas e vão falar sobre as verbas rescisórias. Eu vou acompanhá-lo para assegurar que tudo seja feito rápida e corretamente.

Pela maneira como os funcionários do departamento olharam para Léo quando ele entrou na sala com Heloísa, era visível que todos ali já sabiam o que tinha acontecido. Inclusive, durante o trajeto, muitos colegas nos corredores traíram-se pelo olhar: a chamada "rádio peão", a rede interna de fofocas das empresas, já se encarregara de divulgar a notícia em primeira mão.

Certamente ninguém fez essa verificação, mas se alguém tivesse tido o trabalho de contar a quantidade de e-mails e de telefonemas que foram trocados a partir do momento da demissão de Léo até o instante em que ele se dirigiu ao Departamento Pessoal, veria que o uso ultrapassara em muito a média mensal habitual.

Estamos, de fato, na era das redes sociais e virtuais.

Capítulo 11

Depois de concluir todas as etapas burocráticas de sua demissão, Léo resolveu perambular um pouco pela cidade, para desanuviar a mente e também para sentir um pouco o gostinho da liberdade. Desde que começara a trabalhar, passava o dia inteiro no banco e à noite encontrava-se com Larissa. Assim, não lhe sobrava tempo para "bater pernas", passear sem compromisso de tempo, parar para ver as vitrines, entrar nas lojas para perguntar preços e conferir os lançamentos de eletrônicos.

Léo almoçou sozinho em uma lanchonete e à tarde continuou seu passeio solitário. Só no final da tarde resolveu voltar ao seu apartamento.

Ao entrar em casa, lembrou-se de que precisava dar a notícia da demissão à sua mãe, em Belo Horizonte. Para evitar que ela ficasse impactada com a novidade, ele teria que prepará-la muito bem antes de contar-lhe o que havia acontecido. O ideal era que, quando fizesse isso, já tivesse outro emprego. Pensando assim, resolveu aguardar mais alguns dias antes de ligar para ela. Tinha certeza de que se recolocaria rapidamente no mercado.

Depois de tomar banho, Léo sentou-se ao lado do telefone e ficou refletindo se deveria ou não ligar para Larissa. O problema era que, por mais que tentasse parecer natural e calmo, sua voz iria traí-lo. A percepção da jovem era muito aguçada e certamente ela iria pressioná-lo a falar se notasse que algo estava errado. Sentia-se encurralado, porque, de uma forma ou de outra, a namorada ficaria sabendo que ele estava desempregado. Portanto, o mais indicado parecia contar-lhe logo tudo de uma vez.

Léo levantou-se ansioso e ficou andando pela sala de um lado para o outro, ainda sem saber o que fazer. Não foi preciso pensar muito tempo. A campainha da porta soou e ele teve certeza de que era a namorada.

Larissa entrou no apartamento e ficou parada à porta, olhando aflita para o namorado. Estava pálida. Seus lábios, habitualmente carnudos e vermelhos, pareciam agora apenas uma linha sem cor, e seus olhos estavam inchados e vermelhos — o que levava Léo a crer que Larissa estivera chorando.

Léo voltou para o meio da sala e ficou olhando-a, sem saber o que fazer e o que dizer. Estava claro que ela já sabia de tudo.

Em um ímpeto, Larissa jogou sua bolsa no chão e correu chorando para os braços de Léo, que a acolheu com carinho. Ela esbravejava entre lágrimas:

— Eu odeio meu pai! Eu odeio meu pai! — gritava.

Léo nada disse e começou a afagar os longos e sedosos cabelos de Larissa, que continuava chorando e falando desesperada:

— Ele não podia ter feito isso! Não podia! Não é justo! Eu o odeio! Ele foi cruel, foi covarde!

Léo procurou mostrar-se calmo. Envolveu o rosto de Larissa com as duas mãos e levantou-o para que ela o olhasse:

— Linda, procure se acalmar. Não é o fim do mundo. Logo, logo estarei trabalhando em um novo emprego, pode estar certa disso.

As palavras de Léo não serviram de consolo para a namorada:

— Mas o que meu pai fez não é certo, não é justo com você! Você não merece ser tratado assim!

— Eu sei, linda. Mas as coisas não acontecem da maneira que a gente quer. Deus sabe o que faz. É preciso acreditar que nada acontece por acaso. Vamos, acalme-se.

O jovem casal ficou abraçado durante um longo tempo, sem nada dizer. Aos poucos, Larissa foi se acalmando e seus soluços foram desaparecendo. Então, ele fez a jovem sentar-se no sofá e continuou a abraçá-la.

Quando falou, Larissa já estava mais calma:

— Ele também foi muito cruel comigo. Esperou a hora do jantar para me contar. Cheguei a sentir o prazer sádico com que ele falou sobre isso. Levantei-me da mesa e vim correndo para cá. É a segunda vez na semana que discutimos durante o jantar. Se eu tivesse ficado lá, teria xingado meu pai, jogado meu prato na cara dele. Ele foi cruel e covarde.

— Linda, não quero que você alimente pensamentos negativos em relação a seu Afrânio. Não podemos nos esquecer de que ele é seu pai e por isso temos que respeitá-lo. Também precisamos levar em conta que ele está um pouco fora de si, ainda está transtornado com a perda de Patrícia.

— Ah, é? Pois agindo assim ele vai perder toda a família. Eu vi que Ricardo também ficou revoltado, mesmo que não tenha falado nada. Ele não vai aguentar a ditadura do meu pai por muito tempo. Eu mesma, se pudesse, não voltaria mais àquela casa. Se não fosse pela minha mãe... Não quero deixá-la sozinha com aquele monstro.

Léo achou que poderia confortá-la de outra forma:

— Pois vamos pensar e agir de maneira diferente. Nada de perder a cabeça nem ficar nos lamentando. Vamos pensar que uma porta se fechou, mas que outra vai se abrir dentro de poucos dias e para algo melhor. Então, pensando assim, minha demissão pode ser vista como um acontecimento positivo que merece comemoração e não lágrimas, concorda comigo?

Larissa olhou apaixonada para o rapaz e ensaiou um tênue sorriso:

— Só você para pensar assim numa hora dessas, lindo. É por isso que te amo tanto... — e beijou-o apaixonadamente.

Léo alegrou-se ao perceber que ela concordara com a ideia da comemoração e pôs-se em movimento:

— Bom, vamos ver o que temos aqui na cozinha para fazermos uma festa a dois. Venha me ajudar a procurar as coisas na despensa — e, puxando-a pela mão, levou-a até a cozinha. Começaram a revirar as prateleiras e gavetas onde os mantimentos ficavam guardados e descobriram o suficiente para vários piqueniques.

Ao invés de sentarem-se à mesa, decidiram estender uma toalha no centro da sala e preparar ali o local da comemoração. Larissa, então, demonstrou que tinha algumas habilidades culinárias e, para quem não tinha tal prática, o talento da jovem era surpreendente. Léo, por sua vez, já habituado a preparar suas próprias refeições por morar sozinho, auxiliava a namorada no preparo da comida.

Depois de tudo pronto, sentaram-se na toalha estendida no meio da sala, colocaram sobre ela copos, sucos (nenhum dos dois estava com disposição para ingerir bebida alcoólica) e os pratos que conseguiram preparar, e fizeram de conta que era mesmo um piquenique.

Enquanto saboreavam a comida, falaram de amenidades e fizeram muitos planos. Por algum tempo, esqueceram-se da demissão de Léo e curtiram o momento.

Após o piquenique, prepararam pipocas no micro-ondas, escolheram um filme entre os vários títulos em DVD que Léo mantinha na estante da sala, e ficaram abraçadinhos. Por fim, acabaram assistindo a dois filmes para aproveitarem o aconchego, pois nenhum dos dois, afinal, queria dar um fim à "sessão de cinema".

Quando se sentiram satisfeitos, foram para a cama de Léo, onde fizeram amor da habitual maneira deles: ora intensa e apaixonada, ora serena e carinhosa.

Já era madrugada quando Larissa, muito a contragosto, decidiu voltar para casa.

Não era comum na família Castro os filhos dormirem fora de casa, por isso Larissa decidiu que era melhor não intensificar o conflito já instalado com o pai. Léo insistiu para que ela dormisse em seu apartamento, mas no final convenceu-se de que, politicamente, o melhor era mesmo deixá-la ir. Já haveria problema suficiente se os pais percebessem o horário que ela estava voltando para casa.

Ao chegar em casa e antes de deitar-se, Larissa passou diante do quarto de Ricardo, entreabriu a porta e viu que o irmão já dormia.

Ao acordar, Ricardo tinha tomado uma decisão. A insensata ação de Afrânio, ao demitir Léo, foi decisiva para a resolução do rapaz.

Logo depois do desjejum, Ricardo ligou para Luciano e disse que precisava conversar com o amigo com certa urgência. Combinaram, então, de almoçar juntos em uma lanchonete de um shopping center próximo.

Quando Luciano chegou, Ricardo já havia bebido duas tulipas de chope, comido batatinhas fritas e devorado uma porção de filé de aperitivo.

— Caramba, estava faminto mesmo, hein, Ricardo? Nem aguentou me esperar!

Como Ricardo apenas sorriu, Luciano logo percebeu que o amigo não estava bem. Puxou uma cadeira e sentou-se de frente para ele:

— Fala, cara. O que você tem?

Ricardo olhou para o amigo com um sorriso meio triste:

— Eu aceito seu convite.

Luciano demorou um pouco para sintonizar o assunto.

— Meu convite?

— Hum, hum.

— O de morar uns tempos comigo?

— Isso mesmo.

— Que legal, cara! Vai ser muito bom — a alegria de Luciano era verdadeira.

— Com certeza!

Mas a expressão no rosto de Ricardo ainda não era de alegria e Luciano percebeu isso:

— Bom, parece que mais alguma coisa desagradável aconteceu e fez com que você ficasse novamente pra baixo.

Ricardo tomou um gole do chope:

— É... de fato aconteceu algo muito desagradável.

O garçom aproximou-se e Luciano pediu uma bebida.

— Pode trazer dois chopes, acrescentou Ricardo.

— Uau, está disposto mesmo, hein?

Luciano percebeu que a coisa devia ser muito grave e parou de pilheriar. Ricardo mudou de expressão, ficou sério e abriu-se:

— Cara, eu estava certo sobre as minhas previsões. Sabe o que meu pai teve a coragem de fazer?

— O quê?

— De demitir o Léo.

Luciano espantou-se:

— O quê? Seu pai teve a coragem de fazer isso?

— Teve. E eu pressenti que isso pudesse acontecer! Lembra que falei sobre isso com você? Pois ele mandou demitir o Léo assim que chegou ao banco hoje pela manhã. Mandou demitir na hora! Você acredita numa coisa dessas?

— Caramba, meu! Isso é um absurdo! Só acredito porque é você quem está me contando!

— Pois é. Não tenho mais coragem de olhar para a cara do meu pai. Que injustiça! Que crueldade!

Luciano estava desolado:

— Coitado do Léo.

— E a Larissa? Ninguém é capaz de imaginar o que está passando pela cabeça dela. E, para complicar as coisas, ela sumiu.

— Como sumiu?

— Depois que ouviu essa história de papai no jantar, ela se levantou da mesa irritada e saiu porta afora. Não faço ideia para onde foi nem o que andou fazendo. Só sei que não vi a hora que ela voltou ontem para casa, e olha que eu cheguei bem tarde.

— Bom, não me surpreende a reação dela. Larissa deve estar bravíssima com seu pai.

— E está mesmo.

— Mas não se preocupe tanto. Ela não é mais criança e não vai fazer nenhuma bobagem.

O semblante de Ricardo era de preocupação. Ele conhecia bem a irmã que tinha.

— Sei não, meu. Ela é muito impulsiva. Na maioria das vezes, ela age primeiro e pensa depois.

Luciano deu um tapinha amistoso no ombro do amigo para animá-lo. Achou melhor mudar de assunto:

— Pensamento positivo, Ricardo. Vai dar tudo certo. Agora vamos cuidar da sua mudança.

— Veja bem, eu não quero lhe causar nenhum transtorno, nenhum incômodo.

— Deixe disso. Esqueceu que fui eu que lhe convidei? Já tenho até uma cama esperando por você.

— Sério?

— Sério! Há dois ou três anos, tentei dividir o apartamento com um cara que eu considerava amigo, mas não deu certo. Ele era muito desorganizado e bagunceiro. Cheguei a comprar uma cama e um guarda-roupa para ele, mas, como nossa convivência não funcionou, tentei conservar durante esses anos o que comprei na ocasião. Agora, essas coisas vão ter utilidade de verdade. Você estará bem acomodado, pode acreditar.

— Você me conhece bem e sabe que, quanto à organização, não precisa se preocupar.

— Estou tranquilo quanto a isso. Para mim vai ser ótimo. Além de ter a companhia de um amigo, vou conseguir colocar em ordem um aposento que venho usando como quarto de despejo.

Ricardo brincou:

— Ah, quer dizer que vou dormir num quarto de despejo? Que convite legal, hein?

— Sem essa! Tenho usado o cômodo como quarto de despejo justamente porque não havia ninguém para usá-lo.

— Estou brincando, cara! Mas me diga uma coisa: o que será que sua mãe vai achar disso?

— Posso lhe garantir que vai achar ótimo. Ela já o conhece de tanto me ouvir falar de você. E sei que se sentirá até mais tranquila sabendo que não estou mais sozinho.

— Bom, se é assim...

— Vamos dar um giro e ver o que precisamos comprar para você.

Luciano teve uma lembrança:

— E seu pai, já sabe disso?

— Ainda não. Só vou contar a ele depois que der início à mudança. Por enquanto, só falarei com minha mãe e com Larissa.

— Caramba, está decidido mesmo, hein?

— Você não imagina como — e mudando de tom: — Ei, agora tenho uma pergunta a lhe fazer.

— Pois faça!

— Quanto vou pagar de aluguel?

— De aluguel? — e Luciano caiu na gargalhada: — Que aluguel, criatura?

— Mas é claro! Vou ocupar um espaço seu e dar despesas.

Luciano respondeu mais sério:

— Vamos simplificar essa história! Vamos dividir as despesas. A gente racha o condomínio, a luz, o telefone, a água, o gás, os mantimentos, tudo meio a meio. O que você acha?

Ricardo refletiu um pouco:

— Parece justo. Para mim está bem. Mas ainda acho que eu deveria pagar aluguel pelo quarto...

— Nada disso! Não se fala mais em aluguel. Estamos combinados dessa maneira: vamos rachar as despesas e nada mais. Vamos nessa!

Fred acordou com um gosto amargo na boca.

A farra da véspera, regada a bebidas e drogas, não fora das melhores. Para Fred, as garotas e os rapazes convidados eram chatos, insuportáveis. E, para aguentar a barra, ele decidira "encher a cara". Bebera até não aguentar mais.

Após as noitadas, além da terrível ressaca, Fred sempre acordava com a desagradável sensação de que estava perdendo um tempo valioso de sua vida. Essas baladas não lhe acrescentavam nada de bom e, por essa razão, o rapaz era tomado constantemente por um forte sentimento de culpa.

Desde que sua mãe morrera havia quase dois anos, sua vida ficara inteiramente descontrolada. Fred parara de estudar, de trabalhar e sentia que estava cada vez mais difícil resistir aos convites dos "amigos" para entrar no mundo do alcoolismo e das drogas, para o qual aquelas festinhas eram a porta de entrada.

Na verdade, concordava em participar daquelas noitadas apenas para ser aceito pelas "tribos". Ele sabia que tudo aquilo era fruto de insegurança pessoal, mas tentava justificar-se dizendo a si mesmo que era um sentimento natural em quem tinha apenas dezenove anos de idade.

Seu nome de batismo era Alfredo, mas gostava de ser chamado de Fred pelos amigos e conhecidos. O rapaz vivia de biscates na Rua 25 de Março e da venda de produtos ilegais — desde CDs e DVDs a aparelhos e brinquedos eletrônicos —, o que lhe rendia o suficiente para suas poucas despesas. De vez em quando, o rapaz perdia tudo com a chegada dos fiscais da prefeitura, mas logo seus "fornecedores" tratavam de repor o estoque.

Os "amigos" de Fred diziam que ele poderia ganhar muito mais se concordasse em intermediar a venda de drogas. O rapaz nunca aceitara tal proposta, fosse por medo de ser preso, fosse por algum resquício de princípios e valores morais. Fazer uso de uma droga era uma coisa inofensiva, pensava ele, mas traficar era crime.

Fred não gostava da vida que levava, mas não via muitas opções para sair dela. Queria voltar a estudar e arranjar um bom emprego, mas não tinha a menor ideia de como trilhar um caminho diferente. Enquanto sua mãe era viva, ele tinha uma vida boa e chegou a concluir o curso colegial. Estava se preparando para fazer um cursinho preparatório para o vestibular quando a tragédia aconteceu: a mãe de Fred aborrecera-se fortemente com algum problema no banco em que trabalhava e tivera um infarto fulminante.

Apesar de terem circulado várias versões sobre os motivos daquele aborrecimento, Fred nunca soube o que realmente acontecera — e, na verdade, não se empenhara muito em descobrir. Tinha medo de ficar sabendo de coisas que pudessem deixá-lo ainda mais decepcionado com a mãe, pois não gostava nada do pouco que sabia da vida dela.

Como a mãe de Fred era viúva, o rapaz, de repente, viu-se órfão e completamente só, pois outros parentes, se existiam, nunca fizeram contato, mesmo no tempo em que ela era viva. E a mãe do rapaz, por sua vez, também nunca fizera referências à existência de outros familiares.

Com muito esforço, Fred levantou-se da cama, ligou a pequena e antiga TV e pôs um jogo. Esse era seu café da manhã habitual. Depois de se divertir um pouco, iria ao armazém e tomaria um pingado com pão e manteiga.

Fred morava de favor no quarto dos fundos de uma mercearia, graças a um "amigo íntimo" de sua mãe, com quem ela saía de vez em quando. Em troca dessa ajuda, sempre que lhe sobrava tempo, o rapaz trabalhava como ajudante geral, atendendo no balcão, ajudando a descarregar as mercadorias que chegavam ou fazendo a limpeza do local. Esse arranjo foi a única coisa que ele conseguiu depois de ficar órfão. Uma vez que não precisava pagar aluguel, o que faturasse na Rua 25 de Março era suficiente para quem não tinha maiores ambições e necessidades.

Antes da mãe de Fred morrer, eles moravam em um amplo e confortável apartamento situado em uma região elegante de São Paulo. Eram tempos bons! Fred tinha seu próprio quarto, com uma enorme TV, computador, instrumentos musicais e uma infinidade de jogos eletrônicos. Sabia que sua mãe há muitos anos trabalhava em um banco e era uma figura importante na área financeira da empresa. Não sabia direito o que ela fazia, nem qual era seu cargo na companhia, mas uma coisa era certa: dinheiro não faltava a eles. A mãe do rapaz devia ganhar muito bem. Depois da morte dela, no entanto, as mudanças no padrão de vida do jovem foram drásticas.

Fred viu tudo ser levado por pessoas que se diziam credoras de sua mãe, mas que não lhe davam maiores explicações. Apenas diziam que ela tinha deixado muitas dívidas e queriam saber se ele tinha participação em algum dos "negócios" dela. Fred não sabia de que negócios aquelas pessoas estavam falando; para ele, sua mãe tinha um emprego decente e importante em um grande banco e só.

Já era quase meio-dia quando Fred resolveu sair à rua.

Passou rapidamente na mercearia do "amigo" de sua mãe para tomar um cafezinho. Fred sabia que àquela hora o homem não estaria lá e, portanto, não corria o risco de ouvir cobranças e sermões sobre ele não ajudar o suficiente para pagar o aluguel do aposento.

Depois de bater papo com os balconistas, voltou ao seu quarto e pegou o material que levaria para a Rua 25 de Março para tentar vender e faturar algo.

Ao preparar-se para sair, sentiu uma súbita e estranha tontura e precisou apoiar-se na parede para não cair.

"Não é nada. Deve ser o estômago vazio e a falta de sono. Ou consequência da ressaca", pensou, procurando tranquilizar-se. E pegou o caminho da rua.

Capítulo 12

Naquela noite, Ricardo ainda dormiu na casa dos pais.

Antes de se deitar, verificou que Larissa não havia chegado em casa, apesar do adiantado da hora, e ficou um pouco preocupado. Mas preferiu acreditar nas palavras do seu amigo Luciano: ela não era mais criança e não faria bobagens. Devia estar com o namorado, desabafando as mágoas. Pelo menos assim esperava.

No meio da madrugada, Ricardo acordou e, sonolento, teve a impressão de escutar os barulhos característicos de Larissa chegando em casa. Ainda pensou em levantar-se e perguntar se ela estava bem, mas o sono foi mais forte. Virou-se para o outro lado e logo adormeceu.

Na manhã seguinte, à hora do café, Lucila mostrava-se disposta e ativa como sempre, mas Larissa trazia olheiras profundas no rosto. A moça parecia que dormia de pé.

Com cautela, Ricardo deu um jeito de aproximar-se de Lucila e de Larissa e sussurrou para ambas, aproveitando um instante em que seu pai se afastara um pouco de onde eles estavam:

— Aguardem papai sair porque tenho algo para falar com vocês e, por enquanto, não quero que ele saiba.

Lucila olhou-o intrigada, mas nada comentou. Larissa apenas concordou com a cabeça. Tomaram café em silêncio.

Afrânio não percebera que seus filhos haviam chegado tarde da noite, senão aquele desjejum seria regado a um longo sermão. Ele começou a falar sobre alguns assuntos corriqueiros, mas ninguém se mostrou muito estimulado a responder-lhe ou a manter qualquer tipo de conversação com Afrânio. Ele percebeu que o clima estava pesado e logo imaginou que fosse devido à demissão de Léo, mas nada disse. Não estava disposto a discutir aquele assunto, que, para ele, estava encerrado.

Afrânio terminou o café antes dos outros membros da família. Quando percebeu que Larissa e Ricardo ainda demorariam a levantar-se da mesa, perguntou:

— Vocês não vão querer carona hoje?

Com alguma frequência, quando o tempo estava a favor de todos, os filhos deixavam seus carros na garagem e o pai dava carona a ambos, deixando-os na porta do trabalho e pegando-os na saída. Mas, naquele dia, os dois responderam quase em uníssono:

— Não, obrigado, pai. Pode deixar.

Ele estranhou não apenas a resposta conjunta, mas a disposição dos filhos para dirigir no trânsito complicado de São Paulo. Habitualmente, eles não dispensavam uma carona, sobretudo quando ameaçava chover, como era o caso daquela manhã.

— Vocês têm certeza? — insistiu.

Desta vez os irmãos responderam apenas com um balançar de cabeça.

Afrânio franziu a testa demonstrando sua estranheza, olhou para Lucila, que permaneceu com o olhar baixo, mas não insistiu em sua oferta:

— Então está bem. Vejo vocês mais tarde — deu um beijo na testa da esposa e saiu.

Ao ouvirem o barulho do carro afastando-se, voltaram a conversar. Lucila estava ansiosa:

— E então, filho? O que você quer nos dizer?

Ricardo hesitou um pouco antes de começar a falar:

— Vocês conhecem o Luciano, não é?

— Claro! É um excelente rapaz — respondeu Lucila.

— E um gato saradão... — brincou Larissa.

Lucila repreendeu a filha:

— O que é isso, menina?! Você já tem namorado! — e sorriu com ar travesso: — Que, aliás, também é um gato saradão.

Larissa soltou uma gostosa gargalhada:

— Só tem um pequeno detalhe: Léo é muito mais gato que o Luciano!

— Bom, não vamos interromper seu irmão — e voltando-se para o filho, Lucila perguntou: — O que tem o Luciano?

— Vocês também sabem que ele mora sozinho.

O coração de Lucila, impulsionado pela intuição de mãe, deu um salto, prevendo o que viria a seguir, mas ela tentou dominar a ansiedade:

— Sim, eu sei...

— Pois então... — Ricardo tomou um gole de café para preparar o clima para a revelação e soltou a novidade:

— Luciano me convidou para morar com ele.

O coração de Lucila estava certo. Era isso que ela previra e temia. Larissa parou no meio o movimento de levar a xícara aos lábios.

— Convidou você para morar com ele? — foi tudo que saiu dos lábios de Lucila.

Ricardo decidiu completar e encerrar o assunto:

— E eu aceitei.

— Você aceitou? — Lucila estava paralisada pela revelação e, até então, não mostrara emoção nenhuma. Enquanto isso, Larissa olhava para o irmão com uma interrogação no rosto.

Olhando para a mãe, Ricardo fez um gesto com a cabeça, confirmando que havia aceitado o convite.

— Que legal! — exclamou Larissa, mostrando sincera alegria, e continuou: — Será que não tem uma vaguinha pra mim também?

Lucila olhou para a filha com ar de repreensão. Depois, voltou-se séria para Ricardo. Ela queria ter certeza de que havia entendido bem o que o filho dissera:

— Se entendi bem, você vai morar com o Luciano.

Vendo que a mãe ficara abalada, embora não demonstrasse o quanto, Ricardo procurou ser mais persuasivo. Afinal, dera a notícia de forma muito direta:

— É, mãe. Pelo menos por algum tempo. A princípio, vai ser uma experiência. Já estou com vinte e quatro anos. Na minha idade, os rapazes querem um pouco mais de liberdade.

A mãe ainda tentava resistir à ideia do filho de sair de casa:

— E por acaso você não tem liberdade em sua casa?

Em resposta, Ricardo e Larissa entreolharam-se com uma expressão de cumplicidade. Era evidente que não tinham liberdade em casa por causa do autoritarismo do pai.

Ainda assim, Ricardo tentou amenizar a situação, sem encontrar, no entanto, palavras mais convincentes:

— Não é isso, mãe. É uma questão de... você sabe.

Lucila estava séria. Não gostara nem um pouco da novidade:

— Não, não sei. Me diga. Foi por causa demissão do Léo?

Larissa resolveu falar:

— Mãe, a questão não é apenas a demissão do Léo. Daqui a alguns dias, ele certamente conseguirá outro emprego e esse assunto estará encerrado. A questão é o constante desconforto provocado pelas atitudes do papai, que está cada vez pior. A demissão do Léo foi apenas uma delas.

Ricardo completou:

— A demissão do Léo foi um ato de intolerância inaceitável. Foi uma tremenda injustiça com um excelente rapaz, que procura levar a vida de maneira ética e correta.

— Ricardo está certo, mamãe. Desde que Patrícia morreu, papai se transformou. É outra pessoa: tornou-se ainda mais exigente, intolerante e agressivo. Será que ele pensa que nós também não amávamos nossa irmã? Ele acredita que é o único a sofrer com a morte de Patrícia nesta casa, mas aposto que ninguém deve estar sofrendo mais com o que aconteceu do que a senhora, que é mãe.

Nesse momento, Lucila baixou a cabeça e os filhos viram que ela se emocionara.

Larissa continuou:

— Viu só? Basta falar em Patrícia para vê-la chorar. E nem por isso a senhora se tornou má conosco. Seu amor por nós é o mesmo. Eu até acho que a senhora ficou mais carinhosa...

— É verdade, mãe. É ótimo conviver com a senhora, mas já não tenho idade para ouvir e presenciar certas atitudes do meu pai sem poder protestar. E antes que seja estabelecido um conflito dentro de casa entre ele e eu, prefiro dar um tempo, ficar fora por um período. Quem sabe ele sente minha falta e resolve pensar a respeito da necessidade de mudar algumas de suas atitudes?

Lucila ficou um longo tempo em silêncio, passando as mãos sobre a toalha da mesa, como se aquele gesto a ajudasse a refletir. Depois, olhou para o filho e passou carinhosamente a mão nos cabelos do rapaz:

— Eu te entendo, filho. Para mim também está sendo difícil conviver com essa nova personalidade do seu pai. Mas ainda sou a esposa dele... Preciso ser mais paciente e tentar ajudá-lo a se livrar dessa obsessão.

Larissa também acariciou Ricardo no ombro:

— Ricardo, sei que meu voto não conta muito porque sou a caçula, mas eu quero que você saiba que aprovo sua decisão. Vou te visitar lá de vez em quando e, se mamãe deixar, até dormirei algumas noites em sua nova casa, quando for preciso.

Ricardo esticou o corpo e deu um beijo na face da irmã pela demonstração de solidariedade.

Lucila voltou-se para a filha:

— E você, minha filha, vai me deixar também?

Propositalmente ou não, Larissa tomou um longo gole de café antes de responder, aumentando a expectativa da mãe.

— Não, mãe, não vou sair de casa — e não perdeu a oportunidade de ironizar a situação: — Até porque meu namorado está desempregado, né?

Lucila suspirou aliviada, mas Larissa continuou a falar:

— Mas uma coisa é certa: não vou ser a mesma pessoa de antes. Pode ter certeza disso.

A mãe franziu a testa:

— O que é que você quer dizer com isso, minha filha?

Larissa pensou um pouco antes de responder:

— Para os filhos, os pais costumam ser vistos como heróis, pessoas que sabem tudo e nunca erram. Mas, com o passar do tempo, a gente cresce e percebe que eles são humanos, têm falhas e também erram. No entanto, o que meu pai fez não se trata de um simples erro; é uma questão de caráter, de insensibilidade, de autoritarismo, de injustiça. Isso vai contra todos os princípios e valores, ensinados por vocês mesmos, que aprendemos desde crianças.

Sem esconder a surpresa pelo desabafo inesperado, Ricardo olhava fixo para a irmã, que continuava:

— O respeito pelo outro, pela liberdade do outro, pelo direito de expressão... De repente, tudo isso parece ter sido só conversa fiada, uma baboseira, um chavão para tentar fazer dos filhos pessoas de bem. E então a gente descobre que nosso pai mentiu e fingiu, todo o tempo, que tinha bondade...

— e seus olhos encheram-se de lágrimas: — Você percebe que foi enganada o tempo todo e que seu herói não passa de um boneco de barro — e debruçou a cabeça na mesa para esconder o choro.

Também emocionado, Ricardo passou a mão carinhosamente sobre os longos cabelos da irmã.

Lucila estava comovida. Sabia que a filha estava certa, mas não podia assumir isso diante deles para não desmoralizar ainda mais a figura do marido:

— Não pense isso do seu pai, minha filha. Desde que nos casamos, ele fez coisas muitas boas na vida.

Larissa estava disposta a desabafar:

— Só se foi para o banco, mamãe, porque para a família ele só trouxe aborrecimentos. Nunca demonstrou amor por nenhum de nós. Papai nunca nos abraça, nunca nos acaricia, nem ao menos nos diz palavras de carinho ou de elogio.

— Mas é o jeito dele, filha. Eu tenho fé de que ainda vou conseguir levá-lo ao centro espírita para ver se conseguimos sensibilizá-lo. Mas, enquanto isso não acontece, não permita que seu coração se encha de raiva e desprezo por aquele que lhe deu a vida.

— Ele me deu a vida através de um ato fisiológico, mamãe. Mas ser pai não é só isso. Tem que dar amor, carinho, compreensão, tem que marcar presença na vida dos filhos. Você sabe que ele sempre foi um pai ausente, principalmente em relação a mim e ao Ricardo.

Lucila estava surpresa com a revolta da filha. Sempre a julgara doce e brincalhona, mas agora ela falava como gente grande, que sabe o que quer da vida e das pessoas. Larissa continuou o seu protesto:

— Por que a senhora acha que o Eduardo foi embora? Já pensou nisso? E quer saber mais? Se não tivesse morrido, Patrícia logo teria ido também. Papai não soube construir uma família unida. Ele soube manter um lar do ponto de vista material e financeiro, mas criar uma família com amor, laços de carinho e ternura, isso ele não soube fazer.

Lucila começou a afagar o rosto da filha e, para suavizar a imagem do marido, tentou atribuir a revolta da filha à demissão do Léo:

— Eu te entendo, filha. Você tem motivos de sobra para estar assim tão revoltada. Você ama o Léo e sentiu na pele a dor que seu namorado deve estar sentindo.

Mas Larissa fez questão de ser clara em sua queixa:

— Mãe, não é só por isso que estou falando essas coisas. Foi terrível o que papai fez com Léo, porém a questão mais grave é o mau caráter que ele demonstrou por meio dessa vingança boba e injusta. E, assim como o Ricardo, eu também não tenho mais idade para ouvir e presenciar certas coisas aqui em casa e ficar muda, passiva. Tenho vinte e dois anos e já sou quase uma psicóloga.

— Eu sei, filha, mas eu lhe peço que controle sua indignação. Tenho certeza de que seu pai vai recuperar a razão e vai pedir desculpas a vocês.

Larissa foi cruel em sua ironia:

— Rá-rá! Papai pedir desculpas? Só se for em outra encarnação!

Ricardo concordou com a irmã, embora de forma mais moderada:

— Não tenha falsas esperanças, mãe. Ele se sente o todo-poderoso porque manda lá no banco e acha que pode mandar aqui em casa da mesma forma. Ele não percebe que na família as relações são diferentes e os objetivos são distintos dos de uma empresa.

Lucila estava temerosa com a revolta dos filhos contra Afrânio:

— Mas, minha filha, você não vai sair de casa, não é?

— Não vou, mãe, mas já disse que não vou ser a mesma moça alegre, educada e carinhosa que sempre fui.

— Não faça isso, filha, você sabe que te amo do jeito que você é.

— Nós também a amamos, mamãe, e nunca vamos deixar de amá-la. Mas o que nós estamos conversando aqui a respeito das nossas decisões e mudanças é uma questão de sobrevivência emocional, psicológica. Se eu não mudar minha forma de pensar e agir, me tornarei uma pessoa medrosa, dependente, passiva, insegura e jamais serei alguém na vida.

— Não gosto de admitir isso, mas eu sei que você está certa. Eu só quero que você me prometa que não vai fazer nenhuma bobagem.

Larissa riu, mas seu sorriso era amargo:

— O que é bobagem para a senhora, mãe? Bobagem é o que papai fez. Eu garanto à senhora que não vou ser injusta, cruel, nem autoritária com ninguém. Apenas vou ser eu mesma, pensar com minha própria cabeça, tomar minhas próprias decisões. Chega de ser a "caçula" desta casa.

Ricardo, que se mantivera calado durante o desabafo da irmã, falou com cuidado e calma para não aborrecer ainda mais a mãe:

— Eu não quero colocar mais lenha na fogueira, mas preciso dizer que entendo minha irmã e concordo com as colocações que ela fez — e olhando com carinho para Larissa: — Para mim, você nunca vai deixar de ser a caçula, mas uma caçulinha linda, inteligente, esperta, que eu amo, admiro e respeito muito.

Com a impulsividade que sempre a caracterizou, Larissa levantou-se em um rompante e foi dar um abraço emocionado e apertado no irmão, que precisou levantar-se para não cair da cadeira. Ficaram assim, juntinhos, por algum tempo. Quando ela voltou a se sentar, estava com o rosto vermelho e os olhos marejados pela emoção.

Aparentemente, tudo já havia sido dito, pois um momento de silêncio foi instalado na mesa. Nessa hora, Lucila teve uma ideia:

— Posso pedir uma coisa a vocês?

— Claro, mãe — a resposta veio de ambos os filhos.

— Deem-me suas mãos e vamos fazer uma prece para que sejamos iluminados pelos espíritos amigos e para que façamos escolhas certas na vida. Que eles possam nos dar inspiração para que possamos manter a paz e a harmonia em nossos corações e em nossa família.

Larissa e Ricardo não eram seguidores do espiritismo, mas não tinham nada contra a doutrina e suas práticas benéficas. Deram-se as mãos e Lucila fez uma comovida prece aos seus protetores do astral.

Capítulo 13

— Onde estão os meninos para o jantar?

Afrânio estava inconformado com a ausência dos filhos à mesa, algo inédito na rotina e na história da família Castro. Nas poucas vezes em que isso tinha ocorrido, houvera um motivo sólido.

Lucila achou que aquela não era a melhor hora para tocar no assunto da conversa que tivera com os filhos no café da manhã:

— Não sei, devem ter se atrasado.

Afrânio não aceitou a explicação simplista da esposa:

— E não avisaram nada a respeito? Não telefonaram para lhe informar onde iriam?

— Não. Na certa não puderam telefonar.

Ele continuava a não aceitar as desculpas de Lucila:

— Como não puderam telefonar? Ambos têm celulares.

Lucila estava perdendo a paciência com a inquisição do marido:

— Eu sei, Afrânio, mas se eles podiam telefonar e não o fizeram, então talvez não quisessem telefonar.

Afrânio olhou-a surpreso e bravo ao mesmo tempo:

— Talvez não quisessem telefonar? Como assim? Por que não haveriam de querer avisar que iriam se atrasar para o jantar?

Diante do interrogatório do marido, Lucila sentiu que iria explodir a qualquer momento e isso estragaria o jantar e a noite. Tentou, então, falar de forma controlada:

— Eu não faço a menor ideia, Afrânio. Vamos jantar! Quando eles chegarem, o jantar será servido da mesma forma. Enquanto isso, sentaremos na sala e conversaremos.

Ele estranhou a sugestão da esposa:

— Ah, é? Temos novidades?

Lucila foi breve na resposta:

— Temos.

Afrânio soltou os talheres que já estavam em suas mãos:

— Posso saber quais são essas novidades?

Ela manteve o mesmo tom calmo:

— Como lhe disse, conversaremos depois do jantar.

Visivelmente contrariado, Afrânio começou a comer. Aquilo, para ele, era uma insubordinação, um ato de indisciplina intolerável. Onde já se viu? Ele não se lembrava da última noite em que haviam jantado sem os "meninos" à mesa. Na concepção dele, era uma tradição da família, só quebrada em casos excepcionais.

Jantaram em silêncio, mais rápido que de costume. A contrariedade dos dois era evidente, ainda que motivada por razões diferentes.

Quando terminaram, Afrânio, como de hábito, foi para a sala de estar assistir ao noticiário pela TV. Nem a expectativa da conversa fazia com que ele saísse de sua rotina. Quem quisesse falar com ele depois do jantar, fosse qual fosse o assunto, teria que esperar o fim do noticiário.

Lucila também ficou sentada na sala, no mesmo sofá em que estava o marido, sem prestar atenção à televisão. Estava inteiramente concentrada na busca de uma maneira não chocante para dar ao marido a notícia sobre a mudança de Ricardo.

Quando o programa terminou, Afrânio levantou-se, desligou o televisor e voltou a sentar-se ao lado da esposa, com o corpo ligeiramente voltado para ela.

— E então? Qual é a novidade?

Como estava sem paciência para longas conversas com o marido, Lucila foi diretamente ao assunto:

— Ricardo mudou-se. A partir de hoje ele não mora mais conosco.

Afrânio empalideceu. Lucila pensou que ele teria um mal-estar, pois ficou um longo tempo olhando para a esposa sem dizer nada, mantendo os lábios apertados. Afrânio tentava assimilar o que ouvira:

— Ricardo mudou-se? Saiu de casa?

— Isso mesmo.

O velho "ditador" não estava querendo aceitar a realidade:

— Mas com a permissão de quem? Ele não falou comigo, não pediu minha autorização.

Lucila sabia que aquela não era hora de rir, mas não pôde evitar um leve repuxar dos lábios. Deveria ter imaginado que a reação do marido seria exatamente aquela. Era mais do que previsível. No entanto, procurou ser paciente ao responder:

— Afrânio, Ricardo tem vinte e quatro anos, já é um homem feito. Não precisa pedir permissão aos pais para sair de casa. Hoje em dia, jovens com bem menos idade já fazem isso.

Afrânio ficou parado, olhando para a esposa, como se tivesse acabado de ouvir uma grande revelação.

Lucila continuou:

— Hoje pela manhã, logo depois que você saiu, Ricardo comunicou-me a decisão que tomou.

A pergunta de Afrânio foi automática:

— E você autorizou?

Desta vez ela respondeu com impaciência:

— Afrânio, parece que você não ouviu uma só palavra do que eu disse! Ricardo não me pediu permissão para sair de casa: ele me comunicou. A decisão já estava tomada.

O marido continuava indignado:

— Simples assim?

Ela aceitou o confronto:

— Simples assim.

Ele pigarreou, ajeitou-se melhor no sofá e ficou olhando para o televisor desligado. Depois, voltou-se para a esposa:

— Ele pelo menos disse por que estava fazendo isso? Foi por causa da demissão do Léo?

— Afrânio, nenhum dos nossos filhos gostou do que você fez com o Léo: nem da acusação que você fez a ele e muito menos da decisão de demiti-lo. Eles acharam tudo isso muito injusto e cruel.

Ele preparou-se para argumentar e justificar seu procedimento:

— Mas...

Lucila interrompeu o marido:

— Desculpe, Afrânio, eu não quero voltar a discutir esse assunto. Só estou lhe dizendo que nossos filhos ficaram muito revoltados, não especificamente por você ter demitido o Léo, mas pela maneira como o fez e principalmente pelo motivo por que o fez.

— Mas aquele rapaz...

— Desculpe novamente interrompê-lo, Afrânio, mas você me perguntou e eu preciso lhe dizer por que o Ricardo saiu de casa e por que a Larissa também talvez o faça.

O marido voltou a empalidecer. Ia fraquejar, mas seu autoritarismo reagiu a tempo:

— A Larissa? A Larissa, não! Nem pensar! Com ela a conversa é outra! Ela é mulher! Na verdade é uma menina ainda! Eu jamais permitiria...

Lucila aproveitou a reação do marido para enfatizar as razões da atitude dos filhos:

— Viu? Viu só? É isso que eu estou tentando lhe explicar, homem de Deus! É por causa do seu autoritarismo que eles estão revoltados. E agora vejo também preconceito em você. Então a Larissa, por ser mulher, não pode tomar a decisão de sair de casa como Ricardo? Quer dizer que o homem pode e a mulher não?

Afrânio não percebia o absurdo de sua postura:

— Claro que não!

— Como "claro que não", criatura? Ela tem apenas dois anos a menos que o irmão! Já esqueceu que ela tem vinte e dois anos? E que é quase psicóloga?

Afrânio levantou-se agitado e irritado:

— Mas o que é isso? O que está acontecendo nesta casa? Uma conspiração familiar? Estão todos contra mim? Por que será que não consigo ter na minha própria casa o mesmo respeito que tenho na empresa?

Desta vez, Lucila sentiu-se ofendida e explodiu como nunca o fizera com o marido:

— Simplesmente porque aqui não é uma empresa, onde você tem subordinados! Caso você não tenha percebido, isto aqui é uma casa de família, a nossa casa, da nossa família. E aqui não tem nenhuma greve, nenhuma rebelião contra você. Tem pessoas pedindo respeito. E essas pessoas não são seus empregados: são sua mulher e seus filhos!

Quando acabou de falar, Lucila estava com o rosto vermelho de raiva e a respiração ofegante. Dissera verdades que estavam aprisionadas havia anos.

Afrânio parou feito uma estátua. Ficou olhando pasmo para a mulher, parecendo não acreditar no que ouvira.

Lucila sustentou o silêncio, com os braços desafiadoramente cruzados sobre o peito.

Lentamente, com gestos automáticos, Afrânio voltou a sentar-se ao lado da esposa. Quando falou, seu tom de voz já era outro, mais calmo, mais controlado:

— E para onde o Ricardo vai?

— Vai morar com um amigo, o Luciano.

— Sozinhos? Esse amigo tem família? Quem vai cuidar dele?

Mesmo irritada, Lucila não pôde evitar o riso:

— Pare com isso, Afrânio! Ninguém vai cuidar dele! Ou Ricardo sabe tomar conta de si próprio ou nós não soubemos educá-lo para ser adulto. E quanto à família do amigo dele, ela não mora em São Paulo. São empresários gaúchos e moram em Porto Alegre. Portanto, Ricardo vai se cuidar sozinho. Ele já tem idade e competência para isso!

Afrânio estava boquiaberto. Parecia sinceramente aturdido, confuso. Não conseguia imaginar seu "menino" tomando conta de si mesmo. E, depois, como ele poderia preferir morar sozinho com um amigo e abrir mão da proteção e segurança que ele lhe oferecia como pai?

Com esforço e temendo a resposta, Afrânio conseguiu ainda perguntar:

— E... e Larissa?

A resposta foi curta, mas não inteiramente tranquilizadora:

— Larissa fica... por enquanto.

Afrânio olhou para o teto como se dissesse "Graças a Deus!", mas ainda estava inquieto. Voltou a olhar para a mulher, desconfiado:

— Por que "por enquanto"?

— Porque ela também não está feliz aqui. Aliás, é quem mais tem razão para não estar satisfeita. Afinal, foi o próprio pai quem demitiu o namorado com o qual ela pretende se casar!

Afrânio desconsiderou essa questão:

— E o que ela pretende fazer? Que atitude vai tomar?

Lucila foi implacável na resposta:

— Eu não sei o que ela vai fazer, pelo menos até se formar no fim do ano. Mas, segundo palavras da própria Larissa, não espere que ela continue sendo com você a menina boazinha, a filha carinhosa e obediente que sempre foi. Convém se preparar para mudanças.

123

Afrânio parecia ter levado uma pancada na cabeça. Fazia força para entender o que estava acontecendo, mas tudo em que conseguia pensar era que sua família estava desmoronando: Eduardo se escondia em alguma parte do mundo, Patrícia já não pertencia a este plano, Ricardo saíra de casa e, quanto a Larissa, sabe-se lá Deus o que aprontaria. Onde ele errara?

Lucila olhou de soslaio para o marido e não pôde evitar sentir certa compaixão por ele. Afrânio parecia deveras perdido, balançando a cabeça de um lado para o outro, sem parar, e murmurava algumas palavras com voz rouca:

— Não consigo compreender. Onde foi que eu errei? Minha família está se acabando e eu estou sendo abandonado. Isso não é possível, meu Deus! De que adianta o dinheiro e todo este conforto material? Onde está o poder que eu achava que tinha?

De repente, Afrânio curvou-se sobre os joelhos, pôs as mãos no rosto e desatou a chorar convulsivamente, como em uma crise nervosa.

Lucila pensou em confortá-lo, mas achou melhor deixá-lo colocar para fora a angústia e o medo que deveria estar sentindo por sua própria culpa — culpa de sua intransigência, do autoritarismo e da falta de respeito com a família. Ela preferiu fazer uma prece silenciosa e pedir a seus protetores que levassem orientação, iluminação e paz ao coração do marido.

Depois de algum tempo, Afrânio voltou-se para Lucila com uma expressão quase de desespero no rosto:

— E você? O que você vai fazer? Vai me abandonar também?

Lucila já esperava por aquela pergunta. Por isso, escolheu bem as palavras para responder ao questionamento do marido e falou pausadamente:

— Afrânio, eu não posso dizer que estou feliz com o que você fez com o Léo nem com as atitudes que você tem adotado em casa com nossos filhos e até comigo, depois que perdemos Patrícia. Mas, na medida do possível, tenho respeitado seus sentimentos, ainda que os considere exagerados e sem propósito.

— Em que você acha que estou errando?

— Acho que você está sem base e sem rumo espiritual e isso está desviando você do caminho do bem. No entanto, essa é outra história e eu já sei qual é sua opinião a respeito. Por isso, nem vou insistir. Mas, respondendo à sua pergunta, não, eu não vou abandoná-lo. Mesmo não estando feliz ao seu lado, permanecerei fiel aos princípios familiares dentro dos quais fui educada.

Lucila percebeu que aquela afirmação fez Afrânio empalidecer, mostrando surpresa no semblante. Mas ela continuou implacável:

— Visitarei Ricardo com frequência. Da mesma forma, darei toda a atenção do mundo a Larissa, continuarei orando pelo espírito de Patrícia, telefonarei sempre para Eduardo, mas, para você, serei apenas uma esposa bíblica. Quem sabe um dia possamos voltar a falar de amor, carinho, parceria, cumplicidade e outras coisas positivas que fazem parte do cotidiano de casais que se amam de verdade, sem ressentimentos.

Afrânio desviou o olhar para o chão. Estava profundamente chocado com tudo que ouvia. Lucila, por todo o amor que haviam vivido no passado, teve ímpetos de consolá-lo, de passar as mãos nos cabelos grisalhos do marido e até de fazê-lo deitar a cabeça em seu colo. Mas controlou-se. Percebeu que estavam vivendo um momento decisivo. Deveria manter aquela atitude, se queria que ele promovesse algumas mudanças em seu comportamento e em suas crenças. Assim, fez-se de forte, mesmo quando ele, lentamente, se levantou e seguiu silenciosamente em direção ao quarto. Ela, por sua vez, decidiu permanecer no sofá refletindo sobre tudo o que haviam conversado.

No dia seguinte iria ao centro e pediria ajuda aos espíritos amigos. Enquanto isso, voltou a fazer suas preces de paz, pedindo harmonia para seu lar.

Afrânio entrou em seu quarto e, com o olhar perdido, sentou-se na cama. Não entendia o que estava acontecendo à sua volta. Perdera sua filha Patrícia, Eduardo preferira ir trabalhar fora do Brasil, longe de casa, Ricardo fora morar com um amigo, Larissa ameaçava repetir a atitude do irmão, e sua mulher acabara de admitir que não estava feliz. E ele, que se esforçara tanto para crescer na vida, para ter condições de proporcionar conforto e boa vida material à sua família, estava ficando só, sendo abandonado e incompreendido.

Onde errara, se é que errara? E se estivesse errado, o que precisava fazer para que tudo fosse consertado e voltasse aos bons tempos?

Se soubesse rezar, certamente agora seria uma boa hora para fazê-lo. Mas não sabia. Acreditava em Deus, mas não sabia conversar com Ele. Por inúmeras vezes, recusara o convite de sua mulher para acompanhá-la às reuniões do centro espírita que ela frequentava. Por outro lado, havia muitos anos não entrava em uma igreja, a não ser para assistir a casamentos de amigos ou missas de sétimo dia. Tudo pelo social.

O que ele precisava fazer para que as coisas mudassem?

Se havia um Deus, e ainda que não soubesse como entrar em contato com esse Deus, por que Ele não vinha ao seu socorro? Por que Ele não lhe indicava os caminhos que deveria seguir? E esses irmãos de luz de que tanto sua mulher falava, onde estavam? Por que não lhe davam inspiração e iluminação para seguir pela estrada do bem?

Afrânio levantou-se e tomou um tranquilizante. Sabia que a automedicação era um procedimento totalmente errado e perigoso à saúde, mas, se não fizesse aquilo, não conseguiria dormir diante de tantos acontecimentos desagradáveis à sua volta.

Ainda bem que era sexta-feira e não teria que enfrentar o trabalho, os clientes e os colegas nos próximos dois dias.

Capítulo 14

*Se é tão suave aprender pelo amor,
por que há pessoas que esperam pela dor
para perceber que continuam
fazendo escolhas equivocadas?*

25 de abril de 2011, segunda-feira

A segunda-feira trouxe uma novidade para Afrânio.

Em um dia que parecia semelhante a tantos outros em sua vida, alguns episódios aconteceram para mostrar a Afrânio que algo impactaria fortemente a sua vida.

Tão logo chegou ao banco, Afrânio foi avisado pela secretária de que o presidente pedia sua presença com urgência. Com tanta coisa de ruim acontecendo, ele chegou a pensar que seria demitido — embora não visse nenhuma razão lógica para isso.

Não se tratava de demissão, mas o assunto não o agradava. Após uma breve e incisiva reunião, Afrânio recebeu do presidente a incumbência de viajar no dia seguinte para a cidade de Alabama, nos Estados Unidos, e de lá seguir para o condado de Tuscaloosa.

Afrânio detestava viajar. Não lhe agradava nem um pouco ficar distante de sua casa e de sua família. Mas a incumbência que recebera era irrecusável, pois tratava-se de um assunto importante para o banco. Havia grandes interesses comerciais em jogo, portanto, não havia como escapar daquela missão.

O objetivo da viagem era específico e nascera na noite anterior, durante um jantar que o presidente tivera com um representante do governo do Alabama. O projeto consistia em abrir uma agência bancária naquela cidade para implantar um programa de empréstimo financeiro especial para os estudantes da Universidade do Alabama, uma clientela potencial constituída por cerca de 30 mil jovens. Com esse volume de contas, Afrânio tinha certeza de que, além do aspecto social da iniciativa, que favoreceria bastante a imagem institucional do banco, ela também seria muito lucrativa.

Afrânio decidiu retornar mais cedo para casa a fim de tomar algumas providências para aquela viagem inesperada.

No trajeto de volta para casa, confortavelmente instalado no banco de trás do seu carro, Afrânio tentava recordar-se do que sabia a respeito do Alabama. As informações que não conseguia lembrar e que não constavam no relatório que recebera do presidente, encontrou-as acessando um site de buscas por meio de seu tablet. E, para aproveitar o tempo no trânsito para fazer uma pesquisa bem detalhada, pediu ao motorista que não tivesse pressa de chegar ao destino.

Ao chegar em casa, Afrânio surpreendeu-se ao perceber que Lucila não estava. Deolinda disse-lhe que ela fora ao centro espírita, o que habitualmente costumava fazer à noite. Contudo, diante do que vinha ocorrendo em sua família, entendeu que sua esposa teria ido fazer um pedido extra aos seus espíritos protetores. Dirigiu-se ao quarto e pôs-se a fazer sua mala para a viagem.

Lucila decidira ir ao centro durante o dia, e pediu que abrissem uma exceção e a atendessem em um horário especial, pois o local geralmente funcionava à noite.

Antes de sair de casa, Lucila ligara para a auxiliar de Antero, o dirigente do centro, e fizera-lhe um resumo da situação que estava vivenciando. Após ser consultado, ele concordou em receber a matriarca da família Castro em um horário especial. Lucila era uma amiga de longa data e uma atuante colaboradora do centro, portanto merecia que fosse aberta uma exceção para atendê-la.

Antero já estava bem velhinho. O dirigente do centro não revelava sua idade, mas acreditava-se que ele já tinha passado dos noventa anos de idade. Militava no espiritismo desde a adolescência e, apesar da idade avançada, nunca faltava às sessões nem deixava de atender àqueles que o procuravam. Durante muitos anos, Antero psicografou mensagens lindas e inspiradoras. Depois, com o tempo, a visão do dirigente passou a dificultar esse trabalho, mas, ainda assim, ele continuava recebendo mensagens de espíritos por meio da audição e repassava-as com fidelidade.

Quando alguém tinha um problema mais delicado e queria ouvir uma opinião inspiradora, pedia ao Antero um atendimento individual. Nessas ocasiões, ele recebia o consulente em uma pequena sala, sentado em um sofá antigo e amplo, forrado com uma toalha branca, já gasta pelo tempo. A pessoa normalmente sentava-se à frente do ancião e assim era mantido um diálogo, que durava não mais que quinze ou vinte minutos para não cansar o bom homem.

Após respeitosos cumprimentos, Lucila sentou-se à frente de Antero. Mesmo sem usar os costumeiros óculos, ele a reconheceu:

— Como vai, minha amiga? Faz tempo que não vem me visitar.

— É que eu sei que o senhor é muito ocupado. Tem sempre gente querendo falar com o senhor e eu prefiro não atrapalhá-lo.

— Pessoas do bem como você nunca atrapalham. Mas me diga: o que a está afligindo? — perguntou com uma voz já frágil pela idade e quase inaudível.

Em poucas palavras, tentando aproveitar o tempo da consulta, Lucila contou resumidamente a Antero o que vinha acontecendo à sua família desde a passagem de Patrícia até os fatos ocorridos na sexta-feira anterior, procurando não esquecer os detalhes importantes daquela narrativa.

Antero ouvia a matriarca da família Castro em silêncio, com as mãos trêmulas apoiadas em uma grossa bengala. Em determinados momentos, fechava os olhos e dava a impressão de que dormia, mas Lucila sabia que se tratava de concentração.

Depois que ela concluiu a descrição do problema, Antero levou uma das mãos ao rosto e cobriu os olhos. O ancião parecia meditar ou estar recebendo alguma mensagem dos espíritos.

Lucila manteve-se em respeitoso silêncio. Apesar de tê-lo consultado poucas vezes, ela tinha total confiança nas inspirações do dirigente do centro.

Depois de alguns minutos, o velho Antero rompeu o silêncio e falou com voz pausada:

— Há muito tempo, espíritos perturbados, desejosos de poder e presos às coisas materiais da Terra, principalmente ao dinheiro, vêm acompanhando seu marido. Ele não percebe essas más influências e por isso não consegue se defender nem se livrar delas — Antero fez uma pausa e olhou firmemente para Lucila: — Percebo principalmente o espírito de uma mulher que o odeia e deseja vingar-se dele por algum motivo que não consigo definir.

— Uma mulher vingativa? O senhor não teria mais detalhes a respeito dela? Por que esse desejo tão grande de vingança?

Antero movimentou a cabeça como se estivesse se esforçando para ver ou ouvir melhor.

— Não adianta, não consigo descobrir. Já não tenho a mesma energia de antigamente.

— Tudo bem, seu Antero, não se preocupe com isso. O senhor não deve se esforçar tanto. Tenho certeza de que descobrirei o que está acontecendo. Peço apenas que me oriente quanto ao que podemos fazer para ajudar meu marido, além de orar constantemente por ele.

Antero voltou a fechar os olhos e permaneceu calado por mais algum tempo. Parecia cansado. Em seguida falou em um fiapo de voz:

— A solução já está a caminho, minha filha. Nossos amigos espirituais não são tolos, apenas esperam chegar a hora certa para intervirem em uma situação.

Lucila sentiu-se esperançosa e quis confirmar o que ouvira:

— O senhor está me dizendo que há uma solução a caminho?

Ele balançou a cabeça lenta e afirmativamente:

— Sim, há, mas devo preveni-la de que não será uma solução fácil. Causará alguns medos e inseguranças a todos, principalmente ao seu marido. Tudo dependerá das escolhas que ele fizer diante das lições que receberá, isso se ele perceber essas lições. É preciso orar muito para que isso aconteça.

Lucila ficou preocupada com o que ouvira. Como era sabido por todas as pessoas que frequentavam o centro, o velho Antero não costumava falhar em suas previsões.

— E meus filhos, seu Antero? Ricardo saiu de casa para morar com um amigo e Larissa está muito desorientada e revoltada. Eles ficarão bem?

Antero respondeu de forma evasiva, talvez para não preocupá-la em demasia:

— Como eu disse, a solução dos problemas virá, mas causará medos e inseguranças à família. Na verdade há até alguns riscos envolvidos.

Lucila assustou-se:

— Riscos? Meu Deus, seu Antero! Riscos de morte?

O velho balançou lentamente a cabeça em sinal afirmativo:

— Pode ser. Tudo dependerá das escolhas que cada um fará com o seu livre-arbítrio. Há caminhos seguros que poderão ser escolhidos. Mas também há caminhos perigosos. Como eu disse, tudo vai depender das escolhas de cada um. É preciso ter discernimento e inspiração. Mas continue fazendo suas preces. Nossos amigos espirituais sabem o que fazem e não desamparam aqueles que merecem uma oportunidade.

Antero, então, começou a dar mostras explícitas de cansaço. Percebendo que já era o momento de se retirar, Lucila levantou-se:

— Está certo, seu Antero. Eu lhe agradeço muito a ajuda. Agradeça por mim aos espíritos que o iluminaram.

O ancião fez que sim com um lento movimento da cabeça.

Quando Lucila já ia saindo da sala, ouviu um "psiu". Prontamente, ela voltou-se e percebeu que o velho fazia um gesto com o indicador da mão direita para que ela se aproximasse novamente. Lucila chegou bem perto para ouvi-lo:

— Nossos irmãos do astral estão muito felizes e contentes com seu filho Eduardo, o médico. Ele está fazendo um trabalho muito humano, ajudando pobres criaturas de outros países que não contam com o auxílio das autoridades. Ele é uma pessoa iluminada e muito querida no plano espiritual. Você está de parabéns por tê-lo educado dessa maneira.

Lucila não pôde segurar as lágrimas, que expressavam um misto de orgulho, alegria e amor por aquele filho tão querido. Depois, voltou feliz para casa, embora preocupada com as previsões de Antero.

Ao entrar em casa, Lucila surpreendeu-se ao ver Afrânio de malas prontas. Chegou a pensar que ele a estava abandonando, tendo em vista as últimas conversas nada amigáveis que tiveram.

Mas ela estava enganada. Logo Afrânio a pôs a par da missão que recebera do presidente do banco. Teria que viajar no dia seguinte para os Estados Unidos, onde permaneceria por pelo menos uma semana.

Lucila teve um pensamento de esperança: seria aquele o início dos acontecimentos sobre os quais Antero falara? Aquela viagem iria mudar o rumo das coisas em direção a uma solução? Mas em que uma viagem ao exterior poderia contribuir para o destino daquela família?

Experiente como era na prática espiritual, Lucila já deveria saber que o cósmico tem seus planos e os traça de maneira a atingir os resultados esperados, ainda que, às vezes, utilize caminhos estranhos e tortuosos.

Capítulo 15

Manhã de 26 de abril de 2011, terça-feira

O voo foi tranquilo. Depois de algumas horas, o avião estava pousando.

"Alabama, aqui estou!", pensou Afrânio resignado. Em nenhum momento abandonava o pensamento de que preferia estar em casa.

Tão logo entrou no saguão do aeroporto, após ter recolhido sua mala, Afrânio avistou um homem segurando uma placa com seu nome. Seguiu-o até um luxuoso carro que o aguardava no estacionamento.

Enquanto o veículo percorria as ruas da cidade, Afrânio percebeu que o dia estava bastante nublado, prenunciando chuva para aquela noite ou para o dia seguinte. Infelizmente, devido à pressa para preparar-se para a viagem, esquecera-se de consultar as condições meteorológicas da região, o que fazia sempre que viajava para outras cidades. Era dessa maneira que decidia que tipo de roupa levar.

Em poucos minutos, estava acomodado em um dos melhores hotéis de Tuscaloosa. Após um rápido banho, fez diversas ligações telefônicas e agendou para o dia seguinte algumas reuniões relativas ao motivo que o levara até o Alabama.

Feitos os contatos, Afrânio sentiu uma grande satisfação ao perceber que continuava dominando o idioma inglês, demonstrando invejável fluência na língua. Pretendia ser o mais objetivo possível nos contatos para abreviar os encontros e retornar logo ao Brasil. Quem sabe, se fosse bastante claro e assertivo em suas conversas, não houvesse necessidade de permanecer em Tuscaloosa por uma semana, como estava previsto.

Viajara preocupado com suas questões pessoais. Deixara uma situação nada tranquila em sua família e queria estar de volta o quanto antes para encontrar um meio de administrar o caos que se instaurara em sua casa. No banco, Afrânio sempre conseguia contornar e resolver os mais complicados e aguerridos conflitos. Por que não conseguiria fazer o mesmo em sua casa, com sua família?

Naquele momento, no entanto, precisava focar sua atenção na tarefa profissional. E, se tudo corresse bem, avançaria bastante nos contatos e pesquisas que deveria fazer na cidade.

À noite, Afrânio recebeu no hotel a visita dos empresários que haviam feito a proposta de venda do imóvel, onde provavelmente seria instalada a nova agência do banco. Eles acompanharam-no no jantar, o que contribuiu para que as negociações fossem iniciadas.

Os acordos estavam ocorrendo dentro do previsto, de forma favorável ao banco brasileiro. Se as coisas continuassem daquela forma, na manhã seguinte Afrânio formalizaria tudo o que estava sendo conversado.

Como o encontro transcorria amistosamente, os assuntos derivaram para outros temas que nada tinham a ver com a negociação. Falaram de futebol, carnaval, política, turismo e outras amenidades. Naquela animação, não perceberam o tempo passar, e já era tarde quando os executivos decidiram ir embora — e mesmo assim porque o tempo estava se tornando ameaçador, prenunciando uma forte chuva ou mesmo uma tempestade.

Afrânio, intimamente, agradecia ao fato de a reunião ter acontecido no hotel onde estava hospedado, pois assim não tivera a necessidade de sair e se expor àquele tempo que se mostrava ameaçador.

As negociações caminharam tão bem que Afrânio tinha certeza de que teria uma tranquila e reparadora noite de sono. Porém, lamentavelmente, ele estava enganado. E muito.

Madrugada de 27 de abril de 2011, quarta-feira

Afrânio acordou ao ser violentamente arremessado de sua cama contra uma das paredes do quarto do hotel. Apenas por um segundo pensou que aquela situação se tratava de um sonho, mas logo as dores pelo corpo fizeram-no perceber que estava lidando com algo real.

O segundo pensamento foi mais aterrador ainda. Como não estava inteiramente acordado, passou-lhe pela mente confusa o absurdo pensamento de que o mundo estava acabando.

Uma ventania incrível fazia as janelas abrirem-se com estardalhaço, sacudia as paredes e, fazendo um barulho ensurdecedor, ia derrubando todos os móveis, utensílios e objetos do quarto, lançando-os uns contra os outros e arremessando-os contra o chão ou o teto. Afrânio tinha a sensação de que tudo ia desabar a qualquer momento e que ele seria esmagado.

Mesmo de pijama, ele ainda tentou sair do quarto, mas não conseguia nem ficar de pé, pois tudo estremecia à sua volta. Parecia estar no centro de um forte terremoto.

"Tenho que sair daqui o quanto antes! Parece que tudo isso vai desabar", Afrânio pensou desesperado.

Afrânio tentou pegar sua mala. Quando viu que não ia conseguir, procurou alcançar pelo menos sua maleta de trabalho, pois ali estavam documentos importantes referentes à missão comercial que viera cumprir no Alabama.

"Se for um terremoto, deve passar logo", pensou aflito, torcendo para estar certo.

De forma rápida, passou pela sua mente o pensamento de que nunca vivera situação semelhante. Sempre lia jornais e assistia aos noticiários a respeito desses acontecimentos em várias partes do mundo, mas nunca imaginou que um dia vivenciaria um deles.

O barulho era ensurdecedor e a ventania era devastadora. Nada ficava de pé. Afrânio ouvia rangidos de portas, sons de madeira sendo quebrada, ferros retorcidos, vidros estilhaçados — tudo figurava um caos enlouquecedor.

Quanto mais esforço fazia para andar em direção à porta, mais Afrânio caía e sentia que seu corpo estava sendo jogado de um lado para o outro, como se fosse um boneco, o que causava-lhe ferimentos e dores horríveis.

O medo verdadeiro surgiu pela primeira vez quando sentiu que sua cabeça havia sido violentamente atingida por um enorme pedregulho. Outros se seguiram e Afrânio por fim sentiu que seu corpo estava sendo inteiramente alvejado por grandes e pesadas pedras e pedaços de madeira e ferro retorcido.

Foi então que Afrânio entrou em pânico ao imaginar que o prédio pudesse estar desabando. E estava mesmo.

A cama foi erguida do chão, ficando na posição vertical, e bruscamente atirada na direção dele, prensando-o contra grandes pedaços de pedras que antes constituíam as paredes do quarto. Uma enorme viga de aço desabou bem no meio do que tinha sido a cama de Afrânio, quase o atingindo em cheio. Se não tivesse sido lançado contra a parede, aquele teria sido seu fim.

Em meio ao barulho terrível do desabamento, ele podia ouvir gritos desesperados vindos de outros aposentos e provavelmente da rua também. Enquanto isso, sentia que seu corpo estava aprisionado por pedras, cimento e pedaços de madeira e ferro. O guarda-roupa, sua mala e a maleta com documentos haviam sido destroçados e todas as roupas, objetos e papéis estavam espalhados pelo ambiente.

De repente, as luzes apagaram-se, e nesse momento Afrânio achou que era seu fim.

Pela primeira vez desde que o abalo começara, o patriarca dos Castro pensou em sua família e seu coração foi invadido por um desesperado desejo de estar em casa, gozando de seu aconchego e de sua segurança. Estranhamente, mesmo sem saber por que, pensou em pedir perdão a todos os membros de sua família. Queria beijá-los, abraçá-los e dizer-lhes o quanto os amava.

E também, pela primeira vez em sua vida, chorou copiosamente, como só o fizera quando criança. Afrânio não se lembrava de, depois de adulto, ter chorado tão intensamente um dia.

Sentiu algo atingir-lhe novamente a cabeça, desta vez com mais força, e tudo escureceu de vez.

Afrânio não podia saber, nem sequer imaginar, que, naquele mesmo instante, vários estados americanos estavam sendo atingidos e destruídos por um violento tornado, que causaria a morte de quase trezentas pessoas.

O estado do Alabama, para onde Afrânio viajara, fora o mais atingido, registrando a morte de pelo menos duzentas pessoas, sendo quase cinquenta do condado de Tuscaloosa.

A inesperada e violenta tempestade de primavera americana deixara um longo e terrível rastro de destruição e morte também em outras localidades estadunidenses. Na verdade, mais de vinte estados foram atingidos pelos temporais, em uma vasta região que englobava dos Grandes Lagos, no extremo norte do país, até o Golfo do México, no sul.

Em Tuscaloosa, possivelmente a área mais atingida do Alabama, o tornado de quase um quilômetro, além de causar várias mortes, destruiu carros, casas, barcos, estabelecimentos comerciais e prédios, abrindo buracos nos telhados e derrubando paredes de andares inteiros.

Centenas de edifícios e casas foram arrastados pelo furacão, transformando a cidade em um amontoado de escombros. Algumas das casas varridas pelo tornado tiveram seus destroços localizados em até 80 quilômetros de distância.

Para tornar a situação de Tuscaloosa ainda mais dramática, a cidade ficou sem eletricidade, dificultando a comunicação e, consequentemente, o salvamento das pessoas. Por causa disso, muitas delas permaneceram sem receber qualquer tipo de ajuda por horas.

Com o Alabama em estado de emergência, o governador mobilizou a Guarda Nacional para prestar assistência emergencial aos habitantes, ajudar na busca e salvamento de sobreviventes, para remover entulhos e auxiliar a polícia local nas questões de segurança.

Posteriormente, os especialistas iriam considerar aquela onda de tornados o pior desastre natural a atingir os Estados Unidos desde o furacão Sandy, em 2005.

Afrânio despertou do desmaio sentindo dores horríveis por todo o corpo. Não podia se mexer: cercado por destroços, estava aprisionado por um monte de entulho composto por pedras, areia, cimento, ferro, pedaços de madeira e vários objetos. Tudo ao seu redor também estava completamente mergulhado na escuridão.

Apavorado e cheio de dores, Afrânio continuava ouvindo o barulho da tempestade do lado de fora do prédio e muita gente gritando de dor e desespero.

Mesmo naquela situação de pânico, Afrânio valeu-se de sua racionalidade e aos poucos foi colocando o pensamento em ordem.

Ainda não sabia o que tinha acontecido. Lembrava-se apenas de ter acordado bruscamente ao ser lançado com violência para fora da cama, com o quarto balançando e os móveis caindo uns por cima dos outros. Afrânio fora arremessado várias vezes contra as paredes e imaginava que, por essa razão, devia ter muitas fraturas e ossos quebrados, pois as dores estavam insuportáveis.

Concluíra, então, que ocorrera um terremoto em Tuscaloosa e que o hotel onde estava hospedado fora duramente atingido.

Agora Afrânio estava ali, totalmente imobilizado e indefeso. O corpo inteiro doía horrivelmente, mas as dores mais intensas pareciam concentrar-se nas pernas, nos braços e na cabeça. A julgar pelo líquido morno que escorria por sua testa e por outras partes do corpo, deduziu que estava sangrando. Se alguém não viesse socorrê-lo o quanto antes, ele certamente morreria ali, abandonado e no anonimato.

— Socorro! Alguém me ajude! — gritou desesperado, em inglês, na esperança de que alguém pudesse ouvi-lo e ajudá-lo. — Por favor, tem alguém por perto? Estou aqui, sem poder me mover! Socorro! — os gritos de Afrânio pareciam não conseguir atravessar a muralha de entulhos à sua volta.

Obviamente não havia como ser ouvido em meio ao barulho da tempestade e dos gritos de outras pessoas que também pediam ajuda. Na verdade, Afrânio gritava mais impulsionado pelo instinto de sobrevivência do que por acreditar que alguém pudesse aparecer ali para resgatá-lo.

Mais uma vez lembrou-se de sua família, de sua casa em São Paulo, de sua sala de trabalho no banco. Deixara seu ambiente de segurança e agora estava ali sem saber se sairia vivo daquela situação.

"Ah, Lucila querida! Meus amados filhos Ricardo e Larissa! Eduardo, onde está você? Eu amo todos vocês! Me perdoem! Meus queridos, eu poderia ter sido um pai melhor! Perdoem-me! Eu amo vocês! Patrícia, esteja onde estiver, saiba que eu te amei muito, minha querida filha!", Afrânio intimamente pedia perdão à família.

De repente, o patriarca da família Castro foi invadido por um terrível remorso por tudo que fez e por ter magoado tantas pessoas. Pensou outra vez na esposa e nos filhos, na revolta que nutriam contra ele, no desespero de Léo quando fora demitido, na indignação de sua filha e de sua mulher e, por fim, chorou. Chorou de arrependimento. Agora que estava ali, prestes a morrer, via o quão frágil era a vida e quão efêmero era o poder.

Do que lhe adiantava agora as posses materiais, os bens, o dinheiro, o alto cargo no banco? Estava tão vulnerável e abandonado quanto a mais humilde, simples e frágil das criaturas. Foi assim que Afrânio percebeu que era igual a todas as demais pessoas.

E somente nesse momento lembrou-se de Deus. Pediu perdão a Ele e que lhe desse uma oportunidade de desculpar-se perante as pessoas que ele ofendera. Ah, como queria pedir perdão a tanta gente!

Envergonhado de si mesmo, Afrânio percebeu que não sabia proferir uma só prece. Como poderia obter a ajuda de Deus, se nem ao menos sabia comunicar-se com Ele por meio de uma oração? Resolveu reproduzir o que seu coração dizia:

— Ah, Deus! Sei que não sou um dos Seus melhores filhos! Na verdade, na maior parte das vezes, agi como um estúpido. Mas, por favor, me dê uma chance de mudar, de ser uma pessoa melhor, de reparar o mal que fiz a algumas pessoas — enquanto falava, chorava copiosamente.

O tempo ia passando — muitas horas certamente — e não aparecia ajuda.

O corpo de Afrânio tremia de frio e fraqueza. As dores não diminuíam. Ele tentava se mexer para escapar daquela prisão de pedras e ferros retorcidos, mas tudo que conseguia era intensificar as dores.

E tudo voltou a ficar escuro em sua mente.

Capítulo 16

Quando recobrou a consciência, Afrânio não sabia dizer por quanto tempo permanecera desmaiado.

Soltou um gemido alto, quase um grito. As dores continuavam insuportáveis — e agora ele sentia fome e sede.

"Meu Deus, que ironia! Como posso pensar em comer e beber numa hora dessas?", questionava-se.

Afrânio calculou que, do início do terremoto ou da tempestade até aquele momento, já deveriam ter se passado umas dez ou doze horas. Talvez um pouco mais, um pouco menos.

Estava completamente abatido, física e mentalmente. Será que alguém iria ajudá-lo? Tentou gritar, mas o som de sua boca já não saía forte e não passava de um fiapo de voz. Daquela maneira, Afrânio jamais poderia ser ouvido. E foi assim que, pela primeira vez, ele teve a certeza de que aquele seria o seu fim. Até então achava que seria salvo de alguma maneira, mas, à medida que as horas passavam, as chances disso acontecer tornavam-se mais remotas. O patriarca da família Castro estava abandonado e entregue à própria sorte.

Amargurado, Afrânio decidiu que, se ia morrer, morreria pensando em sua família. Os rostos sorridentes e saudáveis de Lucila, Eduardo, Patrícia, Ricardo e Larissa dançavam em sua mente, fazendo-o esquecer, por instantes, as dores e esperar com resignação pelo que Deus decidisse com relação a ele.

— Tem alguém aqui? Olá, tem alguém por perto? — uma voz lançava perguntas aos escombros.

Com um fiapo de consciência, Afrânio chegou a pensar que estava delirando. Ouvira mesmo alguém perguntar algo, gritando?

— Ei, tem alguém por aqui? — novamente a voz surgia entre os escombros.

Não, não estava enganado! Havia alguém por perto. Era uma voz forte e jovem.

Afrânio fez uma força descomunal para responder. Era sua única oportunidade de safar-se daquela situação.

— Aqui, aqui, pelo amor de Deus! Eu estou aqui! — respondeu.

— Senhor?

Graças aos Céus! Conseguira ser ouvido! Tinha alguém se aproximando!

— Aqui, por favor!

— Já estou vendo parte do seu corpo! O senhor pode se mexer?

— Não posso! Estou totalmente imobilizado! Estou preso por pedaços de parede, madeira e ferros retorcidos.

— Está bem, entendi. Procure manter a calma, senhor. Vou ver se consigo chegar até aí.

"Ah, graças a Deus! Alguém me ouviu!", Afrânio comemorava a possibilidade de salvamento e chorava de felicidade. Sabia que não seria fácil sair dali, mas conseguiria. O mais difícil, ser ouvido, já conseguira. A tempestade ou o que quer que tivesse acontecido diminuíra bastante, praticamente já tinha parado. Agora, era continuar a ter fé. O pensamento de que conseguiria rever sua família conferia-lhe forças redobradas para resistir a qualquer dor ou desconforto.

A voz continuava orientando-o:

— Senhor, procure não se mexer. Vou tentar localizá-lo melhor e chegar mais perto. Vamos ver o que poderei fazer para ajudá-lo.

— Por favor, se apresse. Estou muito machucado e debilitado. Não estou aguentando mais de tanta dor.

— Eu posso imaginar, senhor, mas a situação aqui não está nada fácil. Preciso tomar cuidado. A qualquer momento tudo isso aqui pode desabar e posso garantir que, se isso acontecer, vai ser muito ruim para nós dois. Meu plano é sairmos daqui com vida! Eu tenho uma festa hoje à noite e não quero perdê-la por nada deste mundo! Minha namorada ficaria muito brava comigo.

Afrânio teve que rir da piada, mesmo que aquele gesto lhe causasse algumas dores. Festa à noite? Devia ser uma estratégia do rapaz para manter o moral do ferido elevado. Só podia ser. Quem iria brincar numa hora daquelas? Entre as várias questões que passavam por sua mente, lembrou-se ainda de perguntar:

— Mas, afinal, o que aconteceu aqui? O hotel desabou?

— Antes tivesse sido só isso, senhor. O Alabama inteiro desabou. Foi atingido por um dos piores tornados de sua história. A cidade está completamente destruída!

Afrânio levou um choque:

— Um tornado? Meu Deus!

— Uma catástrofe, senhor. Há muita gente tentando ajudar, mas há muitos mortos e feridos. Os escombros não facilitam nosso trabalho.

— O senhor é bombeiro? Há outros companheiros seus aqui?

— Não, senhor. Não sou bombeiro. Eles estão concentrados nas regiões atingidas com mais gravidade — a voz fez uma pausa e disse uma frase que fez o coração de Afrânio disparar: — Eu sou apenas um voluntário.

Voluntário! Aquela palavra entrou pelos ouvidos de Afrânio e atingiu seu coração em cheio. Um voluntário! Exatamente como fora sua filha Patrícia! E justo um voluntário estava tentando salvá-lo! Que ironia do destino... Naquele instante, como em um filme em alta rotação, passou pela mente do patriarca dos Castro todas as palavras cruéis e atitudes injustas que ele lançara contra todos os voluntários.

Afrânio não suportou a emoção e não conseguiu segurar o pranto. Com a voz entrecortada pelo choro, conseguiu ainda perguntar:

— Você... você disse que é um voluntário?

— Isso mesmo, senhor! Mas procure não falar muito, é preciso poupar o fôlego. O ar aqui está escasso.

Afrânio chorava descontroladamente. Ele estava sendo auxiliado por um voluntário, gente que ele considerava tola e idealista. Naquele momento, lembrava-se do quanto combatera a ideia de Patrícia de ir ao Rio de Janeiro para ajudar as vítimas da tragédia da região serrana e conectava aquelas lembranças à sua situação.

— Tenha um pouco de paciência, senhor. Há muitas pedras e vigas me impedindo de chegar até aí. Mas não tenha dúvida de que vou conseguir. Tenha fé em Deus. Isso vai ajudar um bocado.

Afrânio riu baixinho com amargura. Fé? O que seria isso? Tinha fé em seus conhecimentos, em sua experiência, em suas habilidades. Ele não fazia a menor ideia de como funcionava aquela outra fé da qual falavam os espiritualistas.

Houve um momento de silêncio, interrompido apenas pelo barulho das pedras sendo afastadas ou quebradas.

— Ei, voluntário, você ainda está aí? — Afrânio chamou pelo jovem, receoso de que tivesse voltado a ficar só.

Sentiu-se profundamente reconfortado quando ouviu a resposta:

— Estou aqui, senhor. Não se preocupe! Não vou sair daqui enquanto não tirá-lo daí!

Quem quer que fosse aquele sujeito, Afrânio queria abraçá-lo e demonstrar toda sua gratidão. Aquele voluntário nem ao menos o conhecia e, no entanto, mostrava um empenho profundo em salvá-lo, pondo em risco a própria vida.

— Obrigado, amigo desconhecido — sua voz saiu baixa, ainda que tivesse vontade de gritar seu agradecimento. Sentia que as forças voltavam a lhe faltar.

Depois de outro momento de silêncio, novamente substituído por batidas de martelo ou picareta, o voluntário voltou a falar:

— Senhor, vou ter que usar alguns instrumentos para cortar as vigas e quebrar as pedras maiores. O barulho vai ser grande.

— Pode fazer o barulho que quiser, rapaz. A vida é mais importante.

Afrânio surpreendeu-se ao dizer aquela frase. Nunca tivera a percepção da importância da vida, do valor de cuidar e desfrutar da existência.

As marteladas e os sons metálicos da serra elétrica cortando as vigas soavam como música relaxante para Afrânio.

Muitas horas passaram-se, mas o rapaz parecia infatigável. Por duas vezes Afrânio sentiu-se desfalecer e foi despertado pelos chamados do voluntário.

— Senhor, procure não dormir. Resista ao cansaço, ao sono! Seu corpo precisa permanecer alerta.

"Eu sei, mas como vou conseguir isso?", pensou Afrânio, sem ter coragem de perguntar ao rapaz.

Ele pareceu ter ouvido seu pensamento, pois respondeu:

— Pense em coisas agradáveis, coisas alegres. Pense em sua família. O senhor tem família?

As imagens de Lucila, Eduardo, Patrícia, Ricardo e Larissa surgiram vívidas em sua mente.

— Tenho. Tenho uma família maravilhosa!

— Pois me fale dela. Me fale de cada um dos que fazem parte de sua família. Me diga o que eles fazem, o que eles estudam, se trabalham, o que fazem no trabalho. Fale de sua esposa. Mas, pelo amor de Deus, senhor, permaneça acordado. Vamos, me conte como é sua família.

Se aquilo era uma estratégia para mantê-lo acordado, Afrânio não sabia. Apenas sabia que aquela tática estava funcionando. Por quase uma hora, ele falou de seus familiares. Descreveu-os fisicamente, descreveu a personalidade de cada um, falou sobre o que estudavam e no que trabalhavam. E por várias vezes precisou interromper aquela descrição porque a emoção lhe embargava a voz. O rapaz notou:

— Pela sua emoção, percebo que o senhor ama bastante todos eles, não é mesmo, senhor?

— E como, amigo, e como! Você não é capaz de imaginar.

E o rapaz continuava trabalhando sem parar. Afrânio ouvia o martelo e a serra elétrica em ação e, quando se calava, o rapaz fazia novas perguntas, como se não tivesse entendido alguma parte do que Afrânio dizia.

— Mas qual é mesmo a idade do seu filho, senhor?

— Qual deles, o Ricardo? Ricardo tem vinte e quatro anos.

— E é muito bagunceiro em casa?

— Era — Afrânio, com amargura, lembrou que seu filho acabara de sair de casa por causa dele.

— Era? Ele não está mais vivo, senhor?

— Está, está vivo, sim. É que... — Afrânio sentiu-se engasgar — ...uns dias antes de eu viajar, ele havia decidido sair de casa e morar com um amigo.

— Ah, é? Que legal! Isso é comum nessa idade. Os outros dois continuam morando com o senhor?

— O mais velho, o Eduardo, como eu lhe disse, viajou.

— E o que faz o Eduardo?

Afrânio não sabia se o voluntário estava repetindo as perguntas ou se não se lembrava de já tê-las feito, concentrado que deveria estar no seu trabalho de abrir caminho para salvá-lo. Nem ele próprio saberia dizer que informações já dera àquele rapaz. Na dúvida, decidiu responder, ainda que pudesse ser uma repetição:

— Ele é médico e há anos viaja pelo mundo afora na companhia dos Médicos Sem Fronteiras.

— Verdade? Mas que legal! O senhor deve ter muito orgulho dele, não tem? Os Médicos Sem Fronteiras fazem um trabalho extraordinário em várias partes do mundo.

Afrânio não respondeu. A emoção não deixou que respondesse. Na verdade, ele fora contra o engajamento do seu filho naquele grupo.

— Senhor, o senhor está me ouvindo? Está acordado?

— S-sim, amigo, estou ouvindo. Sim, eu tenho muito orgulho do meu filho Eduardo.

— E é para ter mesmo. Se eu conseguir me formar em medicina, vou entrar para os Médicos Sem Fronteiras. O trabalho humanitário que eles fazem é demais!

— É verdade.

— E o quê mais, senhor? Tem mais filhos?

Afrânio hesitou em falar de Patrícia. A emoção seria insuportável.

— Senhor?

— Sim, tenho mais duas filhas.

— Duas?

— É. A Larissa, que é minha caçula, tem vinte e dois anos. No final deste ano ela se formará em psicologia — fez uma pausa e voltou a engolir em seco. Era melhor não contar a verdade sobre Patrícia. Afinal, ela também fora voluntária e esse fato poderia impressionar negativamente o rapaz. Resolveu mentir e continuou: — E tenho a Patrícia, de vinte e oito. Mas ela... ela está viajando.

— Viajando, senhor? Pra muito longe?

Na falta de maiores conhecimentos sobre o mundo espiritual, Afrânio pensou no céu:

— Sim, ela foi pra muito longe. Muito longe mesmo.

— Foi estudar?

Afrânio pensou um pouco. Percebeu que, para contar uma mentira, a pessoa precisa ter muita imaginação para sustentá-la.

— Bem, é... De certa forma, sim. Foi cumprir um programa de desenvolvimento — sempre ouvira sua mulher se referir daquela forma ao destino das pessoas que morrem.

— Que legal, senhor. Bom, desculpe-me interromper a nossa conversa que está muito agradável, mas agora que já acabei por aqui, precisamos nos concentrar na etapa final. O senhor está disposto?

Afrânio ensaiou um sorriso:

— Disposto a quê, meu rapaz?

— Eu já estou bem perto do senhor e vou precisar da sua ajuda para sairmos daqui.

— Mas como sair daqui? De helicóptero? Estamos no terceiro andar!

— Desculpe, senhor. O senhor não está mais no terceiro andar. Isso foi antes do tornado. Agora o senhor está no térreo, se é que podemos chamar assim este monte de entulhos.

Afrânio levou um choque:

— No térreo? — então Afrânio se deu realmente conta do perigo que correra. O prédio não resistira ao tornado e ele viera despencando por entre pedras e ferros do terceiro andar ao térreo! Por isso se sentira tão sacudido de um lado para o outro. Isso também explicava seus muitos ferimentos e fraturas.

— Isso mesmo, senhor. Foi um milagre o senhor ter feito esse percurso e ainda estar vivo.

"Graças a Deus", pensou Afrânio de novo.

— Ei, senhor! Cheguei!

E, de repente, ao olhar lentamente de lado, tentando superar as dores, Afrânio avistou um rechonchudo rosto adolescente, encimado por vastos e desarrumados cabelos louros meio cobertos pelo capacete de segurança, sorrindo por detrás da poeira que lhe cobria mais da metade da face. Por trás dos óculos de proteção, Afrânio pôde perceber grandes e espertos olhos azuis.

— Cheguei, senhor! — e o jovem sorria como uma criança que tivesse ganhado uma competição. — Tenho permissão para entrar, senhor? — e ainda tinha senso de humor em uma hora daquelas, depois de todo o esforço empregado para arrebentar pedras e distorcer ferros.

Afrânio foi tomado por uma mistura de gargalhada e lágrimas, engrossadas pela poeira das paredes. Nunca um rosto humano lhe pareceu tão belo, tão salvador, tão irmão, tão solidário! E era quase uma criança ainda! Um menino crescido!

— Graças a Deus você chegou, rapaz! Eu já não suportava mais. Nem sei se vou aguentar sair daqui.

O jovem afastou mais alguns pedregulhos e ferros retorcidos para conseguir se aproximar mais um pouco, tomando todo o cuidado para evitar novos desabamentos:

— Claro que vai aguentar, senhor. Só precisa ter um pouco mais de paciência. Nós vamos conseguir sair daqui em segurança.

Afrânio estava fascinado com a persistência e energia do voluntário:

— O que é que você está fazendo aqui neste inferno, meu jovem? Você deveria estar na faculdade ou passeando com sua namorada...

O rapaz continuava afastando o entulho enquanto respondia:

— Há tempo para tudo, senhor. Eu faço tudo isso que o senhor falou e mais isto também.

— Mas, meu rapaz, você está pondo sua vida em risco por causa de um sujeito que você nunca viu na vida, um ilustre desconhecido.

— Com todo o respeito, senhor, mas não somos desconhecidos. Somos todos irmãos, não é verdade?

Mais uma emoção sentida, mais uma lição aprendida.

— É, você tem razão, meu rapaz. Minha mulher sempre diz isso.

— E ela está certa, senhor. Por isso precisa sair daqui o quanto antes para voltar para ela.

— Bem que eu queria, meu amigo. Só Deus sabe o quanto eu quero sair daqui, mas só conseguirei voltar para minha família com sua ajuda.

O rapaz ficou sério por uns instantes avaliando a situação e pensando no que poderia fazer para escaparem daquele lugar em segurança. Em silêncio, Afrânio aguardava ansioso. Depois o voluntário se manifestou:

— Veja, eu já sei o que tenho que fazer, mas talvez o senhor sinta algumas dores por conta disso. Eu preciso quebrar alguns pedregulhos que estão me impedindo de chegar até o senhor e livrar seu corpo dessa prisão. Vai doer um bocado, mas só assim poderei removê-lo. Não tenho alternativa.

— Não se preocupe comigo, rapaz. Eu aguento. Eu só quero sair daqui e voltar para casa.

— Então espere um pouco. A tarefa não vai ser fácil. Preciso chamar meus amigos para ajudar.

Afrânio teve um princípio de pânico ao imaginar que ficaria sozinho novamente:

— Por favor, não se afaste de mim!

O rapaz tranquilizou-o:

— Não tenha receio. Como já disse ao senhor, só sairemos daqui juntos. Vou só pedir ajuda aos meus companheiros para afastar essa enorme quantidade de entulhos daqui.

Afrânio percebeu que o rapaz estava se afastando com esforço, pois o espaço por onde o jovem passara para chegar até ele era diminuto, uma fresta em meio aos escombros, uma espécie de túnel estreito e rudimentar.

A dor estava se tornando insuportável. O tempo passava e o rapaz não voltava. Afrânio, aos poucos, percebia que estava se tornando cada vez mais frágil e sentia que iria desmaiar novamente. De fome, sede, dor, medo e tristeza.

Um pequeno raio de sol alcançou Afrânio. Apesar disso, sua visão foi se tornando turva e as coisas foram sumindo. Ele pediu a Deus que não o deixasse morrer ali, naquelas condições, longe dos seus entes queridos.

Foi esse o último pensamento que lhe veio à mente antes de desfalecer mais uma vez.

Capítulo 17

Nessa mesma madrugada, Lucila acordou gritando desesperadamente. Tivera um pesadelo horrível com Afrânio, mas não sabia descrever o que sonhara. Era tudo muito confuso, mas via claramente seu marido gritando por socorro e caindo em algo que parecia um buraco ou precipício.

Seria um aviso? Um chamado telepático? Teria acontecido algum acidente com ele?

Larissa acordou com os gritos da mãe e correu para o quarto de Lucila para acudi-la. Encontrou-a sentada na cama, com o rosto e as roupas ensopadas de suor.

— O que houve, mãe?

— Um pesadelo horrível com seu pai, minha filha.

Larissa tentou acalmar a mãe:

— Foi só um pesadelo, mãe. Apenas isso. A senhora deve estar preocupada com ele.

— Foi horrível, minha filha. Ele gritava e pedia por socorro. Pude ver que estava muito ferido e... e quase soterrado.

— Soterrado? Isso não faz sentido, mãe. Meu pai deve estar hospedado em um hotel muito luxuoso e seguro.

— Eu sei, filha, os pesadelos são assim mesmo. Não fazem sentido, mas assustam.

Larissa abraçou a mãe com carinho:

— Eu sei como é, mãe. Eles deixam a gente muito assustada. Mas lembre-se de sua doutrina. Faça uma prece para seus amigos espirituais e eles virão acalmá-la e ao mesmo tempo darão proteção a papai.

Lucila deu um profundo suspiro e voltou a deitar-se, puxando as cobertas até o pescoço.

— Você está certa, minha filha. Vou fazer isso. Mas antes preciso me recuperar um pouco.

— Quer que eu vá buscar um pouco de água?

— Não precisa, filha. Obrigada. Eu já estou bem.

Larissa deu-lhe um beijo na testa:

— Se precisar de alguma coisa, é só me chamar, viu?

— Está bem, filha, mas não se preocupe. Estou mais calma.

A jovem voltou para seu quarto. Não queria que a mãe soubesse nem percebesse que ela também ficara preocupada. Lucila era muito sensitiva e podia ter recebido um aviso da mesma maneira que seu pai recebera por meio da televisão, na noite em que sua irmã morrera.

Quando Afrânio abriu os olhos, a primeira coisa que viu foi o simpático, gorducho, sardento e sorridente rosto do seu salvador.

— Olá, senhor, dormiu bem?

Afrânio ainda se sentia meio tonto, talvez efeito dos muitos medicamentos que tomara. Com esforço e ainda sentindo o corpo dolorido, olhou em volta. Estava em uma espécie de enfermaria improvisada sob uma enorme tenda, onde havia outras cinco macas, ocupadas por feridos que estavam sendo atendidos por médicos e enfermeiras.

— Onde estou?

— O Alabama está destruído, senhor. Não há hospitais suficientes funcionando e em condições de receber os sobreviventes feridos, que são inúmeros.

— Sobreviventes? Quer dizer que...

— Sim, senhor. Infelizmente, muita gente não conseguiu escapar com vida do desastre. O senhor teve muita sorte, foi um verdadeiro milagre.

Com esforço, Afrânio procurou e encontrou a mão do seu salvador:

— Graças a você, amigo.

O jovem ruborizou com o elogio:

— Eu faço parte de um grupo de voluntários, senhor. Sozinho não conseguiria fazer nada. Eu apenas o localizei entre os escombros, mas foram meus amigos que me ajudaram a tirá-lo daquele buraco. Aqui, cada um é responsável por uma parte, mas o objetivo de todos é o mesmo: ajudar a salvar pessoas.

— Deus lhe pague, moço. Na verdade, que Ele pague a todos vocês, voluntários.

— Ele já tem pago, senhor, pode crer. Ele me fez uma pessoa saudável e feliz, por isso sou muito grato a Ele — e mudando de tom: — Ah, o senhor disse que tem um filho médico engajado na equipe dos Médicos Sem Fronteiras, não disse?

— Sim, disse. É o meu filho mais velho, o Eduardo.

— Pois aquele casal ali faz parte dos Médicos Sem Fronteiras — e apontou para dois médicos que atendiam a outros feridos. — Eles vieram ajudar porque a situação aqui é muito crítica. Há muitos feridos e poucas condições de atendimento.

Afrânio levantou a cabeça e olhou para o casal indicado. O rapaz era alto, forte, e tinha a pele bem morena, em contraste com a moça que o acompanhava, muito loura, de pele alvíssima. Não teriam mais do que trinta e poucos anos de idade. Cada um atendia a um ferido.

— Eles... eles são de onde? — perguntou Afrânio.

— Ele é do Senegal, ela é da Dinamarca. Mas, na verdade, eles se consideram cidadãos do mundo, não dão muita importância a nacionalidades. Para eles, e eu acho que estão certos, o que vale é a disposição para ajudar os necessitados, o espírito de solidariedade.

Afrânio ficou observando o casal por um longo tempo. Pensou em como e onde estaria seu filho Eduardo — provavelmente estaria na mesma situação que aquele casal, socorrendo e ajudando pessoas feridas em alguma parte do planeta. Sem dúvida era muito sofrido não ter o filho por perto e vê-lo sempre viajando por esse mundo afora. Mas era forçoso reconhecer que eles faziam um bonito trabalho humanitário.

Pela primeira vez, Afrânio sentiu orgulho do seu filho médico. Depois que saísse dali e voltasse para casa, na primeira oportunidade, diria isso a Eduardo.

A voz alegre do voluntário interrompeu seus pensamentos:

— E então, senhor, como está se sentindo?

Afrânio resolveu mostrar que também tinha senso de humor:

— Eu estou bem melhor do que estava antes, pendurado naqueles ferros e pedras — ambos riram e Afrânio sentiu o corpo doer devido ao esforço provocado pelo riso. O jovem notou:

— Procure se manter imóvel tanto quanto possível. O senhor tem muitos ferimentos internos e externos, além de algumas fraturas.

Afrânio voltou a procurar a mão do rapaz:

— Escute...

O jovem debruçou-se um pouco sobre a maca para ouvir melhor. A voz de Afrânio já mostrava algum cansaço:

— Você salvou minha vida e eu nem sequer sei o seu nome.

O rapaz deu um sorriso:

— Michael Ferguson, senhor, mas pode me chamar de Mike. É assim que a turma me conhece.

— Mike Ferguson — repetiu Afrânio. — De onde você é, Mike?

— Sou de Detroit, mas não me pergunte como vim parar aqui tão longe de casa. Os voluntários são como povos nômades. Estamos onde precisam de nossa ajuda.

Afrânio sentiu que precisava fazer uma pergunta ao rapaz:

— Desculpe-me pela pergunta que vou lhe fazer, Mike... Não quero me intrometer em sua vida pessoal, mas há uma coisa que gostaria de saber.

— Pode perguntar, senhor.

— O que seus pais pensam dessa sua atividade?

— De qual atividade, senhor?

— Do seu trabalho como voluntário, que o faz viajar para lugares distantes e enfrentar situações perigosas.

Mike pensou um pouco para responder:

— No começo eles acharam que era uma escolha estranha, mas não foram contra a minha decisão. Claro que, antes de darem o "ok", procuraram se informar a respeito de como funcionavam as comunidades de voluntários e as organizações que no Brasil vocês chamam de ONGs. A partir daí, depois que viram que se tratava de um projeto sério, muito bem estruturado e organizado, ficaram mais tranquilos e passaram a me dar a maior força. Eu falo com eles todos os dias pela internet ou por telefone.

— Mas você já terminou seus estudos?

— Sim, sou engenheiro civil, mas por enquanto prefiro me dedicar a este trabalho. Aprendo muito sobre a vida, o valor da vida. Tanto que estou pensando em fazer medicina.

— Você não pretende parar nunca?

— Lógico que sim. Tenho uma namorada em Detroit. Pretendo me casar, constituir família, ter filhos, mas ainda é cedo. Quero dar minha contribuição humanitária ao mundo antes de desfrutar das coisas boas que a vida pode me proporcionar.

Afrânio estava admirado com a consistência do pensamento daquele jovem.

— Muito bem, amigo. Como dizem vocês: legal!

— Obrigado! Agora, me desculpe por interrompê-lo, mas o senhor está falando muito. Precisa descansar e se recuperar logo para voltar ao Brasil. Suas "férias" aqui acabaram.

O rosto de Afrânio iluminou-se:

— Ah, que bom ouvir isso! Nunca pensei que teria tanta alegria em interromper minhas "férias"! Quando e como pretendem me despachar de volta ao Brasil?

— Tão logo esteja em condições de viajar. O senhor inicialmente será levado até o aeroporto de Birmingham e de lá irá para Washington. O trecho seguinte já será a cidade de São Paulo.

Afrânio não conteve a forte emoção ao saber que em breve estaria nos braços de sua família, em sua terra.

Mike, no entanto, trouxe-o de volta à realidade:

— Mas primeiro o senhor precisa se recuperar para aguentar a viagem de volta a seu país. Então, procure descansar e tome os remédios no horário certo. De vez em quando aquele casal de médicos passará por aqui para avaliar seu estado. A palavra final sobre seu regresso caberá a eles. O senhor só poderá viajar depois que assinarem sua alta.

Afrânio segurou Mike pelo braço:

— Mike, eu quero anotar seu telefone e seu endereço. Quero lhe agradecer de alguma maneira.

— Nem pense em agradecimentos, senhor. Não fiz mais que meu dever de cristão. Eu lhe darei meu número de celular para que o senhor possa me ligar quando desejar e meu endereço de e-mail para que possa me escrever, se assim preferir. Mas nem adianta lhe dar o endereço de minha

159

residência. Estou sempre me movimentando. Nunca saberei dizer onde estarei nas semanas seguintes.

Afrânio apertou a mão do rapaz com a força que lhe restava e beijou-a agradecido, em um gesto que nunca praticara em sua vida com pessoa nenhuma.

Delicadamente, Mike recolheu a mão, desconcertado diante daquele gesto inesperado vindo de uma pessoa que ele considerava tão importante e com mais idade que ele:

— Que é isso, senhor? Isso não é necessário. Aliás, eu estava lembrando agora que também não sei o seu nome.

Afrânio precisou fazer algum esforço para falar. Todo o corpo lhe doía horrivelmente:

— Afrânio. Meu nome é Afrânio Castro. Antes de voltar ao Brasil, vou lhe deixar meu cartão de visitas. Lá, tem meu endereço, telefones e e-mail. Quando você for a São Paulo, não deixe de me procurar. Você ficará hospedado em minha casa. Nessa ocasião, providenciarei para que você faça um tour pelo Brasil.

— Conhecer o Brasil? Oba! — exclamou Mike, imitando o tradicional gesto da Carmem Miranda quando dançava, sacudindo as mãos sobre a cabeça, enfeitada pelo vistoso turbante de frutas tropicais. — Carnaval! Futebol!

Afrânio tentou sorrir, mas de novo as dores lhe alertaram de que ainda não podia se dar a esse luxo.

O casal dos Médicos Sem Fronteiras aproximou-se, e Afrânio tratou de aquietar-se, mas ficou olhando para os doutores com uma expressão maravilhada no olhar e um largo sorriso, mesmo sabendo que eles jamais compreenderiam tais manifestações estampadas em seu semblante.

Capítulo 18

Não só pela idade de Afrânio, mas também — e principalmente — pelo cargo que ele ocupava no banco — cujo Conselho de Administração mantinha estreita ligação com membros da embaixada e do governo americano —, as autoridades federais autorizaram e facilitaram o retorno imediato do patriarca da família Castro ao Brasil, tomando todas as cautelas necessárias com relação a seu estado de saúde.

Aquela decisão provocara um grande alívio em Afrânio. Ele não conseguia esquecer que, quando finalmente fora retirado dos escombros e pudera ver o que restara da cidade, se chocara com o que vira: Tuscaloosa ficara simplesmente arrasada e devastada pelo tornado. Tudo o que antes fora casas, prédios, edifícios, escolas e hospitais se transformara em escombros. Uma tragédia. Os moradores que sobreviveram ao desastre precisariam de muita fé em Deus, muita força e coragem para reerguer a comunidade, e de apoio financeiro das autoridades.

Dias depois, Afrânio ficou sabendo em detalhes de toda a extensão da tragédia através dos jornais. Fora, de fato, um milagre ter escapado com vida daquele desastre. Novamente lamentou não saber uma única oração. Nesse sentido, estava em débito com seus protetores espirituais, em cuja existência sua esposa acreditava.

Afrânio recostou-se na poltrona do avião que o levava de volta para casa e, embora ainda sentisse intensas dores pelo corpo, entregou-se a um imenso sentimento de gratidão a Deus ou a quem quer que ele devesse agradecer por estar vivo e a caminho de rever sua família.

Graças àquele milagre, alguns dias depois de ter sido retirado dos escombros, Afrânio já tinha dispensado o uso da cadeira de rodas para se locomover. Usava agora apenas uma bengala para manter o precário equilíbrio. Além do mais, apresentava algumas escoriações pelo corpo e alguns ferimentos no rosto e na cabeça protegidos por curativos.

Apesar da idade e embora sedentário, Afrânio mantinha uma rígida disciplina alimentar e um estilo de vida equilibrado, o que contribuiu em muito para sua rápida recuperação.

Em seus pensamentos de agradecimento, Afrânio não esquecia a figura sorridente e sardenta do jovem Mike Ferguson, seu salvador na Terra. Sempre sorria ao lembrar-se da figura simples e ao mesmo tempo forte daquele rapaz. E foi com esse sorriso que adormeceu.

Felizmente, os sedativos fizeram-no permanecer adormecido durante quase toda a viagem e assim ele não viu o tempo passar.

Afrânio foi delicadamente despertado pela comissária de bordo quando aterrissaram em São Paulo. Devido a seu estado de saúde, teve prioridade para desembarcar.

Sentia uma ansiedade quase insuportável de rever a família. Além da bengala, uma comissária ajudou-o gentilmente a descer a escada que o conduziria ao solo e o acomodou em uma cadeira de rodas que o levaria ao saguão do aeroporto, onde certamente sua família o estaria esperando.

Um funcionário da companhia aérea encarregou-se de pegar a mala de Afrânio — no Alabama, tivera que comprar várias peças de roupa e um par de sapatos para substituir tudo que lhe fora levado pelo tornado — e ajudou-o a passar pela imigração. Devido ao seu estado de saúde, Afrânio teve prioridade no atendimento e assim pôde livrar-se rapidamente das obrigações alfandegárias de praxe. Só então ele seguiu para a saída.

Ao aproximar-se da saída, Afrânio avistou Lucila de longe. Seus olhos fixaram-se na direção da figura bela e vistosa de sua esposa. Ela sorria e chorava, estendendo-lhe os braços. Na medida em que as dores lhe permitiam, ele apressou-se para chegar logo até ela e abraçá-la.

Foi um abraço longo e comovido. Ambos choravam pelo risco que haviam corrido da perda iminente. Deixaram-se ficar por um longo tempo abraçados, chorando e acariciando-se — ela, com muito cuidado para não machucá-lo.

Já refeito da emoção do reencontro, Afrânio olhou em volta:

— E os meninos? Onde estão as crianças?

Lucila pareceu desconcertada diante da pergunta e respondeu sem mostrar muita convicção:

— Eles bem que queriam vir, mas já tinham compromissos. Tentaram cancelá-los, mas não foi possível...

Afrânio sentiu uma pontada no coração e uma forte angústia invadir seu peito. Ele imaginava por que Ricardo e Larissa não tinham ido buscá-lo no aeroporto e — agora sabia e admitia — não podia culpá-los por isso. Fingiu então que acreditou na desculpa da esposa e pediu-lhe:

— Vamos para casa, querida. Estou morrendo de saudades do nosso cantinho seguro e aconchegante.

Devagar, com muito cuidado, encaminharam-se para o estacionamento.

Além da esposa, seu velho e fiel motorista aguardava-o e parecia sinceramente contente em rever Afrânio.

À medida que o carro percorria a Avenida Marginal e atravessava as ruas de São Paulo, Afrânio comovia-se. Ele sabia que correra um grande risco de nunca mais rever todas aquelas cenas que amava tanto.

Lucila percebeu que seu marido estava emocionado e apertou sua mão com força. Ele olhou-a comovido e falou-lhe com muita sinceridade:

— Você não é capaz de imaginar como essa viagem, apesar de todos os riscos envolvidos, foi importante para mim, Lucila. Aprendi algumas lições muito valiosas — disse com a voz embargada. — Foi uma aula dura, difícil, sofrida e que me fez sentir muito medo de perder você e os meninos. Mas a lição foi útil. Certamente terei que rever alguns conceitos e procedimentos. Agora sou humilde o suficiente para admitir que errei com muita gente, sobretudo com minha família, e estou disposto a rever e corrigir esses erros se ainda houver tempo.

Enquanto ouvia as palavras do marido, Lucila interiormente agradecia a Deus e aos espíritos amigos e recordava-se das palavras de Antero: "A solução já está a caminho. Não vai ser fácil, mas o assunto será solucionado".

Deus ouvira suas preces. Tudo indicava que, finalmente, Afrânio tinha despertado para a espiritualidade e estava dando início a um processo de mudanças e evolução.

— Fico feliz em ouvir isso, querido. Você estava sofrendo e fazendo outras pessoas sofrerem também.

— Como você e nossos filhos, por exemplo — completou Afrânio.

— Não podemos nos esquecer do Léo... — lembrou-se Lucila, delicadamente.

Afrânio balançou a cabeça, consternado:

— Coitado do Léo. Foi vítima da minha ignorância e da minha miopia espiritual. Preciso conversar com ele o quanto antes e desculpar-me.

— Recomendo que, primeiramente, você converse com seus filhos. Larissa e Ricardo precisam de uma orientação. Eles ficaram muito abalados com o que aconteceu antes de você viajar.

— E a respeito dessa quase tragédia que aconteceu comigo, o que eles disseram?

— Claro que eles ficaram e ainda estão preocupados com você, Afrânio. Larissa e Ricardo ficaram muito aliviados ao saberem que você está bem.

Afrânio não ficou satisfeito com aquela resposta. Ele sabia que, por mais que estivessem aliviados — já que nada de mais grave acontecera com o pai —, seus filhos ainda deviam estar ressentidos. Ele entendia a situação e o sentimento de Larissa e Ricardo, mas teria gostado muito de tê-los visto no aeroporto, esperando-o.

Ao entrar em casa amparado por Lucila, Afrânio não pôde conter uma nova crise de emoção. Enquanto esteve quase soterrado pelos escombros no Alabama, ele chegou a pensar várias vezes que jamais voltaria a rever aquela casa e a família. E, no entanto, Deus fora generoso com Afrânio e ele pudera estar ali novamente.

Sentou-se no velho sofá onde tantas vezes assistira a noticiários da TV e deixou-se curtir o momento. Lucila foi buscar um suco para o marido e depois se acomodou ao lado dele.

Ela ficou surpresa quando o ouviu perguntar-lhe:

— Quando será sua próxima sessão no centro espírita?

— Amanhã à noite. Por quê? — ela fez o possível para dar um tom de naturalidade à sua pergunta, mas seu coração batia acelerado, torcendo para que ele estivesse querendo acompanhá-la à reunião.

Afrânio respondeu olhando fixamente para a esposa, como que para transmitir-lhe credibilidade na afirmação:

— Porque pretendo acompanhá-la.

Lucila ficou mais surpresa ainda! Tantas vezes insistira para que Afrânio fosse até o centro e nunca conseguira convencê-lo, e agora era ele quem pedia para ir. Só mesmo uma intervenção divina faria isso acontecer.

Ele depositou o copo com suco sobre a mesinha e segurou as mãos da esposa:

— Sabe, querida, durante o tempo em que estive aprisionado entre pedregulhos e ferros retorcidos, muitas coisas passaram por minha mente. Percebi o quanto a vida é efêmera, o quanto é sem sentido esse apego que eu tinha aos valores materiais, a cargos e bens, sem dar a menor importância às coisas do coração e do espírito. Sabe, envergonho-me até de dizer: foi lá, naquela situação angustiante, já quase sem esperanças de sair daquele lugar vivo, que descobri... — e baixou a cabeça envergonhado — que não sei rezar. Não sei proferir uma prece sequer, você acredita? Eu queria pedir a Deus que me ajudasse a sair dali e não sabia como fazê-lo!

Emocionada, Lucila acariciou o rosto do marido:

— A respeito de como podemos nos comunicar com Deus, deixe-me repetir o que disse Léon Denis, um grande estudioso e divulgador do espiritismo: "Não procures Deus nos templos de pedra e de mármore, ó homem que o queres conhecer, e sim no templo eterno da Natureza, no espetáculo dos mundos a percorrer o Infinito, nos esplendores da vida que se expande em sua superfície, na vista dos horizontes variados: planícies, vales, montanhas e mares que a tua morada terrestre te oferece".

Vendo que a citação havia tocado fundo no coração do marido, Lucila continuou:

— Você pode aprender muitas preces, mas é preciso primeiro saber como e onde encontrar Deus para procurá-Lo. De qualquer forma, esteja certo de que Ele o ouviu. Ele e nossos protetores espirituais. Há muitas maneiras de falar com eles.

Muitas vezes nossas intenções já são uma prece. Para entrarmos em contato com Deus, não precisamos usar palavras decoradas. Simplesmente, basta deixarmos o coração se expressar, fazermos os pedidos com fé e os agradecimentos que queremos. Ele nos ouve e nos entende. E a prova disso é que você está aqui, vivinho da silva. E inteiro.

— É verdade. Mas eu penso que seria mais justo eu procurar compreender como essas coisas funcionam. Por isso, amanhã vou com você. Vou começar do começo, do bê-á-bá. Não entendo nada desse assunto e quero aprender tudo o que for possível. Ainda tenho muitas dúvidas a respeito.

— Não se preocupe, querido. Nossos amigos espirituais estão habituados a lidar com dúvidas e descrenças. Eles são tolerantes e muito pacientes.

Capítulo 19

Já era noite quando Larissa chegou em casa.

Ao ver o pai sentado no sofá da sala, a jovem não teve aquela explosão de alegria que Afrânio esperava. Ela ficou algum tempo parada à porta olhando para o pai e depois, forçando um sorriso, disse apenas:

— Oi, pai, que bom que está de volta — Larissa aproximou-se de Afrânio e inclinou-se para beijar-lhe a face. — Você está bem? — a pergunta parecia mais uma formalidade do que uma preocupação genuína.

— Estou bem, filha. Passei por maus bocados, mas tive muita sorte. O que aconteceu lá foi uma tragédia impressionante. Muitas pessoas morreram e muitas outras perderam suas casas e seus bens. É um verdadeiro milagre eu estar aqui.

Quando Larissa voltou a falar, sua voz continuava sem vibração:

— Ainda bem, pai — e mudando o tom: — Bom, preciso tomar um banho e me trocar. Tenho um compromisso hoje à noite — e subiu correndo as escadas em direção a seu quarto.

Lucila assistiu à cena calada, embora não pudesse evitar o constrangimento da situação. Como esposa, entendia bem a frustração do marido, que esperava mais carinho da filha. Mas, como mãe, compreendia os sentimentos de Larissa, que ainda estava magoada por conta dos acontecimentos que envolveram seu namorado.

Afrânio controlou-se para não perguntar a Larissa que compromisso era aquele ao qual se referira, como teria feito no passado. Achou até que fora uma provocação da filha. Mas, sendo provocação ou não, ele deixou aquele episódio passar em branco. Naquele momento, estava preocupado com outra coisa:

— Lucila — ele só a chamava pelo nome quando ia tratar de um assunto muito sério —, terá sido impressão minha ou senti realmente um hálito de bebida alcoólica vindo de nossa filha quando ela me beijou?

Lucila balançou lentamente a cabeça em um gesto afirmativo:

— Este é um dos problemas sobre os quais precisamos conversar, Afrânio. Desde a demissão do Léo, tenho notado que Larissa começou a beber exageradamente. No início, ela tomava apenas chope, mas parece que agora já passou para caipirinha, uísque, conhaque, vodca, essas coisas. Não sei, não entendo de bebidas.

— Se não estou enganado, o hálito não era de chope. Mas a essa hora? Onde será que ela estava?

— Deduzo que ela deveria estar no trabalho. Mas deve ter passado em algum outro lugar depois do expediente — fez uma pausa e soltou um longo suspiro. — Isto é, se é que ela foi trabalhar.

Afrânio estava com uma expressão espantada e preocupada ao mesmo tempo:

— Preciso falar com ela sobre esses problemas.

— Acho que não deve fazer isso agora, Afrânio. Ou, se fizer, será preciso tomar muito cuidado. Ela ainda está bastante ressentida com você, pois o Léo ainda não conseguiu outro emprego.

O casal ficou um instante em silêncio, meditando sobre o assunto. Depois Afrânio quis saber:

— E o Ricardo, como está?

— Aparentemente está bem. Ele me liga todo dia. Deve aparecer por aqui mais tarde. A essa hora ainda deve estar no trabalho.

Afrânio teve um instante de profunda preocupação. Cobriu os olhos com uma das mãos e balançou a cabeça de um lado para o outro:

— Deus, o que eu fiz com a nossa família?

Lucila abraçou-o carinhosamente:

— Tenha calma, querido. Não adianta ficar se punindo. A vida é feita de escolhas e você fez algumas indevidas. Os espíritos nos ensinam que devemos aprender a perdoar e que devemos começar esse processo perdoando a nós mesmos. Ninguém é perfeito e estamos nesta vida para evoluir. Portanto, não seja tão severo consigo mesmo. Além disso, você não fez nada que não possa ser remediado. Tudo o que precisamos é ter bastante paciência e fé.

— Sim, mas precisamos fazer alguma coisa com Larissa antes que ela se torne uma alcoólatra. Porque, se isso acontecer, as coisas serão muito mais difíceis de serem corrigidas.

— Tenho certeza de que os nossos protetores espirituais não permitirão que isso aconteça. Amanhã faremos preces nesse sentido, com a ajuda do nosso grupo de apoio.

Logo depois Ricardo chegou.

Ao ver o pai, o rapaz mostrou-se mais simpático do que a irmã. Não chegou a demonstrar de maneira especial algum carinho ou afeto, mas expressou mais interesse e preocupação com o estado de saúde do pai do que sua irmã o fizera. Perguntou-lhe como ele estava se sentindo, se os machucados estavam doendo, coisas assim.

— Acompanhei todo o noticiário a respeito do que aconteceu no Alabama. A coisa lá foi feia mesmo. O senhor teve muita sorte em escapar com vida e sem maiores sequelas.

Afrânio lembrou-se da figura simpática do Mike:

— Vocês não vão acreditar. Devo minha vida a um jovem voluntário americano de Detroit chamado Mike, na verdade Michael Ferguson. Voluntário como Patrícia. Salvou a minha vida como minha filha deve ter salvo a de muita gente no Rio — e Afrânio começou a chorar baixinho.

Ricardo pôs a mão no ombro do pai, mas nada disse. Apenas ficou olhando para a mãe. Os dois trocaram mensagens com o olhar, diante da ironia de Afrânio ter sido salvo por um voluntário, logo ele que tanto combatera a escolha de Patrícia de se tornar uma voluntária.

— Eu preciso enviar algum dinheiro para aquele rapaz. Ele pôs em risco a própria vida para salvar a minha, a vida de um sujeito que ele nem conhecia.

Ricardo acalmou o pai:

— Não precisa mandar dinheiro, pai. Os voluntários não trabalham por dinheiro, mas por amor a uma causa, por solidariedade, por generosidade. Mostre-se amigo dele, por telefone ou e-mail, demonstre sua gratidão e seu reconhecimento ao rapaz, e isso já será suficiente, tenho certeza. Sei disso porque tenho muitos amigos e amigas que atuam como voluntários e eles já expressaram esse pensamento. Alguns ficam até ofendidos quando alguém lhes oferece dinheiro como sinal de gratidão, como se fosse um pagamento por um serviço prestado.

Afrânio não conseguia conter sua emoção, mas não parava de falar:

— Mike conhecia os Médicos Sem Fronteiras e falou muito bem a respeito do projeto. Aliás, eles estavam lá na enfermaria. Inclusive, foi um casal da equipe deles que me prestou os primeiros tratamentos, que fez os primeiros curativos em mim ainda em uma tenda improvisada. Viram quanta coincidência?

Novamente Ricardo e Lucila se entreolharam. Lembraram-se de que Afrânio também fora contra o engajamento de Eduardo naquele grupo de médicos humanitários. Como o Universo tece com tamanha perfeição as teias da nossa vida!

Uma coisa era incontestável: aquela viagem, embora penosa e perigosa, proporcionara muitos ensinamentos àquele importante e poderoso diretor financeiro de banco.

Em seu quarto, sentada na cama e recostada na cabeceira, Larissa pensava a respeito dos seus sentimentos em relação ao pai.

Estava contente com o fato de o pai não ter morrido no tornado que atingira o Alabama, mas ela própria achava que, ao reencontrá-lo, sentiria um grande alívio e uma imensa alegria por tê-lo de volta com saúde. Mas, para sua surpresa, não foi isso que Larissa sentiu — ela nem saberia explicar que sensações experimentou ao ver o pai.

Ainda estava muito ressentida com Afrânio, mas não apenas pelo ato insano de ter despedido Léo. O ressentimento que Larissa nutria pelo pai era fruto de muitas mágoas acumuladas ao longo dos anos, como o ressentimento pela preferência do patriarca por determinados filhos em detrimento dos outros. Isso sempre incomodou muito a jovem, fazendo-a sentir-se rejeitada várias vezes. Primeiro foi o Eduardo, filho brilhante, médico. Depois foi a Patrícia, a sucessora no coração de Afrânio depois que Eduardo decidira fazer parte dos Médicos Sem Fronteiras.

Às vezes, Larissa e Ricardo sentiam-se como o Patinho Feio da história infantil. Nunca havia tempo para eles — só quando era para chamar-lhes a atenção ou repreendê-los.

Nenhuma palavra de carinho, nenhum gesto de ternura, nenhum reconhecimento pelos méritos nos estudos, no trabalho ou no comportamento correto de ambos.

E tudo ficou muito pior depois da morte de Patrícia, pois Afrânio passou a tratar todos como culpados do ocorrido. Desde então, ele passou a ficar calado e fechado em si mesmo e tornou-se seco e até mesmo rude ao se dirigir à família. Tudo isso, que estava meio submerso no coração da jovem, veio à tona com o caso da demissão de Léo. Foi como se tivesse acumulado uma montanha de ressentimentos e, com a demissão injusta do namorado, uma explosão aconteceu. Diante de tudo isso, o que ela poderia sentir agora em relação ao pai?

Larissa começou, então, a procurar um pouco de consolo na bebida. Sabia que seu pai morreria de raiva e desgosto se soubesse que ela estava bebendo e talvez por isso ela até estivesse agindo daquela maneira de propósito, para vingar-se ou para tentar irritá-lo, desafiá-lo.

Na verdade, ela não sabia nem se importava com os motivos pelos quais se embriagava. Sabia apenas que o álcool aliviava suas tensões, suas mágoas, suas angústias e a fazia ver o mundo de uma forma mais cor-de-rosa. E isso lhe bastava. Não pensava nem um pouco nos males desse hábito.

Léo, por sua vez, não estava gostando nem um pouco daquela história. Várias vezes, nos últimos dias, eles haviam discutido por causa da bebida.

Enquanto se tratava de um a dois copos de chope, Léo não se importava, até porque ele também consumia a mesma quantidade de bebida. Mas quando a jovem começou a escolher bebidas mais fortes e a tomá-las em doses muito além das socialmente aceitas, o rapaz passou a mostrar-se bravo e preocupado.

Em uma das discussões, Léo disse a Larissa que não usasse o pretexto do seu desemprego para exagerar na bebida. Ela apenas sorriu e continuou a beber, esquecendo-se da moderação.

Larissa não sabia que, ao seu lado, o espírito perturbado de uma mulher permanentemente a acompanhava e a incentivava a beber daquela forma exagerada, com a intenção de, gradualmente, encaminhá-la para o mundo das drogas. Tratava-se do espírito de Lídia, a ex-funcionária de seu pai, que fora flagrada planejando uma fraude de grandes proporções, descoberta a tempo por Afrânio.

Tomada de ira e ainda sob a ameaça de ser processada e presa, a mulher tivera um infarto e morrera na hora. Quando percebeu que Larissa estava fragilizada pela situação familiar, o espírito doente de Lídia, obcecado pelo desejo de desforra, decidiu aproximar-se da jovem com sua energia negativa e usá-la como meio de sua vingança. Por meio da filha, atingiria o pai — esse era o plano.

Na manhã seguinte, Afrânio lembrou-se de enviar um e-mail para Mike Ferguson, seu jovem salvador do Alabama. Procurou e encontrou o pequeno pedaço de papel onde anotara o endereço eletrônico do rapaz.

Afrânio sentou-se à frente do seu computador e mandou uma mensagem em inglês ao rapaz:

Estimado Mike,

Passados alguns dias da nossa "aventura" (da qual já estou quase inteiramente recuperado, pelo menos fisicamente), venho desfrutando do aconchego e do carinho da minha família. No entanto, em nenhum momento esqueci que devo a você esta felicidade e, por que não dizer, a minha própria vida. Obrigado mais uma vez, caro amigo voluntário.

Meu convite continua de pé: vindo ao Brasil, não deixe de visitar São Paulo e, neste caso, conte com nossa hospitalidade. Será um prazer recebê-lo em nossa casa e acompanhá-lo em um passeio completo pela cidade.

Mande notícias suas. E mais uma vez receba minha gratidão renovada.

Do sempre amigo,
Afrânio.

Afrânio não tinha muita certeza de que Mike, ocupado do jeito que era, teria tempo para ler e responder ao seu e-mail. Talvez dali a uma ou duas semanas, quem sabe. No entanto, para sua grande surpresa, no final da tarde do mesmo dia, teve a satisfação de ver que chegara a resposta de Mike.

Leu-a com redobrada atenção:

Estimado senhor Afrânio,

Foi com muita satisfação que recebi sua mensagem.
Como já lhe disse pessoalmente, o senhor não tem nada do que agradecer. Não fiz mais do que cumprir com o papel que se espera de um voluntário naquelas circunstâncias.
O importante é que agora o senhor está com saúde e pode desfrutar da companhia dos seus familiares e amigos.
A propósito, fiquei muito feliz em conhecer sua filha Patrícia. De passagem rápida pelo Alabama, ela veio me visitar numa noite dessas, para conhecer o "herói" que tinha salvado a vida do seu pai, segundo suas próprias palavras.

Neste ponto, Afrânio parou de ler o e-mail para refazer-se do choque e releu o parágrafo para verificar se tinha entendido direito o que lera. Era aquilo mesmo, não havia engano! Mas, como podia ser?

Com o coração aos pulos, continuou a ler:

> *O senhor está de parabéns por ter uma filha tão simpática, comunicativa e, perdoe-me se estou sendo ousado, muito bonita. Conversamos bastante, ela me disse que está fazendo uma longa e maravilhosa viagem de desenvolvimento e ficou de aparecer, sempre que for possível. Infelizmente não a vi partir. Acho que, de tão cansado, devo ter cochilado durante nossa conversa, porque, quando me dei conta, ela já tinha ido embora. Acho que ela tinha algum compromisso e não pôde esperar que eu acordasse. Que deselegante eu fui! Espero voltar a vê-la qualquer dia desses, inclusive para desculpar-me.*
>
> *Aos poucos, o pessoal daqui está reconstruindo as cidades arrasadas pelo tornado. Sei que conseguirão.*
>
> *Receba um grande abraço do seu amigo voluntário, Mike.*

Afrânio mal conseguiu ler os últimos parágrafos, pois seus olhos estavam completamente embaçados pelas lágrimas. Tentou chamar sua esposa, mas sua voz, embargada pela emoção, não saía. Com muito custo, conseguiu finalmente chamar por Lucila.

Ela subiu correndo as escadas que conduziam ao andar do escritório de Afrânio e, ao vê-lo em prantos, correu em sua direção e envolveu-o em um abraço, intrigada e preocupada ao mesmo tempo.

— O que foi, querido? O que aconteceu? Você não está se sentindo bem?

Afrânio não conseguiu falar; apenas pôde, com o dedo trêmulo, apontar para o e-mail aberto na tela do seu computador.

Lucila debruçou-se para ler melhor o conteúdo do e-mail, e, à medida que se inteirava do assunto, a emoção ia tomando conta de si, levando-a também ao pranto. Era um misto de saudade e felicidade.

Afrânio levantou-se e abraçou longa e fortemente a esposa. O silêncio e as lágrimas falavam pelo casal e diziam tudo o que precisava ser dito naquele momento.

Capítulo 20

No final da tarde, Fred chegou em casa com um mau humor terrível, como poucas vezes tivera em sua vida. Não conseguira vender praticamente nada, e, ainda por cima, uma forte e inesperada chuva caíra, afastando os possíveis fregueses.

O rapaz jogou-se na cama, pensando no que iria fazer naquela noite. Estava muito cansado e talvez isso explicasse seu mau humor. Em poucos minutos, mergulhou em um sono profundo e, pela primeira vez desde a morte de sua mãe, sonhou com ela.

Ela olhava-o com severidade e, apontando-lhe acusadoramente o dedo indicador direito, repetia sem cessar:

— Você precisa me ajudar! Há muito tempo tenho aguardado uma oportunidade para colocar um plano em prática e ela finalmente apareceu. Preciso de sua ajuda. Você tem que me ajudar.

Fred não estava com medo, apenas confuso:

— Mas como é que eu posso ajudá-la? A senhora já morreu! O que quer que eu faça?

Ela mostrou-se reticente e misteriosa:

— Pare com tantas perguntas, menino! Apenas faça o que eu mandar, na hora que eu mandar — era dessa mesma maneira que sua mãe o tratava em vida.

— Mas eu não estou entendendo. O que eu devo fazer?

— Por enquanto, apenas aguarde. Se você continuar sendo o filho bonzinho e obediente que sempre foi, as coisas irão melhorar para você. Confie em sua mãe.

— Eu confio, mãe, mas eu preciso de maiores instruções.

A mulher ficou irritada com a insistência do filho:

— Já lhe disse que aguarde! Apenas aguarde! E não faça mais perguntas, antes que eu perca a cabeça com você!

Fred voltou a sentir o antigo medo da figura da mãe. Quando viva, ela expressava-se daquela maneira autoritária, o que o assustava:

— Está bem, mãe, não precisa ficar zangada. Eu vou ficar aguardando suas ordens.

Ela amaciou a voz:

— Isso, filho querido! É assim que eu gosto de vê-lo: obediente e submisso! Venha cá e dê um beijo na sua mãe! — e ela foi aproximando-se dele, com os braços estendidos.

Naquele momento, Fred teve a súbita consciência de que a mãe estava morta, e então um medo apavorante apossou-se dele, que tentou fugir daqueles braços, gritando desesperado:

— Não! Não me toque! Se afaste de mim! Você está morta! Vá embora! — e acordou com o coração disparado e o corpo molhado de suor, tremendo dos pés à cabeça.

Para seu tormento, aquele sonho repetiu-se ainda nas três noites seguintes. Ele já começava a sentir medo de dormir sozinho no pequeno quarto que ocupava.

Ricardo achou estranho quando, no dia seguinte, em pleno horário de trabalho, recebeu uma ligação de Léo. Demonstrando ansiedade na voz, o rapaz lhe pedia para encontrarem-se à noite em um dos barzinhos que frequentavam quando queriam jogar conversa fora.

Quando se encontraram mais tarde naquele dia, Ricardo achou que Léo estava mais agitado que de costume. Em geral, ele era uma pessoa alegre e tranquila, mas o modo como mexia nervosamente as mãos traía sua ansiedade e nervosismo.

Cumprimentaram-se e logo Ricardo puxou assunto:

— E aí, cara, o que está rolando?

— Não é brincadeira, meu irmão. Vou direto ao assunto: eu estou muito preocupado com a sua irmã.

Ricardo tentou descontrair um pouco a conversa:

— Entendi, cara. Você quer dizer que está muito preocupado com a sua namorada, não é?

— É, é isso mesmo.

— Bom, o que há de errado com ela, além da imensa bronca contra meu pai por ele ter demitido você?

— Olha, se você quer saber, eu já nem esquento mais com esse assunto. Já fiz várias entrevistas de emprego e tenho certeza de que, dentro de poucos dias, já terei um novo trabalho.

— Eu tenho certeza disso. Você é competente. Mas, ainda assim, sei que ela guarda uma grande mágoa de meu pai.

Léo olhava para a bebida no copo enquanto falava:

— Não sei se o que vou falar tem algo a ver com isso...

Ricardo começou a ficar preocupado:

— Qual é o problema?

Com o semblante muito sério, Léo começou a falar, fitando diretamente o amigo nos olhos:

— Ricardo, sua irmã anda bebendo muito...

Essa frase não foi suficiente para surpreender Ricardo. De certa forma até o deixou aliviado, pois o rapaz esperava algo mais chocante:

— Bebendo muito? O que é que você chama de "beber muito"?

— Bom, para começar ela trocou o chope por caipirinha e tequila.

Ricardo ficou surpreso:

— Uau!

— É. Pela vodca, pelo conhaque... essas coisas bem mais fortes que o chope.

Ainda assim, Ricardo mantinha a calma e o bom humor:

— Caramba! Essa não é a minha irmã.

— Pois esse é o problema, cara. E não estou falando de uma dose. Estou falando de encher a cara: três, quatro, até cinco doses dessas bebidas. Todo dia.

Ricardo começou a ficar assustado de verdade:

— Espera aí, você não pode estar falando sério.

— Infelizmente estou. Já não está dando nem mais para conversar ou passear com ela. Ela vive tropeçando, cambaleando. Imagine que, nesta semana, Larissa já vomitou duas vezes na rua!

A expressão de Ricardo era quase de pânico:

— Cara, isso é novidade para mim! E por que você não a impede de beber tanto assim?

— Agora vou te contar o segundo problema: ela não está bebendo essas coisas comigo. Você sabe que não bebo assim. Um ou dois copos de chope para mim são suficientes. Acontece que, quando ela vai ao meu apartamento, já chega nesse estado.

Ricardo estava intrigado:

— Ué, e com quem ela está bebendo?

— Esse é um terceiro problema: não faço a menor ideia. E eu fico muito preocupado com isso, porque, dependendo de quem seja a pessoa com quem ela esteja andando, Larissa pode até estar correndo perigo.

— Mas é claro que está! Com quem quer que ela esteja bebendo, com certeza amigo não é. Se fosse amigo não a deixaria ficar nesse estado deplorável. Larissa vai se tornar uma alcoólatra! Talvez esteja até dirigindo assim! Isso não pode continuar! Vou conversar com ela agora mesmo.

Ricardo fez menção de levantar-se, mas Léo o segurou:

— Calma. Ela não pode saber que fui eu que contei isso para você, senão a bronca vai virar contra mim. Você tem que inventar outra história. Por exemplo, dizer que a viu na rua tropeçando de bêbada, algo assim.

Ricardo estava inconformado com aquela novidade:

— Mas a Larissa... Eu não consigo acreditar! Meus pais ficariam loucos se soubessem...

Léo pegou as duas mãos do amigo:

— Eu estou desesperado, cara. Você sabe que amo sua irmã e planejo me casar com ela daqui a algum tempo.

— Eu sei, eu sei, velho. Precisamos conversar com minha irmã e tentar descobrir por que ela mudou de comportamento de maneira tão radical e, principalmente, quem a está incentivando a fazer tudo isso. Quando eu descobrir quem é, vou levar um papo muito sério com essa pessoa, seja lá quem for.

— Acho que, como irmão, você é a pessoa mais indicada para fazer isso.

— Concordo. Vou ver se consigo criar uma oportunidade para ter essa conversa com ela — e mudou de expressão como se, só naquele momento, tivesse caído em si quanto à gravidade da situação da irmã: — Nossa, cara, que notícia você está me dando!

Depois dos contatos iniciais que teve com sua mãe por meio de sonhos, Fred "ouviu" a primeira ordem dela quando estava sozinho em um barzinho, bebericando. Para seus padrões, naquele dia tivera um bom faturamento na venda de CDs e DVDs piratas. Satisfeito por isso, decidira chegar cedo em casa, ajudar um pouco no armazém, e depois se recompensar por meio da bebida. Como não tinha namorada nem amigos, decidira tomar umas cervejas. Algo o guiara para aquele barzinho que ele nunca frequentara.

Fred sentou-se, pediu uma cerveja bem gelada e ficou a pensar na vida ociosa que levava. Achava-a uma droga, mas não via opções para mudanças. Foi nesse momento que o rapaz sentiu a presença invisível do espírito de Lídia, sua mãe.

A "ordem" daquele espírito perturbado chegou-lhe à mente de repente e de uma forma muito intensa. Fred nunca sentira coisa parecida, por isso chegou a pensar que aquilo devia ser algo relacionado aos sonhos recentes que tivera com a mãe.

A voz continuava a dizer-lhe coisas. Havia uma espécie de conexão nesse processo: era como se Fred estivesse pensando na mãe e ela, por meio daquele pensamento, estivesse lhe dando ordens. Ele não a via, apenas a "ouvia". E aquela voz dizia:

— Meu garoto! Por que você está aí, bebendo sozinho? Um rapagão tão bonito, tão inteligente... Não faz nenhum sentido ficar aí, bebendo sozinho.

Ao mesmo tempo em que "ouvia" aqueles comentários, Fred também os respondia em pensamento, tendo o bom senso de considerar que, se falasse em voz alta, as pessoas à sua volta achariam estranho seu comportamento. E foi assim que se estabeleceu aquele estranho diálogo na mente do rapaz:

— Prefiro ficar sozinho. Não estou a fim de falar com ninguém. Também não quero sair com garota nenhuma. Estou sem saco para isso.

— Mas o que é isso, menino? Que rabugice é essa num garoto tão jovem e atraente como você? Deixe disso e trate de se movimentar, rapaz! Olhe ali, dê uma espiada naquela garota.

Sem que Fred quisesse, seu rosto fez um movimento lateral e voltou-se na direção uma mesa próxima à sua. Ali estava sentada uma linda jovem, que também bebericava sozinha, com o olhar perdido no espaço. Era Larissa.

A voz continuava insidiosa na cabeça de Fred:

— E veja que ela também está sozinha. Deve estar muito carente, coitadinha. Por que não vai até lá e a convida para beber com você? Seria um gesto elegante e generoso de sua parte, que ela certamente apreciaria.

— Já disse que não estou a fim da companhia de ninguém. Quero mesmo é ficar sozinho.

A "voz" de Lídia, até então melosa e insinuante, de repente adquiriu um tom autoritário e passou a "gritar" na cabeça do filho:

— Moleque! Quem você pensa que é para me contrariar? Isto é uma ordem! Eu não estou lhe pedindo nada: eu estou mandando você abordar aquela garota! E logo!

Trêmulo e assustado, Fred teve a impressão de ter visto a figura de sua mãe, de pé ao seu lado, apontando o dedo na direção da moça:

— É aquela! Aquela ali! Eu quero que você vá abordá-la agora! Agorinha mesmo! E faça essa moça beber o máximo que conseguir! Quero vê-la bêbada, totalmente embriagada, caindo de quatro!

— Mas e depois? O que devo fazer com ela?

— Você é mais tolo do que eu pensava!

Fred lembrou-se de que era assim mesmo que sua falecida mãe costumava tratá-lo e sentiu-se fraquejar.

Ela então continuou:

— O que é que um jovem bonito e saudável faria com uma bela garota como aquela, totalmente bêbada e submissa? Ponha essa cabeça pra pensar, moleque! Ou ela está aí só para enfeitar o seu pescoço?

— Você... você está sugerindo um estupro?

A mãe deu uma gargalhada sinistra:

— E por que não?

— Mas, mãe, isso é crime! Eu posso ser preso por isso!

— E quem é que vai ficar sabendo disso, seu tonto? Depois que ela estiver fora do ar, leve-a para longe daqui! Ela tem carro! Pegue o carro dela e procure um lugar deserto e afastado.

Fred ainda resistia:

— Mas por que eu faria isso com ela? Eu nem a conheço!

— Tolo! Você já se esqueceu do que lhe falei no sonho? Você precisa confiar em mim, em sua mãe! Eu tenho um plano. E quando esse plano der certo, sua vida vai mudar para melhor, você vai ter muito dinheiro!

Aquele argumento foi muito mais eficaz que os "gritos" da mãe. De fato, ele estava saturado de levar uma vida de sacrifícios e necessidades. Um bom dinheiro viria a calhar.

— Vamos, mexa-se! O que está esperando? Vá até lá e conquiste-a, faça essa moça beber até cair!

Larissa fora espairecer naquele barzinho, habitualmente frequentado por jovens, e notara o rapaz. Era bonito, sem dúvida, mas ela não estava a fim de ouvir "cantadas". Por isso, evitou olhar na direção do jovem.

Em certo momento, Larissa espiou pelo canto dos olhos para ver se ele continuava ali. Notou que sim, só que agora estava acompanhado por uma mulher, que, curiosamente, apontava para ela. Larissa fingiu não ter percebido aquele gesto, mas ficou com a impressão de que conhecia aquela mulher. Puxando pela memória, achou que já a vira, tempos atrás, no banco onde seu pai trabalhava. Porém, não tinha certeza de conhecê-la e poderia estar confundindo-a com outra pessoa.

Enquanto conjecturava sobre aquela questão de cabeça baixa, não percebeu que o rapaz se aproximara e se sentara em sua mesa, à sua frente. A mulher sumira.

Sem cerimônia alguma, ele foi dizendo:

— Ei, garota, tenho certeza de que nos conhecemos de algum lugar!

Larissa olhou-o fingindo indiferença:

— Você quer saber quantas vezes fui paquerada dessa forma?

Fred não se desconcertou:

— A paquera pode ser igual, mas o paquerador é diferente de todos os outros.

Ela sorriu desafiadora:

— Duvido.

— Pois verá. Posso pedir algo mais forte para nós? Chope é coisa de adolescente.

Larissa achou que aquele rapaz tinha certo charme na maneira petulante como a abordava e decidiu divertir-se um pouco para relaxar. Ultimamente, seus dias tinham sido muito tensos:

— O que quer pedir?

— Que tal tequila?

— Nunca tomei.

— Então está decidido. Coisas novas, emoções diferentes. Quanto tempo nós temos? Ou você precisa ir para casa fazer o dever da escola?

— Tenho todo o tempo do mundo até a hora em que a conversa ficar chata.

— Ah, então temos toda a eternidade! Nunca sou chato.

"Esse carinha é mesmo inspirado...", pensou Larissa, sorrindo de forma involuntariamente insinuante.

Ela jamais poderia adivinhar de onde vinha aquela "inspiração". Por isso, deixou-se ficar ali batendo papo com o desconhecido, sem saber que o rapaz se tratava do filho da maior inimiga de seu pai.

Habitualmente, Larissa sabia afastar-se de paqueras indesejáveis — até porque amava seu namorado —, mas aquele rapaz tinha algo de perturbador, de atraente. Ela estava se sentindo carente e frágil diante dele. E, enquanto a conversa avançava, nem percebeu quando o jovem começou a servir-lhe uma sucessão de doses de tequila e depois caipirinha, mistura que Larissa habitualmente não fazia.

Em pouco tempo, a jovem começou a sentir-se tonta e a ver o salão rodar à sua volta. Com surpresa, percebeu que a estranha mulher, que avistara anteriormente, estava agora ao seu lado, sorrindo de forma sinistra.

A visão de Larissa começou a ficar borrada e o mundo passou a girar velozmente. Foi quando uma voz dentro de si lhe disse para sair correndo dali o quanto antes. Teve a impressão de reconhecer a voz de Patrícia, mas não tinha certeza. No entanto, não perdeu tempo pensando nisso; o apelo era firme e pedia urgência.

Para espanto de Fred, Larissa reuniu todas as suas energias e encontrou forças para levantar-se e caminhar em direção à saída. Quase correndo, tropeçando nas mesas e esbarrando nas pessoas, a moça correu em direção ao estacionamento.

Mesmo vendo que ela poderia cair a qualquer momento, Fred não fez nenhum gesto ou movimento para ajudá-la. Não havia mais sinal da mulher misteriosa ao seu lado.

O manobrista do estacionamento preocupou-se com o estado de embriaguez de Larissa:

— Moça, não se ofenda, mas a senhorita não quer que eu chame alguém para vir buscá-la? Você sabe, né, o pessoal da Lei Seca está por aí — ele encarou-a, tentando enviar-lhe o que pretendia ser um sorriso.

— Qual é a sua, cara? Não precisa se preocupar comigo. Eu estou bem. Só tomei uns traguinhos a mais.

Era evidente que Larissa tomara muitos traguinhos a mais e, se passasse por uma "blitz", ela certamente seria parada e impedida de continuar dirigindo. O manobrista insistiu:

— A senhorita mora aqui perto?

— Sou quase vizinha, cara! Minha casa fica só a alguns quarteirões daqui.

— Neste caso, a senhorita permite que eu dirija seu carro? Posso levá-la à sua casa?

Um lampejo de lucidez brilhou na mente da moça, que cambaleou e sorriu:

— Uau! Este barzinho oferece um serviço de primeira, hein? Tá bom, já que você insiste... — e, com a mão sem firmeza, passou as chaves do carro para o manobrista.

Enquanto cruzavam as ruas da cidade, Larissa tentava pensar no ocorrido daquela noite. Mesmo com a mente embotada pelo álcool, ela não entendia como se deixara levar tão facilmente por um desconhecido. E se a intenção daquele jovem fosse a de embriagá-la para depois assaltá-la ou molestá-la sexualmente? Estivera totalmente indefesa.

Larissa já estava quase dormindo quando o manobrista a deixou em frente à sua casa. Antes de o rapaz saltar do carro, ela lembrou-se de perguntar:

— E como é que você vai voltar para o trabalho, cara?

— Não se preocupe, moça. Vou pedir a um colega para vir me buscar. Se ele não puder, vou a pé mesmo ou pego um táxi. Eu me viro. O importante é que a senhorita está em casa, inteirinha.

— Amigo, você foi muito legal. Amanhã passo por lá pra te dar uma gorjeta, falou?

— Não se preocupe com isso, dona. Boa noite e durma bem — e afastou-se.

Larissa saltou do carro e, ao tentar dar o primeiro passo, tropeçou e descobriu que não conseguiria chegar até seu quarto sem causar um alvoroço na casa, pois seus pais certamente ainda estariam acordados àquela hora.

Cambaleando, preferiu voltar para o carro. Esperaria a bebedeira melhorar, nem que precisasse passar a noite ali.

Capítulo 21

A oportunidade que Ricardo esperava surgiu muito antes do tempo previsto. Com o pretexto de visitar novamente o pai, que continuava ferido e, por isso, estava de licença, Ricardo foi à sua antiga casa naquela manhã. Levantou-se bem cedo e decidiu tomar o café da manhã com os pais. Queria aproveitar o momento para tentar conversar com Lucila e Afrânio sobre Larissa.

Enquanto estacionava o carro, reconheceu o automóvel de Larissa, com o motor ligado e as lanternas acesas, parado no gramado da residência. Achando aquilo bem estranho, trancou seu veículo e foi verificar o que estava acontecendo. Os vidros das janelas estavam levantados e, como eram escuros devido à película de proteção solar, Ricardo não podia ver seu interior. No entanto, ao aproximar-se um pouco mais do automóvel, pôde avistar um vulto e imaginou que fosse Larissa. O rapaz, então, bateu no vidro da janela do lado do motorista e aguardou.

Depois de algum tempo, lentamente o vidro foi sendo baixado, e Ricardo pôde ver que sua irmã estava debruçada sobre o volante. Com esforço, ela levantou o rosto e ele pôde perceber que a jovem estava embriagada, com os olhos inchados e o rosto avermelhado.

— Fala, mano querido — ela disse com a voz pastosa e arrastada. O hálito forte de álcool confirmava seu estado de embriaguez.

Ricardo respondeu com ironia:

— Oi, mana! Resolveu trocar sua agradável cama pelo banco do carro? Não acha que isso é muita excentricidade?

Larissa torceu os lábios e fez um gesto vacilante e errático com uma das mãos:

— Não enche!

O rapaz enfiou o braço pela janela e desligou o motor do carro. Larissa ensaiou uma reação, mas já era tarde. Ele estava com as chaves na mão. A moça protestou melosamente:

— E aí, maninho? Veio tomar conta da caçulinha?

Ricardo não respondeu. Deu a volta no carro, entrou pela porta do carona e sentou-se ao lado da irmã. O cheiro de bebida alcoólica no automóvel era insuportável.

A jovem continuava tentando falar algo que fosse coerente:

— Maninho, ou o mundo está girando de uma maneira muito louca ou eu estou completamente bêbada. O que é que você acha?

Ricardo não teve como segurar o riso:

— Mas isso você nem precisava perguntar. Está na sua cara e no seu bafo. Horrível! Você está fedendo mais que gambá!

Ela soltou uma gargalhada espalhafatosa, que não era habitual.

— Numa boa, maninho, numa boa! Adoro a sua franqueza! Você é a única pessoa que não mente pra mim.

O rapaz parou de brincar e passou a falar sério, repreendendo-a:

— "Numa boa" o quê, Larissa? Agora vamos falar sério: o que é que você está fazendo com sua vida? Quer se matar ou matar alguém dirigindo neste estado? Qual é seu problema, garota?

Larissa soluçou forte e continuou com a voz pastosa:

— Problema? Eu não tenho problema nenhum, cara! Só estou curtindo a vida numa boa! E se você quer saber, eu não vim dirigindo. O manobrista do bar me trouxe.

— Ah, ainda bem que ainda há gente com juízo neste mundo!

Ela deu de ombros, em um gesto exagerado de indiferença:

— E qual seria o problema se eu tivesse vindo dirigindo? Já esqueceu que o nosso pai é rico? É diretor de banco, meu! Ele pagaria os prejuízos. Pagaria os advogados. Pagaria até pra polícia. E daí ficaria tudo numa boa, não iria acontecer nada.

Ricardo respondeu com irritação diante da irresponsabilidade da irmã:

— Advogado, polícia, prejuízo material até dá pra ele pagar. Mas e se você morrer ou matar alguém? Para recuperar vidas nosso pai não tem solução mágica, certo?

A jovem olhou-o assustada como se nunca tivesse pensado naquela hipótese e desandou a chorar.

Ele puxou-a para si e deixou que Larissa desabafasse durante um longo momento. Quando ela se acalmou, ele pegou seu queixo e a fez encará-lo:

— Larissa, você já pensou no quanto nossa mãe sofreria se a visse assim, nesse estado?

Larissa agarrou-se desesperada aos braços do irmão:

— Por favor, maninho, não conte para ela! Não quero que ela sofra por minha causa!

— Claro que não vou contar. Mas você tem que parar com isso, Larissa! O que é que está acontecendo com você?

Ela balançou a cabeça para os lados, confusa:

— Eu não sei, meu irmão, juro que não sei.

— Você nunca gostou de bebidas fortes. Quando sai comigo, bebe um ou dois copos de chope e só. Por que agora resolveu encher a cara com tequila, caipirinha, essas coisas?

A jovem respondeu impaciente:

— Eu não sei, já disse. Senti uma vontade incontrolável de beber e obedeci a uma ordem que veio de dentro de mim. Eu não sei por que obedeci, mas foi isso que aconteceu. Apenas isso.

— Você sabe que, se continuar assim, poderá até perder o Léo, não sabe? Ele está muito aborrecido por causa dessas bobagens que você anda aprontando.

Ela olhou-o tão séria quanto seu estado permitia:

— Ricardo, eu não posso perder o Léo! Eu o amo demais. E eu sei que ele também me ama.

— Por enquanto, né? Como é que ele vai continuar a amá-la se nem pode mais conversar ou sair com você, porque agora deu pra ficar bêbada?

— Não fale assim, maninho. Eu sei que estou errada! Mas, por favor, me ajude! Preciso de ajuda, não de bronca.

— Eu também amo você e quero ajudá-la. Não quero vê-la mais assim. Você precisa me prometer que não vai mais beber essas coisas. Depois de se tornar alcoólatra, você sabe qual é o próximo passo, não sabe?

Larissa entendeu o recado:

— Meu irmão, eu nunca experimentei uma droga em minha vida, se é isso que você quer saber. Pode acreditar em mim, maninho, eu sou careta, caretíssima.

— Eu acredito, mas você também nunca tinha experimentado bebidas fortes. A história dos viciados quase sempre começa assim. Um dia alguém chega e oferece maconha para experimentar. Depois a coisa vai piorando até lhe oferecerem cocaína, crack, heroína e por aí afora.

A moça desesperou-se só de imaginar aquela hipótese:

— Pare com isso, Ricardo! Eu não sou louca!

Ricardo tornou a forçá-la a olhar para ele, pegando-a pelo queixo e trazendo-o em sua direção:

191

— Larissa, preste bem atenção à pergunta que vou lhe fazer! Eu quero que você me diga uma coisa: quem está lhe oferecendo essas bebidas? Sei que não é o Léo. Quero que você me diga agora quem é o cara!

Ela tentou desviar o olhar, mas Ricardo manteve a mão firme no queixo da irmã, obrigando-a a encará-lo. Larissa hesitou antes de falar:

— Você não o conhece...

— De onde ele é? Como se chama? E de onde você o conhece?

Larissa voltou a hesitar. Parecia ter medo de revelar:

— Eu não sei. Estava de saco cheio, fui tomar um chope sozinha e ele apareceu.

— Apareceu assim, do nada?

— É, do nada. Eu estava numa mesinha do bar, numa boa, sozinha, quando o vi sentado em uma mesa próxima. Estava acompanhado de uma mulher esquisita, que se posicionou de pé, ao lado dele. Ela falou alguma coisa para o rapaz e depois apontou para mim. Ele, então, se levantou e veio em minha direção. Pode acreditar! Com a maior falta de cerimônia deste mundo, sentou-se à minha mesa. Ela não veio; ficou rindo à distância. Aliás, o rapaz parecia nem vê-la. Era uma mulher muito esquisita...

— Uma mulher esquisita? Como assim? Que mulher era essa?

— Não tenho certeza, mas na hora tive a impressão de que já a conhecia. Ela me lembrou uma mulher que, há muito tempo, eu vi no banco onde papai trabalha. Mas não tenho certeza se era mesmo essa mulher.

— E o que aconteceu depois?

— Ela ficou algum tempo observando o que o rapaz fazia e depois sumiu. Mas, àquela altura, o cara já estava sentado à minha mesa, jogando aquela velha história de "Ei, garota, tenho certeza de que nos conhecemos de algum lugar...".

Ricardo fez um gesto de falso desapontamento:

— Ai, quanta originalidade! Como é que você caiu num papo furado desses e ainda aceitou beber com um estranho, um sujeito que você nunca tinha visto na vida?

A jovem estava envergonhada e tentava justificar-se:

— Ele... ele disse que conhecia meu pai, falou que a mãe dele já tinha trabalhado no banco e foi então que percebi que eu estava certa quando achei que já a tinha visto. Mas depois ele disse que era órfão, então não entendi mais nada. Só sei que, durante essa conversa toda, quando me dei conta, ele já tinha pedido duas tequilas.

— E por que você não recusou a bebida?

— Eu tentei! Disse a ele que só tomava chope. Mas o cara começou a falar que chope era coisa de adolescente, que gente grande tomava bebidas mais fortes. Ele me ironizava e eu não sei o que me deu... mas a verdade é que fiquei acanhada de recusar a bebida. Logo eu, uma quase psicóloga, consegui cair numa conversa dessas... Eu devia estar fora de mim. Não sei onde encontrei forças para sair correndo dali, quando percebi que não estava passando bem.

Nem Ricardo nem sua irmã poderiam adivinhar que a passividade de Larissa era resultado da influência perversa do espírito de Lídia. E também nunca imaginariam que a salvação estava relacionada à intervenção de outro espírito, só que do bem: o espírito de Patrícia, que pedira a um mentor para ajudar a irmã, tendo em vista o perigo que a jovem estava correndo. Usando de sua energia positiva, o mentor fez Larissa fugir e desvencilhar-se daquela armadilha.

Ricardo estava muito irritado com a atitude da irmã diante daquele estranho. E, com a intenção de ajudá-la, manifestou claramente seu aborrecimento:

— Mas que papelão, Larissa! Cair na lábia babaca de um estranho! Só você mesmo! E depois se zanga quando a chamamos de caçulinha!

Larissa tentou reagir:

— Eu estava carente, lembra-se disso? Estava no fundo do poço. Eu não queria nem mais voltar para casa. Não sabia o que fazer. Nunca tinha ido sozinha a um bar.

Ricardo estava nervoso e impaciente demais para aceitar qualquer argumento de defesa da irmã. Ele não se conformava com a ingenuidade da jovem, principalmente por causa dos riscos que ela correra:

— Você continuou a ver esse sujeito?

Ela baixou a cabeça envergonhada e respondeu sem coragem de encarar o irmão:

— Enquanto eu me afastava da mesa correndo, ouvi quando ele gritou, me convidando para voltarmos a nos ver, no mesmo lugar.

A irritação de Ricardo estava à beira do incontrolável:

— Não me diga que você aceitou!

Envergonhada, a jovem baixou novamente a cabeça:

— Não fui, mas bem que tive vontade. Duas forças lutavam dentro de mim: uma queria que eu fosse, a outra me impedia de ir.

Por esse conflito interno de Larissa, percebia-se que os espíritos de Lídia e Patrícia enfrentaram-se novamente.

Ricardo não estava acreditando no que ouvia:

— Você ficou louca? Esqueceu que tem um namorado que quer se casar com você? O que Léo diria se soubesse desses encontros? Pois escute aqui, moça: você não vai mais ver esse sujeito! Se for, eu estarei junto. Quero ver se ele terá coragem de lhe oferecer essas porcarias na minha frente! E chega de papo! Vamos! Trate de se arrumar, de dar um jeito nessa aparência horrível! Você está precisando de um bom banho e de sono. Vamos lá.

A jovem retraiu-se:

— Não! Não posso entrar em casa assim...

— É claro que você não vai pra casa assim, sua boba! Não sou louco de deixar meus pais vê-la nesse estado. Vamos para a casa do Luciano. Quando você melhorar, eu a trago de volta. Se não melhorar logo, você dorme comigo hoje. Vamos para o meu carro depressa, antes que alguém nos veja ou que nossos pais apareçam aqui.

Durante o trajeto até a casa de Luciano, os dois irmãos não se falaram. Na verdade, Larissa estava quase dormindo. Ricardo precisou forçar uma conversação para que ela conseguisse chegar acordada ao apartamento.

Ao ver Ricardo e Larissa entrarem em casa, Luciano, como bom amigo, foi compreensivo e não fez perguntas.

Ricardo, ao avaliar o estado da irmã, concluiu que Larissa não teria condições de banhar-se sozinha. Deixou, então, que ela tomasse banho quando acordasse. Cuidadosamente, o rapaz deitou-a em sua cama, cobriu-a e voltou para a sala, onde Luciano o aguardava com uma expressão de curiosidade estampada na face.

O rapaz ficou muito assustado quando viu Ricardo sentar-se em uma das almofadas e começar a chorar. Acomodou-se ao lado do amigo, pôs uma das mãos sobre seus ombros e ficou calado, aguardando aquela crise emocional passar.

Minutos depois, o próprio Ricardo tomou a iniciativa de contar tudo ao amigo e pedir sua permissão para que, caso fosse necessário, Larissa pernoitasse ali.

— Mas é claro, Ricardo, não se preocupe com isso! Ela pode ficar aqui quantos dias quiser!

— Obrigado, amigo, mas é só por hoje. Se você não se importar, eu dormirei aqui na sala, sobre as almofadas.

— Eu tenho um colchonete guardado na área de serviço. É melhor você usá-lo para dormir ou então acordará com as costas em frangalhos. Você que sabe. Fique à vontade. Agora o apartamento é nosso, lembra-se? Aqui é também sua casa.

Ricardo bateu carinhosamente no joelho do amigo:

— Você é um amigão, sabia? Um amigo de verdade. Obrigado, cara.

Luciano sorriu:

— Amigo é pra essas coisas, certo?

Naquela noite, Fred não conseguiu pegar no sono. Revirava-se na cama de um lado para o outro, enquanto a voz de Lídia martelava sua mente, sem piedade, com gritos de repreensão e insultos:

— Fracote! Incompetente! Como é que você faz uma asneira daquelas? Deixou a menina escapar! Ela já tinha começado a misturar as bebidas e faltava muito pouco para perder a consciência! E justo nessa hora você a deixa escapar! Você é mesmo um trouxa, um palerma!

Fred odiava-se quando decepcionava a mãe:

— Mas, mãe, eu não podia prever que ela fugiria de repente! Ela foi muito rápida! Nós estávamos conversando e, de repente, a moça já estava na rua, correndo! Se eu fosse atrás dela, iria chamar a atenção de todo mundo! Poderiam até pensar que eu era um assaltante ou um tarado e poderiam me linchar! E depois vi que o manobrista a levou para casa...

— Pois então não deveria nem ter deixado ela se levantar da mesa, sua anta! Ela tinha que sair de lá amparada por você, que ainda ficaria com a imagem de bom moço, por ter ajudado a pobre coitada que havia exagerado na bebida.

— Desculpe, mãe. Prometo que, da próxima vez, não vou falhar.

Lídia estava muito irritada e implacável com o filho:

— Acho bom mesmo! Estou tentando ajudá-lo, tirá-lo dessa vida miserável, mas você não colabora. É muito mole!

— Desculpa, mãe, já disse que não vou falhar da próxima vez.

— Pois fique atento. A oportunidade de colocar meu plano em prática é agora. Não posso perder tempo! Assim que a menina marcar bobeira, eu o aviso para que possa abordá-la outra vez. Fique alerta! E trate de trabalhar direito desta vez, ouviu? Não vou perdoar um segundo fracasso seu! Se der mancada de novo, vou deixá-lo ir de vez para o fundo do poço!

    A madrugada de Fred foi povoada por imagens de sua mãe gritando e até batendo em seu rosto. Por diversas vezes acordou chorando, ensopado de suor.

Capítulo 22

Na mesma noite em que Larissa fora ao bar e conhecera Fred, Afrânio decidira, finalmente, acompanhar Lucila ao centro espírita.

Era a primeira vez que entrava em um ambiente como aquele. Talvez por isso, manteve-se observador, calado, sentindo-se deslocado. Não era o contexto ao qual estava acostumado, como o do banco, no qual tratava com executivos e empresários e tratava de assuntos como finanças, negócios, Bolsa de Valores, economia e coisas assim. Aquelas pessoas ali pareciam priorizar outros interesses, menos os materiais.

No entanto, Afrânio estava gostando de estar ali e sentia-se em paz. Diferente do ambiente corporativo, no centro não parecia haver rivais e competidores à espera de um erro do outro para obter vantagens ou mostrar-se mais competente.

O centro estava instalado em um enorme casarão. Era um imóvel antigo, mas muito bem conservado. Tinha dois amplos andares e inúmeros quartos. No passado, o local pertencera a um barão e agora o que se comentava em surdina era que aquele imóvel pertencia a um senador da República, que o doara à instituição. Fizera isso em gratidão a uma cura espiritual obtida por sua esposa, que, na época, padecia de uma grave enfermidade, considerada incurável pelos médicos.

Sabendo do preconceito ainda existente em certos meios em relação à doutrina espírita, o senador optara por manter-se no anonimato. Só os gestores do centro sabiam de quem se tratava, mas guardavam tal segredo a sete chaves.

Os cômodos do sobrado eram enormes e permitiam que os atendimentos e as reuniões fossem realizados com bastante conforto. Um dos salões, que no passado fora utilizado para recepções sociais, abrigava agora um auditório, onde eram ministrados cursos e palestras.

Vendo seu marido um tanto retraído, Lucila decidiu não forçar a situação. Apresentou-o a alguns amigos na esperança de que ele puxasse assunto e se enturmasse, mas seus esforços foram em vão.

Pela primeira vez, Lucila via Afrânio inseguro ou inibido. Apesar disso, ele aceitou tomar um passe de limpeza, assistiu atento à palestra da noite, mas não quis fazer parte do pequeno auditório do centro, que ficava diante da grande mesa onde eram realizados os trabalhos de comunicação com os desencarnados.

Lucila permaneceu no auditório, mas Afrânio preferiu sentar-se na silenciosa sala de espera, enquanto aguardava sua mulher. O patriarca da família Castro pegou um livro ao acaso e ficou folheando-o sem maior interesse. Depois de algum tempo, um senhor aproximou-se dele e puxou conversa.

Otoniel era um velho frequentador do centro, que começou a interessar-se pela doutrina ainda rapaz por influência dos seus pais, espíritas convictos. Durante anos, acompanhou-os nas reuniões, sessões, leituras e em cursos. Seu pai costumava dizer que ele se tornara um conhecedor da doutrina tão completo quanto ele próprio — o que enchia o filho de orgulho.

199

Ali também, Otoniel conheceu a mulher que viria a ser sua esposa. Não tiveram filhos, mas viveram juntos vinte anos de plena harmonia e felicidade.

Uma noite, enquanto ela dormia, Deus a chamou. Se não tivesse se tornado uma pessoa espiritualizada, Otoniel certamente teria entrado em profunda depressão e inconformismo, pois ela fora o único grande amor de sua vida.

Foi nas sessões de contato daquele centro que ele reencontrou a paz. Por meio dos seus irmãos médiuns, teve o merecimento de fazer diversos contatos com o espírito de sua amada e então pôde se acalmar, pois sabia que ela estava feliz e em evolução.

Depois disso, Otoniel ajudou muitos outros visitantes e frequentadores em situações semelhantes a reencontrarem a paz por meio da fé e do amor. Passou a ficar ali, na sala de espera, observando quem chegava e permanecendo por perto. Ele tornara-se um sensível conhecedor da alma humana e assim podia perceber quando alguém precisava de ajuda espiritual.

Foi o que sentiu assim que viu Afrânio chegar ao centro. Observou que ele folheava um livro, mas era perceptível que estava apenas ganhando tempo, pois não demonstrava nenhum interesse real na leitura, embora tentasse dar essa impressão a quem passasse por perto. A sensível percepção de Otoniel era infalível.

Assim, educadamente, ele aproximou-se de Afrânio e iniciou uma conversa.

— Desculpe, não quero interromper sua leitura, mas o irmão não quis participar da sessão de contatos?

Inicialmente desconfiado, Afrânio olhou o desconhecido, mas percebeu que ele tinha uma "boa cara", um semblante de pessoa tranquila e confiável. Os muitos anos dedicados ao banco, no qual fazia negociações e transações financeiras com clientes dos mais variados perfis e personalidades, deram-lhe a sensibilidade de distinguir as pessoas de boa índole das manipuladoras e mal-intencionadas. De qualquer forma, o sujeito pareceu-lhe "do bem".

Otoniel devia ter a mesma idade de Afrânio. Apenas sua calvície era um pouco mais acentuada e coberta por escassos cabelos grisalhos, que contrastavam com a pele morena do seu corpo. Afrânio fechou o livro que estivera folheando e voltou-se para o desconhecido:

— Não está interrompendo nada, amigo. Eu estava folheando este livro apenas para passar o tempo. Na verdade, é a primeira vez que venho aqui. Vim acompanhar minha esposa que está participando da sessão de contatos, como vocês dizem.

Não havia decepção nem irritação na voz do homem quando retrucou:

— Ah, bom, então o amigo não professa a doutrina espírita?

Afrânio foi sincero na resposta. Afinal, se não pudesse falar a verdade ali, onde mais poderia?

— Bem, confesso-lhe que pouco conheço de religiões e doutrinas em geral. Sempre trabalhei em áreas financeiras e descuidei-me muito dessa parte. Sou um completo ignorante no assunto.

O homem deu um largo sorriso:

— Ah, mas nunca é tarde, meu caro! Sempre há tempo para fazer algo que já deveria ter sido feito. Por acaso o irmão se interessa pelo espiritualismo em particular?

Afrânio lembrou-se dos últimos acontecimentos que atravessaram sua vida:

— De certa forma, sim. Primeiro, porque minha mulher é praticante há muitos anos. E em segundo lugar... — hesitou em falar, sem saber se deveria contar certas passagens "misteriosas" de sua vida.

O homem estava de fato interessado na conversa:

— ...e em segundo lugar... — o homem tentava estimular Afrânio para que completasse a frase: — Desculpe, não quero ser intruso nem insistente. Apenas gostaria de saber se poderia ajudar o amigo a esclarecer alguma coisa sobre esse assunto que o preocupa. Assim como sua esposa, também estou familiarizado há décadas com o espiritismo.

Afrânio interessou-se. Quem sabe aquele homem pudesse ajudá-lo a entender algumas coisas?

— O senhor é espírita praticante?

— Há muito tempo, meu amigo. Lá se vão pelo menos uns trinta anos! Comecei cedo, seguindo a crença dos meus pais. Aos vinte e poucos anos, eu já frequentava este centro. E agora, já aposentado do trabalho, continuo vindo aqui com o mesmo entusiasmo.

Afrânio estava sinceramente admirado:

— Puxa vida, então o senhor deve ter bastante experiência e conhecimento sobre o assunto.

— Sim, modéstia à parte, tenho um pouco de conhecimento, mas nunca é o suficiente. Estamos aqui na Terra para aprender e há muitas coisas para absorver durante uma encarnação. Diga-me: será que eu poderia ajudá-lo a esclarecer alguma dúvida ou curiosidade?

Afrânio continuava temeroso de abrir sua vida. Olhou para os lados certificando-se de que não havia outras pessoas por perto que pudessem ouvi-los. O local estava praticamente deserto, pois todos os demais tinham ido assistir à sessão de contatos. Sentiu-se com mais coragem para falar:

— É que... bem...

O homem foi bastante cortês ao interrompê-lo:

— Ouça, amigo, não fale nada que não queira ou que possa incomodá-lo. Só diga aquilo que se sinta à vontade para compartilhar.

Essa observação fez Afrânio ter mais confiança no desconhecido:

— Veja, senhor... — sorriu, procurando ser amistoso. — Puxa, nós nem nos apresentamos e já estamos trocando confidências! — estendeu a mão para o homem e apresentou-se: — Sou Afrânio.

O homem apertou a mão do patriarca dos Castro com firmeza:

— E eu sou Otoniel. Fiz teologia e até hoje continuo aprendendo a respeito do assunto.

— Eu segui caminhos, digamos, mais pragmáticos: economia, finanças, administração de empresas.

Otoniel balançou positivamente a cabeça:

— Isso é muito bom. Todo conhecimento é útil quando usado de forma adequada. Bem, agora que já nos conhecemos, sinta-se à vontade para perguntar o que quiser.

Afrânio ficou olhando para o chão durante alguns segundos e começou a falar sem olhar para Otoniel. Ainda se sentia inseguro de conversar a respeito daqueles assuntos:

— Uma das minhas filhas faleceu na tragédia ocorrida no começo do ano na região serrana do Rio de Janeiro. Estava lá como voluntária, e a pousada onde estava hospedada com o grupo foi uma das atingidas pelas avalanches. Ninguém do grupo dela escapou com vida.

— Sinto muito. Que Deus a tenha. Aceite minhas condolências.

— Obrigado. Na mesma noite em que ocorreu a passagem de minha filha, eu estava na sala de casa assistindo ao noticiário pela televisão quando... — e fez uma pausa, com receio de que fosse considerado louco.

Delicadamente, o homem motivou-o a continuar o relato:

— Continue.

Sem que fosse de sua vontade, a voz de Afrânio modificou-se, tornando-se embargada pela emoção:

— De repente, durante o noticiário, a imagem da minha filha, sorridente, falando coisas, apareceu na televisão.

Afrânio olhou para Otoniel, tentando identificar alguma expressão de ironia ou deboche. Mas ele estava sério, ouvindo-o atenta e respeitosamente, e, como se aquela aparição fosse a coisa mais natural do mundo, perguntou de forma simples:

— Que coisas ela disse para o senhor?

Afrânio olhou para o teto, como se buscasse algo em seu arquivo de memórias:

— Ela me disse que estava bem, que ninguém se preocupasse ou sofresse com a notícia que logo iríamos receber, que aquele trabalho tinha sido uma escolha dela, coisas assim. Seu semblante estava tranquilo, sereno, quase sorridente — nesse ponto, Afrânio emocionou-se fortemente e, tirando o lenço do casaco, enxugou as lágrimas que insistiam em aparecer.

Otoniel colocou a mão no ombro de Afrânio:

— Desculpe-me tê-lo feito se recordar de um assunto que, parece-me, o entristece muito. Se não quiser ou não se sentir bem, não precisa continuar a falar.

Afrânio procurou tranquilizar seu novo amigo:

— Não, tudo bem. Peço-lhe desculpas pela emoção súbita, mas é que é tão recente... e eu a amava tanto! Além disso, é a primeira vez que falo desse assunto com alguém que não é da família. Até agora eu vinha fugindo, sufocando essa dor.

Compreensivo, Otoniel balançou a cabeça:

— Eu entendo. Mas será saudável para o senhor colocar para fora essa tristeza. Ao externá-la, poderá trabalhá-la.

Afrânio passou o lenço no rosto e prosseguiu:

— Como eu lhe dizia, minha filha apareceu na televisão durante o noticiário, como se quisesse amortecer nossa dor, avisando-nos antes da imprensa da tragédia. Mas eu lhe confesso que até agora não entendo o que aconteceu. Não consigo encontrar uma explicação lógica para isso... Logo eu, que trabalho com a lógica há tantos anos! Eu estava tomando um pouco de vinho e, na ocasião, meus filhos acharam que eu tinha bebido demais e tivera uma alucinação. Mas eu tenho certeza do que vi. Não foi alucinação. Tanto que, pouco depois, tivemos a confirmação da tragédia por telefone.

Otoniel pôs novamente uma das mãos sobre o ombro de Afrânio e falou em um tom tranquilizador, porém firme:

— Isso que o senhor está me contando é um fenômeno conhecido e descrito nos registros espiritualistas. É uma forma de comunicação telepática.

Ao ouvir aquilo, Afrânio ficou surpreso e ao mesmo tempo aliviado: então ele não estivera alucinando!

— O senhor está me dizendo que essa forma de comunicação já aconteceu com outras pessoas?

Otoniel balançou a cabeça afirmativamente:

— Muitas vezes ao longo de todos esses anos.

— E eu que no dia pensei que estivesse ficando louco! O senhor poderia me explicar melhor esse... esse fenômeno?

Otoniel ajeitou-se melhor no banco, preparando-se para dissertar sobre o tema:

— Caro Afrânio, vou aproveitar esse tempo, em que sua esposa está na sessão, e tentarei de forma resumida falar-lhe a respeito do fenômeno que você vivenciou. Sei que, trabalhando na área de finanças e de administração de empresas, você, permita-me chamá-lo assim, deve ser um homem bastante racional, analítico e que está habituado a pensar e agir com a lógica. Por isso, as coisas sobre as quais vou lhe falar poderão parecer-lhe absurdas ou fantasiosas. Mas confie em mim. Nada lhe direi que já não tenha sido alvo de profundos e constantes estudos, análises e pesquisas. Não serei leviano de falar-lhe sobre coisas imponderáveis e sem consistência.

— Garanto-lhe que estarei inteiramente receptivo ao que você, permita-me também, me relatar.

— Pois bem. No começo do século 20, existiu um notável psicólogo e filósofo lituano chamado Konstantin Raudive. Ele tinha grande interesse em pesquisar a questão da vida após a morte. Entre os livros que publicou, deixou uma obra cujo título pode ser traduzido como *O inaudível torna-se audível*, em que ele transcreve 72 mil frases proferidas por vozes do além, que foram por ele captadas e registradas por meio de um aparelho especial.

Afrânio oscilava entre a admiração e o ceticismo:

— Que coisa incrível!

Otoniel continuou sua "aula":

— Em 1964, Raudive leu o livro *Telefone para o Além*, de autoria de outro pesquisador, Friedrich Jüergenson, russo de nascimento. Após essa leitura, Raudive ficou muito impressionado com as experiências descritas por Jüergenson.

— Eu nunca havia lido ou escutado algo sobre essas experiências.

Otoniel continuou:

— Foi justamente Jüergenson que deu início à moderna fase da chamada Transcomunicação Instrumental, expressão que identifica os meios usados para a comunicação entre vivos e desencarnados. E o curioso é que toda essa história começou por acaso. Em 1959, ao gravar cantos de pássaros em uma floresta deserta, Jüergenson, ouvindo depois as gravações, notou que nelas havia captado vozes humanas em diversos idiomas. Aquelas vozes o chamavam pelo nome — e até pelo apelido — e respondiam a perguntas.

— Deve ter sido impactante para ele ouvir isso...

— E foi. Tanto que Jüergenson aprofundou-se nas experiências, aperfeiçoando os métodos de captação das vozes. Por precaução, ele consultou vários especialistas em som e eletrônica para afastar as hipóteses de fraude ou interferências radiofônicas em suas gravações.

— Certamente foi uma medida acertada, pois o senhor há de concordar comigo que esse assunto, por ser tão polêmico, se torna suscetível a acusações de fraudes.

— Sem dúvida. Atualmente, o estudo das vozes e imagens de pessoas que já estão em outra dimensão pertence ao campo da Transcomunicação, que define, de modo geral, a comunicação com o mundo espiritual. Essa matéria se divide em dois grupos: o grupo mediúnico, que engloba os fenômenos obtidos por meio dos médiuns, e o grupo instrumental, que engloba os fenômenos obtidos por meio de aparelhos eletroeletrônicos, como, por exemplo, gravadores, rádios, telefones, computadores e, como aconteceu com você, a televisão.

Afrânio percebeu que algumas coisas até então "misteriosas" para ele começavam a fazer sentido:

— Então, em sua opinião, a visão que eu tive da minha filha na televisão...

— Sim, tudo indica ter se tratado do fenômeno da Transcomunicação Instrumental, por meio do qual sua filha pôde se comunicar com o senhor pela televisão. É raro, mas acontece.

— Vejo que você possui um grande conhecimento do mundo espiritual, enquanto eu sou um completo ignorante no assunto. Poderia abusar um pouco mais de sua generosidade e dos seus conhecimentos e pedir-lhe que, em breves palavras, me desse algumas informações básicas sobre o assunto?

— Com muito prazer, amigo. Gosto muito de falar sobre o tema, pois é uma forma de propagá-lo. Mas, veja bem: o que falarei será apenas um aperitivo, digamos assim. Meu objetivo é despertar seu interesse para que pesquise e leia mais a respeito.

— Desde já lhe sou muito grato.

Otoniel recostou-se e começou:

— Os pilares do espiritismo se fundamentam na crença da sobrevivência do espírito após a morte do corpo físico e no princípio da reencarnação. Vivemos muitas vidas e cada uma delas tem o objetivo de nos fazer crescer para que possamos nos tornar pessoas mais lúcidas, mais responsáveis. Este movimento teve sua origem na França e se expandiu rapidamente pelo mundo afora, principalmente no Brasil.

— Foi assim que tudo começou?

— Na verdade, tudo começou com a publicação de *O Livro dos Espíritos* na França, em 1857, assinado por Allan Kardec, que, na verdade, era o pseudônimo do professor Hippolyte Léon Denizard Rivail. Foi esse livro que divulgou para o mundo as bases do espiritismo, pois nele continha toda a codificação da doutrina. Seus princípios morais pregam o amor ao próximo e a Deus, a caridade e a evolução contínua do espírito.

— E quanto àquelas pessoas que são conhecidas como médiuns? O que isso significa?

— Algumas pessoas têm a percepção mais aguçada que outras, como se usassem um sexto sentido, além dos cinco conhecidos. Na verdade, todos somos médiuns e podemos desenvolver essa sensibilidade, que nos permite produzir alguns fenômenos considerados paranormais, dentre eles a comunicação com os desencarnados, que se dá de diversas formas.

— Muito interessante. Agora percebo definitivamente que nada sei a respeito do assunto.

— Como já lhe disse, nunca é tarde para aprender — nesse instante, um discreto burburinho chamou a atenção dos dois homens: — Opa, acho que a sessão de comunicação já acabou. Teremos que adiar nossa conversa e continuá-la outro dia.

— Sem problemas, amigo. Quero mais uma vez expressar-lhe minha gratidão pelos seus ensinamentos. Foram muito úteis — Afrânio estendeu-lhe a mão.

— Sim, mas lembre-se... foi apenas um aperitivo para abrir seu apetite pelo assunto.

Vendo que sua esposa se aproximava, Afrânio respondeu:

— Não se preocupe quanto a isso. Terei uma excelente professora.

Lucila aproximou-se e beijou a face do marido.

No caminho de volta para casa, Afrânio contava a Lucila a agradável e esclarecedora conversa que tivera com Otoniel. Mostrava-se sinceramente interessado em conhecer mais a doutrina espírita. Chegou a pedir à esposa que lhe indicasse quais os livros mais recomendados para quem estava sendo iniciado no assunto. Queria começar as leituras imediatamente.

— Tenho muitos deles em casa. Mas, caso você aceite uma sugestão, aqui vai uma: independentemente das leituras, você deveria assistir às palestras que antecedem as sessões. Elas lhe darão, aos poucos, bons conhecimentos sobre a doutrina.

— Vou seguir sua sugestão. Passarei a acompanhá-la sempre que você for ao centro à noite.

Em pensamento, Lucila estava exultante com a disposição do marido. Por isso, fez uma prece silenciosa de agradecimento a Deus e aos espíritos do bem pela iluminação que haviam dado à consciência de Afrânio.

Capítulo 23

Quando se levantou no dia seguinte, Afrânio encontrou sua mulher já na sala de estar, sentada no sofá, segurando um lenço, com os olhos inchados de tanto chorar. Correu até ela e sentou-se ao seu lado, passando o braço em torno dos seus ombros e puxando a esposa para si:

— Querida! O que houve? O que aconteceu? Por que você está assim?

Lucila recostou-se no peito do marido, soluçando:

— Larissa não dormiu em casa.

Afrânio ficou surpreso. Sua filha nunca fizera isso, exceto algumas poucas vezes com o conhecimento prévio do casal.

— Como assim? Simplesmente não veio dormir em casa, sem mais nem menos? Ela não lhe falou se iria pernoitar em algum lugar? Talvez na casa de alguma amiga?

— Não disse nada. E bebendo do jeito que ela está... Meu Deus! Por onde andará essa menina?

Afrânio puxou o rosto da esposa para mais perto do seu peito e tentou acalmá-la:

— Vamos com calma. Como você mesma disse várias vezes, essa "menina" já tem vinte e dois anos. Não é mais uma criança. Ela deve saber o que faz.

— Eu sei, Afrânio. Normalmente eu não me preocuparia tanto. Mas ultimamente ela não está bem. Você já deve ter percebido como está o emocional de nossa filha, totalmente abalado.

Ele concordou e ao mesmo tempo teve uma ideia:

— Por que você não liga para o apartamento do Léo? Quem sabe resolveram dormir juntos? Você sabe como são os jovens de hoje. Para eles isso seria normal — Lucila olhou para o marido com a esperança estampada no rosto. Foi até o telefone e discou. Pela demora em atender ao telefonema, Léo ainda deveria estar dormindo.

— Léo? É Lucila. Bom dia.

O rapaz estranhou a ligação da sogra àquela hora da manhã.

— Bom dia, dona Lucila. Tudo bem?

— Desculpe te ligar tão cedo, meu filho, mas estamos preocupados com a Larissa...

Léo ficou assustado:

— Aconteceu alguma coisa com ela?

— Não sabemos, Léo. Por acaso ela está com você?

— Aqui? Comigo?

— Se ela dormiu aí, Léo, por favor, nos diga. Não vamos brigar por causa disso. Como ela não dormiu em casa e é a primeira vez que isso acontece sem que ela tenha nos avisado, estamos desesperados.

— Não, ela não dormiu aqui, dona Lucila. Se Larissa tivesse dormido aqui, eu lhe diria. Sei que a senhora compreenderia se isso tivesse acontecido. Mas agora eu também estou preocupado. Para onde ela teria ido e por que não dormiu em casa?

— Não sabemos. Eu e Afrânio estamos sem saber o que pensar, nem o que fazer.

Léo teve uma ideia:

— A senhora já falou com o Ricardo? Quem sabe ela dormiu com ele, no apartamento do Luciano?

A expressão de Lucila mostrou um fio de esperança.

— No apartamento do Luciano? Eu não havia pensado nisso. Mas por que ela iria para lá?

— Quanto a isso, eu realmente não faço a menor ideia, dona Lucila... mas vale a pena tentar ligar. A senhora quer que eu ligue para lá?

— Não, meu filho, obrigada. Pode deixar que eu mesma ligo. Você já nos deu uma grande ajuda.

— A senhora me dá um retorno depois?

— Claro, Léo! Tão logo tenha notícias dela, ligo para você. Agora vou tentar falar com o Luciano.

Lucila desligou o telefone e voltou-se para o marido. Continuava com a expressão preocupada:

— Ela não esteve com o Léo. Ele acha que talvez Larissa esteja com o irmão, no apartamento do Luciano. Vou ligar para lá.

Afrânio fez um gesto de descrença:

— Bom, acho pouco provável, mas não custa tentar.

Imediatamente, Lucila ligou para o amigo do filho.

Quando Luciano atendeu a ligação, ela despejou no rapaz toda sua ansiedade, falando sem parar:

— Luciano, bom dia, aqui é a Lucila, mãe da Larissa, irmã do Ricardo, que está morando com você. Desculpe ligar tão cedo. Provavelmente o acordei. Mas é que eu preciso saber de uma coisa. Larissa não dormiu aqui em casa hoje, e estamos muito preocupados com ela, porque não é hábito de nossa filha fazer isso sem nos avisar. Por acaso ela está aí com vocês?

— Está, sim. Ela dormiu aqui. Foi o Ricardo quem a trouxe.

Lucila deixou escapar um profundo e nada discreto suspiro e uma grande expressão de alívio.

— Ai, que bom! Graças a Deus! Eu estava morrendo de preocupação. Eles já acordaram, Luciano?

— Ainda não, dona Lucila. A senhora quer que eu os chame?

— Não, não precisa acordá-los. Depois converso com eles. Mas, Luciano, nós temos uma curiosidade... Você sabe como os pais se preocupam à toa, não é mesmo? Por que ela decidiu dormir aí? Veja, não temos nada contra, sabemos que está em boa companhia... É apenas uma curiosidade.

Luciano pensou rapidamente e achou melhor não entrar em detalhes para não se envolver no problema. A bebedeira da Larissa era um assunto para ser tratado pela família:

— Sinto muito, dona Lucila, eu não sei lhe dizer o motivo. Larissa chegou aqui com o Ricardo e eu preferi não fazer perguntas. Creio que o melhor a fazer é conversar diretamente com ela ou com o Ricardo.

Lucila entendeu a discrição do rapaz e não insistiu:

— Entendo. Você está certo. É melhor mesmo eu aguardar e perguntar diretamente a eles. Por favor, Luciano, peça ao Ricardo ou a Larissa que me liguem assim que acordarem, está bem?

Lucila colocou o fone no gancho, cruzou os braços e ficou olhando para o marido com uma expressão que significava "ora, veja só!".

O marido entendeu e concordou:

— Mas por que será que ela fez isso, meu Deus? Não entendo esses jovens! Custava ela ter avisado a gente?

Lucila voltou a sentar-se, balançando negativamente a cabeça:

— Não sei, Afrânio. Sinceramente, não sei o que anda passando pela cabeça dessa menina ultimamente. Acho até que ela não está nada bem psicologicamente. Já pensei em várias hipóteses, mas sinceramente não faço a menor ideia do que possa estar acontecendo. Só Larissa poderá nos contar o motivo dessa atitude.

— Bom, como você disse, menos mal. Vamos aguardar a ligação deles.

O casal ficou um instante em silêncio meditando sobre o fato. Depois, levantou-se e foi tomar o café da manhã.

Já eram quase onze horas da manhã quando o telefone tocou. Afrânio atendeu e suspirou aliviado quando ouviu a voz de Ricardo, mas não pôde esconder sua ansiedade:

— Ricardo, meu filho, está tudo bem com você? E com sua irmã? Ela está bem?

— Calma, papai, está tudo bem.

Ainda assim, a ansiedade de Afrânio não foi satisfeita:

— Mas o que aconteceu? Por que ela decidiu dormir aí em vez de vir para casa?

Afrânio percebeu que o filho hesitava em responder à sua pergunta. Depois, com voz titubeante disse:

— Bom, pai, desculpe o que vou dizer, mas prefiro conversar sobre isso com minha mãe.

No ato, Afrânio sentiu-se ofendido e ao mesmo tempo desqualificado como pai, mas procurou controlar-se — lembrou-se de que prometera mudar seu comportamento explosivo e, por essa razão, fez o possível para que sua voz soasse natural:

— Só vai contar para sua mãe? Mas por que você não pode falar comigo sobre o assunto?

— Como eu disse, me desculpe, pai. Mas eu me sentiria mais à vontade para falar sobre esse assunto com minha mãe. Espero que o senhor me entenda.

Afrânio achou melhor não insistir. Se ele queria mesmo mudar sua imagem perante os filhos, era melhor aprender a controlar-se. Pensando assim, resolveu entregar os pontos:

— Bom, eu não entendo o que está acontecendo, mas se você se sente melhor assim... Espere um pouco que vou chamá-la.

Contrariado, Afrânio passou o telefone para a esposa, que ouvira as respostas do marido. A ressalva do seu filho a deixara mais curiosa ainda. Lucila, então, pegou o aparelho e falou rapidamente:

— Diga, filho.

Ricardo realmente se sentia mais à vontade com a mãe. Sua resposta saiu rápida e fluente:

— Mãe, acho melhor ir direto ao assunto. O motivo pelo qual Larissa dormiu aqui é preocupante e delicado. Ontem, por alguma razão que não entendi direito, ela bebeu além da conta. Eu a encontrei pela manhã aí na garagem. Larissa estava totalmente embriagada. Não entendo como ela conseguiu chegar à nossa casa naquele estado.

Lucila assustou-se:

— Não me diga que ela veio para cá dirigindo!

— Não. Por sorte, o manobrista do bar onde Larissa esteve ficou preocupado com o estado dela e decidiu levá-la para casa. Ele foi até aí dirigindo o carro dela. Por sorte, cheguei em casa e encontrei-a dentro do carro estacionado. Estava num estado deplorável. Por isso, eu mesmo a trouxe para cá, porque tive receio de que papai perdesse a cabeça se a visse naquela situação e aí as coisas piorariam de vez entre eles. E também quis poupar a senhora de ver Larissa bêbada.

Lucila pôs a mão no peito, assustada e chocada com a informação:

— Mãe do céu! Não entendo o que está acontecendo com minha filha! Como é que ela está agora?

Impotente, Afrânio acompanhava o diálogo com o olhar, observando as reações de sua esposa, que continuava ouvindo o filho:

— Neste momento ela está bem, mas eu acho melhor a senhora vir até aqui para conversar com ela antes do meu pai. Ou sugiro que aguarde Larissa chegar em casa e tente falar com ela antes dele.

Lucila refletiu um pouco:

— Eu prefiro esperá-la aqui. Não gostaria de discutir assuntos familiares na presença do seu amigo, por mais que gostemos e confiemos nele.

— Está bem, eu entendo, mas procure manter meu pai calmo para que não haja novas discussões.

Lucila tinha orgulho do cuidado carinhoso que Ricardo dedicava à irmã caçula e se emocionava sempre que essa proteção era manifestada:

— Fique tranquilo, Ricardo, ninguém vai discutir nem brigar com ela. Nós só gostaríamos de saber e entender o que está se passando pela cabeça de sua irmã neste momento. Só assim poderemos ajudá-la. Fique com Deus, meu filho — e desligou.

Capítulo 24

Afrânio estava impaciente. Não gostava de "segredinhos" em sua própria casa e em sua família:

— Afinal, Lucila, você pode me dizer o que houve? Convenhamos que é muito estranho meu próprio filho não querer me contar o que se passa com a irmã, que, aliás, é minha filha também! Isso é um absurdo!

— É que ele o conhece bem, Afrânio, e conhece suas reações intempestivas. E essa não é uma boa hora para discussões.

Ele mostrou-se desconsolado. No fundo, sabia que a esposa e o filho tinham razão e aquilo machucava seu coração:

— Pelo visto, eles vão demorar para perceber que sou outro homem...

Lucila tentou consolá-lo:

— Isso, querido, você terá que demonstrar por meio de suas novas ações, de seu novo comportamento. Em matéria de atitudes, não é por meio de palavras que a gente consegue demonstrar mudanças.

— Mas, afinal, o que há com Larissa?

Lucila sentou-se, pois suas pernas ainda tremiam por conta do que Ricardo lhe dissera.

— Algo muito desagradável, Afrânio, mas felizmente sem maiores consequências. Ontem, por alguma razão, Larissa bebeu além da conta. Ricardo encontrou-a aqui em nossa garagem, mas ela estava tão alcoolizada que ele quis evitar um desgosto para nós e decidiu levá-la para o apartamento do Luciano para que dormisse lá. Não sei qual é a sua opinião sobre isso, mas achei que nosso filho agiu corretamente. Foi melhor assim.

Afrânio não disse nada. Sentou-se ao lado da esposa e, coçando o queixo, ficou olhando para o teto. Estava pálido.

Lucila percebeu que o marido precisava de apoio e aproximou-se um pouco mais dele:

— Em que você está pensando?

Pela voz, percebia-se que ele estava fragilizado:

— Estou pensando em como devo ter sido um péssimo pai e certamente um péssimo marido também.

Lucila mediu bem as palavras antes de falar:

— Afrânio, como pai, você fez coisas muito boas, muito importantes para a formação dos valores e princípios dos nossos filhos. Soube encaminhá-los para uma profissão e hoje eles são adultos sem vícios e problemas emocionais. Mas ninguém é perfeito, Afrânio. Você se esqueceu de dedicar tempo, carinho, presença e atenção aos seus filhos. Faltou ternura em sua relação com eles. Segundo o espiritismo, estamos nesta vida para aprender, crescer e nos tornar pessoas cada vez melhores.

Afrânio estava arrasado:

— Se foi assim mesmo que as coisas aconteceram, então não tenho perdão.

Lucila tranquilizou-o:

— Os erros são inevitáveis, Afrânio. Precisamos aprender a perdoar não apenas as pessoas que erram, mas a nós mesmos, porque também somos aprendizes. Muitas pessoas passam por diversas encarnações e não absorvem as lições.

Tudo é uma questão de escolha sobre como proceder na vida. O que você tem a fazer agora não é ficar lamentando o que passou, mas cuidar para que, daqui para frente, possa adotar padrões de comportamento que ajudem as pessoas a serem mais felizes, mais respeitadas, mais amadas, e tudo isso vale para você mesmo. Acho que se tiver uma boa conversa com Larissa poderá ajudá-la a resolver os problemas que ela está enfrentando, quaisquer que sejam.

Depois de permanecer pensativo por um longo momento, Afrânio respondeu:

— Você está certa. Preciso rever muitos conceitos que estão enraizados dentro de mim desde a adolescência, talvez até mesmo desde a infância. Só assim conseguirei ser outro homem. E não apenas aqui em casa, mas no trabalho e na sociedade em geral. Lá fora também tenho errado muito. A injustiça que cometi com Léo, por exemplo, não sai de minha cabeça.

— Pois então, meu bem, corrigir essa situação pode ser um bom começo para suas mudanças.

Minutos depois daquela conversa, Larissa chegou acompanhada pelo irmão. O efeito da bebedeira já tinha passado, mas certamente ela estava de ressaca. Com o olhar sem vida, os movimentos automáticos, a jovem parecia um zumbi.

Parada à porta, com as duas mãos segurando o braço do irmão, como se buscasse apoio, Larissa olhou para os pais, que ainda estavam no sofá. Na percepção deles, parecia haver nela um pedido de desculpas latente. Mas também podia ser apenas uma falsa impressão.

A vontade real de Afrânio era de correr em direção à filha, estender-lhe os braços e abraçá-la forte e carinhosamente, mas não o fez com medo da reação da jovem. Ele não podia esquecer que ela ainda guardava a imagem antiga do pai como um homem autoritário e frio.

Lucila levantou-se, aproximou-se da filha, amparou-a com as duas mãos e, com o auxílio de Ricardo, ajudou a jovem a subir as escadas e a caminhar em direção ao seu quarto.

Afrânio ficou no sofá acompanhando a cena com o olhar, na maior expectativa. Minutos depois, Lucila e Ricardo retornaram à sala.

A mãe informou baixinho:

— Ela voltou a dormir.

De forma quase suplicante, Afrânio olhou para o filho:

— O que está acontecendo com sua irmã, meu filho? É tudo por causa da demissão do Léo?

Emocionalmente exausto, Ricardo sentou-se no sofá e falou devagar:

— Parece que a demissão do namorado deflagrou em Larissa algum processo de desestruturação, mas eu diria que isso foi apenas o ponto de partida. Depois, alguma coisa estranha aconteceu... Ela mudou suas atitudes e se juntou a más companhias.

O pai quis saber:

— Você sabe com quem ela estava bebendo?

— Segundo Larissa me contou, ela bebeu com um desconhecido.

A reação dos pais foi de absoluto espanto:

— Um desconhecido?

Ricardo confirmou com a cabeça. Lucila estava chocada:

— Meu Deus, que perigo! Que leviandade!

Afrânio não entendia como sua filha poderia sentar-se sozinha a uma mesa de bar na companhia de um estranho:

— Mas o Léo não estava junto?

— Não, pai. Aliás, o Léo não bebe tanto assim. Ele só aguenta alguns goles de chope. E o pior é que ela não sabe quem é o tal rapaz. É uma história muito esquisita.

Afrânio estava inconformado:

— Mas o tal sujeito se aproximou dela, assim, sem mais nem menos?

— Larissa me disse que estava chateada e que foi tomar um chope para se acalmar. Lá no barzinho, notou o tal rapaz e uma mulher, que, de pé ao lado dele, estava apontando para ela.

Lucila ficou intrigada:

— Uma mulher? E ela não sabe quem era essa mulher?

— Não. Quer dizer, ela tem a impressão de se tratar de uma ex-funcionária do banco. Ela acha que já a viu por lá algumas vezes quando foi visitar papai.

Afrânio interessou-se por aquele detalhe:

— Ela acha que já viu essa mulher no banco?

— É o que ela pensa, mas não tem certeza. O que ela achou estranho foi que em nenhum momento o rapaz olhou para a mulher, pois parecia não vê-la. A um momento, ele simplesmente se levantou e foi na direção da Larissa.

Afrânio estava intrigado:

— Estranho, muito estranho.

Lucila acionou imediatamente seus conhecimentos espíritas e seu coração disparou. Aquela mulher que parecia invisível devia ser um espírito obsessor, perdido, que estava exercendo influência sobre o rapaz. Mas o que essa mulher teria contra Larissa? Que mal sua filha poderia ter-lhe causado a ponto de despertar-lhe um desejo tão forte de vingança?

Recebendo uma súbita inspiração, Lucila voltou-se para o marido:

— Afrânio, algo me ocorreu neste momento. É muito importante que procure se lembrar: você teve alguma briga, algum problema ou conflito com uma funcionária do banco?

Afrânio não entendeu a ligação da pergunta que a esposa lhe fazia com o fato ocorrido com Larissa, mas ficou olhando para Lucila, a testa franzida, mostrando o esforço que fazia para lembrar-se de algum episódio que podia ter acontecido no passado. Depois respondeu hesitante:

— Não, acho que não. Pelo menos que eu me lembre, não. Discussão com uma mulher? — continuou buscando na memória, até que, de repente, estalou os dedos: — Ah, lembrei! Aconteceu, sim!

— O que foi, Afrânio? Do que você se lembrou?

— Não sei se tem a ver com o que aconteceu com nossa filha, mas há alguns anos descobri que uma funcionária, a Lídia, que trabalhava na minha área, vinha aplicando golpes financeiros contra o banco. Ela foi demitida e abriram um processo contra ela. Se julgada, certamente seus bens seriam confiscados e ela ficaria muitos anos na cadeia.

Intrigado, Ricardo perguntou:

— Ela não foi a julgamento?

— Não houve tempo. Algumas semanas depois que tudo foi descoberto, ela teve um infarto fulminante. Deve ter ficado com muito ódio de todos por ter sido descoberta.

Horrorizada, Lucila pôs a mão na boca:

— Meu Deus! Que coisa terrível! Eu não sabia disso!

Ricardo também estava pasmo:

— Caramba!

— Mas por que você não nos contou o que aconteceu na época? — questionou Lucila.

— Ora, querida, eu nunca gostei de trazer para casa os problemas do trabalho, ainda mais um assunto que só dizia respeito ao banco e à polícia. Além disso, se eu lhes contasse o que aconteceu, só iria deixá-los preocupados.

Ao tomar conhecimento daquele terrível fato, Lucila tirou várias conclusões a respeito do que acontecera com sua filha:

— Afrânio, ouvindo esse relato, muitas coisas agora começam a fazer sentido para mim. Precisamos ir ao centro com urgência e fazer uma consulta espiritual. Eles terão condições de nos dizer se realmente o espírito perturbado dessa mulher está agindo sobre nossa filha. Se confirmarem nossa hipótese, deve se tratar de um espírito que se sente injustiçado, deseja vingança e que precisa de auxílio... e nós teremos que ajudá-lo. Só assim ele deixará nossa filha em paz.

Afrânio olhou incrédulo para a esposa:

— Você acha isso possível?

Ela não hesitou em responder à pergunta do marido:

— Claro que é possível, Afrânio!

— E por que só agora, anos depois dos acontecimentos, ela resolveu ir à forra?

— Não sei responder com certeza à sua pergunta, mas tenho uma hipótese. Quando as pessoas estão emocional e espiritualmente fortes, seguras e em harmonia consigo mesmas e com Deus, nenhum espírito desorientado ou perverso poderá influenciá-las. Nossa família era assim: uma família protegida pelos espíritos de luz. Vivíamos em paz. Mas depois do desencarne de Patrícia, ficamos fragilizados, uns mais, outros menos, e algumas portas de nossa defesa espiritual foram abertas.

O marido estava reflexivo:

— Sim, isso faz sentido.

— Pelo visto, Afrânio, você deve ter recebido más influências, senão não teria demitido injustamente Léo. E nossa filha Larissa, de tão ressentida e revoltada que ficou com você, tornou-se totalmente vulnerável a influências maléficas. E eu acredito que, infelizmente, ela ainda está sob efeito desse espírito vingativo, que, na verdade, quer atingir você. É isso que eu acho.

Ricardo acompanhava a conversa em silêncio, mas muito atento. Afrânio começou a ficar apreensivo:

— Se isso for verdade, se você estiver certa, o que poderemos fazer para ajudar nossa filha?

— Em primeiro lugar, Larissa tem que se ajudar e aceitar ajuda. Por isso, ela também precisa ir conosco ao centro, para que nosso grupo de apoio possa fazer alguma coisa para defendê-la.

Pela primeira vez, Ricardo manifestou-se:

— E como eles farão isso?

— Filho, se minha teoria estiver certa, nosso grupo tentará chamar esse espírito e fazê-lo se comunicar conosco. Se ele aceitar o convite, poderemos tentar dialogar com ele, dar-lhe orientações e ajuda para acalmá-lo e conduzi-lo para tratamento, que era para onde ele deveria ter ido quando ocorreu o desencarne. Precisamos convencê-lo a ir, pois só assim esse espírito deixará de perturbar Larissa.

Afrânio agora se mostrava confuso diante da teoria da esposa:

— Mas... e eu? O que devo fazer? De certa forma, contribuí para a criação desse problema.

Lucila tentou tranquilizá-lo:

— Querido, acho que seu caso é outro. Esse espírito desorientado está querendo atingi-lo, mas por tabela. Acredito que ele não irá atacá-lo diretamente, mas por meio de nossa filha.

Afrânio indignou-se:

— Que crueldade, que covardia! E quanto a mim? Será que algo pode ser feito para que eu me torne uma pessoa melhor e não fique tão exposto a esses ataques?

— Certamente sim, querido. Você mesmo já deu o primeiro passo ao admitir seus erros e reconhecer que precisa mudar. Isso já é meio caminho andado.

Enquanto dialogavam, Afrânio e Lucila não olhavam para Ricardo. Se tivessem observado o filho, teriam visto uma forte chama de esperança estampada em seu olhar diante de uma possível mudança comportamental de Afrânio. Tudo indicava que agora ele estava disposto e decidido a fazer as escolhas certas.

Capítulo 25

Com o olhar perdido no teto do quarto e com as mãos cruzadas atrás da cabeça, Larissa estava na cama, recostada na cabeceira.

O que será que seu pai estaria comentando naquele momento com sua mãe? Devia estar muito bravo com ela, louco para ir até seu quarto para dizer-lhe desaforos e apontar-lhe o dedo acusador.

No íntimo, a jovem sentia um gostinho de desforra. Diante do que ela aprontara, Afrânio teria que reconhecer que não era tão poderoso como imaginava. Tinha força no banco, onde era um dos diretores, mas não tinha a mesma força sobre a família — pelo menos não sobre ela —, e Larissa desejava provar-lhe isso. Nem que ele precisasse gritar ou bater nela, a jovem estava disposta a não se render ao autoritarismo do pai.

E uma das melhores formas de atingir Afrânio era beber até cair para que as pessoas vissem e falassem mal da "filha do diretor", que não a teria educado corretamente. Para o ego do patriarca dos Castro, aquilo seria fatal.

Afrânio detestava álcool. Seu pai, além de alcoólatra, fez a esposa seguir pelo mesmo caminho, ao abandoná-la quando soube de sua gravidez. Desnorteada pelo abandono do marido, a mãe de Afrânio passou a embriagar-se, até que, em pouco tempo, morreu de cirrose hepática provocada pelo excesso de bebida.

Por isso, Afrânio tinha tanto pavor a bebidas alcoólicas — e talvez por isso mesmo nenhum dos seus filhos bebia, a não ser socialmente. E mesmo assim, uma vez ou outra, em ocasiões especiais.

E por que ela estava fugindo à regra? Naquele momento, Larissa lembrou-se de Eduardo, seu irmão mais velho. Sabia que, se ele estivesse em casa, nada daquilo estaria acontecendo. Primeiro, porque ele enfrentaria o pai e não o deixaria cometer tantos desatinos. E depois, ela mesma não ousaria fazer o que estava fazendo. Ele só não lhe daria umas boas palmadas porque Larissa já era uma mulher, mas certamente lhe daria boas e contínuas broncas e não largaria dela um só instante.

"Ah, meu querido irmão! Por onde você anda agora? Precisamos tanto de sua presença aqui...", pensava Larissa.

A jovem sorriu ao lembrar-se de como o irmão gostava de provocá-la — quando discutiam sobre algum assunto —, até vê-la indignada, só para rir de suas bochechas, que ficavam vermelhas naquelas ocasiões.

Larissa tinha muito orgulho do irmão, inclusive pela nobre missão que estava cumprindo em alguma parte do mundo. E ela por ali fazendo bobagens.

Sentindo-se um tanto arrependida de tudo que aprontara, a jovem colocou as mãos sobre o peito, ajeitou melhor a cabeça no travesseiro e tentou relaxar. Em poucos minutos estava ressonando.

De repente, Larissa surpreendeu-se ao ver Patrícia a seu lado, sentada na cama. Não teve medo, apenas ficou surpresa. Para vê-la melhor, levantou o corpo da cama e apoiou-se nos cotovelos.

— Pati? É você mesma?

Sentada ao lado de Larissa, Patrícia estava linda e seu sorriso continuava encantador e espontâneo. A caçula da família Castro percebeu que a irmã parecia envolta em um halo de luz, mas achava que era apenas impressão sua. O quarto não estava muito iluminado.

Patrícia respondeu à pergunta da irmã com uma voz suave e tranquilizadora:

— Oi, La, sou eu sim, querida. Como você está?

Deslumbrada, Larissa sentou-se na cama:

— Pati, quanta saudade! — e instintivamente abriu os braços para a irmã, até que se abraçaram longamente. Emocionada com a presença de Patrícia, Larissa chorava compulsivamente.

A voz de Patrícia era doce, muito doce:

— Não chore, irmãzinha, eu estou aqui para alegrá-la, não para vê-la triste.

— Minha irmã, você não sabe quanta saudade eu sinto de você! Quanta falta você tem feito aqui!

— Eu sei, La. Eu também sinto muito a sua falta, do Ricardo, de todos vocês.

Larissa afastou o corpo para observar a irmã de frente. Queria ter certeza de que era realmente Patrícia que estava ali:

— Que bom que você voltou, Pati!

Patrícia afagou os cabelos da irmã:

— Não, La, eu não voltei. Eu vim lhe fazer uma visita. Tive uma permissão especial para vê-la porque você está precisando de ajuda.

— Você veio me visitar? Mas onde você está?

— É uma história complicada, maninha. Não pertenço mais à dimensão humana, mas estou em um lugar maravilhoso, com pessoas maravilhosas, inclusive nossos avós e alguns amigos. Eu estou aprendendo muitas coisas lá.

— Me leve para esse lugar, Pati. Eu quero ir com você.

Patrícia fingiu que a repreendia:

— O que é isso, garota? Não é o seu momento ainda. Não tenha pressa. Você tem muitas coisas boas para fazer aqui na Terra. Inclusive tem o Léo, que vai ser seu marido em breve.

— Ah, o Léo... Coitado. Você soube o que aconteceu com ele, o que papai fez com ele?

— Soube, sim. Foi lamentável, mas não se preocupe. Tudo vai se ajeitar rapidinho. Papai já está trilhando um novo caminho e mamãe o está ajudando a ver a vida e as pessoas de outra maneira. De uma maneira bem melhor para todos, mas principalmente para ele.

— Isso é verdade, Pati? Papai vai mudar, vai ser uma pessoa melhor?

— Pode confiar em mim, La, e principalmente em Deus e nos meus novos amigos. Pode ter certeza de que papai vai entrar em outra.

— Que bom ouvir isso de você, maninha! Mas e o Léo? O que vai acontecer com ele?

— Ele também vai ficar bem e, em breve, receberá uma ótima proposta de trabalho. Tenha calma.

— Ah, que bom! Além da alegria de sua presença, sua visita só me trouxe notícias boas, maninha!

Patrícia mudou o semblante e tornou-se repentinamente séria:

— Nem tanto, minha irmã.

Larissa ficou preocupada e curiosa:

— Como assim, Pati?

Patrícia segurou as mãos da irmã:

— Querida, preste bem atenção ao que vou lhe dizer: há uma pessoa que quer prejudicá-la. Trata-se de uma mulher que já desencarnou, mas seu espírito está muito desorientado e continua na Terra com desejos de vingança. Ela tem se recusado a seguir para um posto de socorro no astral.

Larissa lembrou-se da mulher que estava apontando para ela no bar, em pé ao lado do rapaz que a paquerou.

— O que eu fiz para que ela quisesse me prejudicar?

— Na verdade, não é você que ela quer atingir. Esse espírito quer atingir nosso pai.

— Papai?

— É. Anos atrás ela foi despedida do banco porque estava aplicando grandes golpes financeiros. Ao ser desmascarada pelo papai, ela encheu-se de ódio contra tudo e contra todos, principalmente contra ele. Sua frustração e seu ódio foram tão grandes que seu coração não aguentou e ela teve um infarto fulminante.

— Que coisa horrível!

— Certamente. Cheio de ódio e transtornado, o espírito dessa mulher está vagando e alimentando um enorme desejo de vingança contra nosso pai. Afinal, foi ele quem descobriu o plano dela contra o banco.

Larissa estava horrorizada com a história, mas, ao mesmo tempo, não entendia qual era o seu envolvimento naquela situação:

— Isso é terrível. Mas não entendo uma coisa: por que eu? O que tenho a ver com toda essa história?

— É simples, minha irmã. Ela sabe que, ferindo você, consegue ferir também nosso pai. Veja o raciocínio desse espírito ambulante: papai já me perdeu, Eduardo está longe, Ricardo se mudou para o apartamento do amigo... Agora ele só tem você por perto. Se ele a perder também, será o fim do nosso pai. Ele se sentirá um fracassado e entrará em profunda e mortal depressão. E é isso que o espírito daquela mulher quer a todo custo.

Larissa começou a sentir medo:

— O que ela pretende fazer comigo? De que maneira ela vai tentar me ferir?

— Ela quer transformá-la em uma viciada, em uma dependente de drogas pesadas, começando pelo álcool. Aquele rapaz, que se aproximou de você no barzinho e a induziu a exagerar na bebida é filho dela. Ele foi influenciado pelo espírito da mãe, que estava ali o tempo todo.

Algumas coisas começaram a ficar claras para Larissa:

— Ah, então foi isso! Eu a vi! Bem que eu sabia que já a tinha visto no banco de papai! Eu vi essa mulher lá no bar, ao lado do rapaz, apontando para mim.

— Exatamente! Você conseguiu ver o espírito dela. Ali, ela usou da própria energia para introduzir no pensamento do filho a vontade de abordar você, embriagá-la e, por fim, molestá-la. Ele não conseguiu levar adiante o plano da mãe porque eu pedi permissão aos meus amigos para, na companhia de um guardião espiritual, vir lhe proteger. Não foi fácil, porque a revolta no espírito daquela mulher é muito grande e dá a ele muita força. Mas nosso protetor conseguiu fazer você sair daquela mesa.

Larissa lembrou-se do momento em que, quase entregue à lábia daquele conquistador, "ouviu" uma voz — que agora confirmava ter sido de sua irmã — mandando-a sair dali com urgência. Foi quando sentiu um ímpeto de fugir correndo daquela mesa e assim conseguiu escapar da armadilha.

— Graças a Deus, Pati! Ainda bem que você conseguiu ajuda de um guardião espiritual!

— A proteção do nosso amigo espiritual não parou aí. No estado de embriaguez em que você se encontrava, não conseguiria dirigir nem um metro em linha reta. Ele a livrou de sofrer ou causar um acidente.

— Como ele fez isso?

— Ele inspirou o manobrista a se oferecer para levá-la para casa em segurança.

O deslumbramento era patente nas feições de Larissa:

— Que legal, Pati! Eu estou maravilhada! Então essas coisas existem de verdade?

— Essas e muitas outras coisas, que você descobrirá na hora certa, minha irmã. Agora, ouça meu pedido: para aumentar sua proteção, acompanhe mamãe nas reuniões do centro. Lá, você aprenderá como funciona nosso mundo espiritual, como são as coisas aqui deste lado. Esse conhecimento lhe dará mais autoconfiança e força para se proteger.

— Que incrível, Pati! Vou falar com mamãe e passarei a acompanhá-la nas sessões!

O espírito iluminado de Patrícia fez questão de enfatizar:

— E fique sabendo que não parou aí a ação dos espíritos amigos!

Larissa estava sem graça:

— Nossa, eu estou envergonhada! Que trabalhão eu dei a eles!

— E deu mesmo! Eles ainda induziram nosso irmão Ricardo a ter o desejo de vir visitar os nossos pais. E ainda bem que ele seguiu a intuição. É assim que muitas vezes nossos protetores se comunicam conosco na Terra. Daí para frente, tudo seguiu o caminho normal, com Ricardo levando-a para o apartamento de Luciano.

— Pati, como eu faço para agradecer a esses espíritos?

— Apenas com preces e boas vibrações, minha irmã.

Larissa ruborizou. Patrícia deu um sorriso de condescendência:

— Eu sei que você não conhece nenhuma oração, maninha. Aliás, se não me engano, aqui em casa só mamãe sabe orar. Nem eu sabia. Portanto, fale com mamãe sobre isso.

— Pode ficar tranquila, Pati. Vou falar com ela.

O sorriso voltou mais amplo ao rosto resplandecente de Patrícia:

— Bom, minha irmã, agora eu preciso ir. Já estão me chamando.

Larissa mostrou-se frustrada:

— Mas já? Você não pode ficar mais um pouquinho?

— Não posso, La. Na verdade, abusei da tolerância deles. Até passei um pouco do tempo que me deram para vir falar com você. Preciso ir, mas quero, mais uma vez, alertá-la: cuidado com o que você fizer daqui por diante. Um descuido apenas e o espírito perturbado daquela mulher poderá provocar em você um dano enorme e até irreparável. Não saia mais com aquele rapaz. Faça preces com frequência. Assim, manterá o espírito daquela mulher afastado.

— Mas não há o que possa ser feito para afastá-la de vez?

— Sempre há uma forma. Nem sempre é fácil, mas é possível. Basta orar e não entrar em sintonia com esse espírito. Mamãe já está vendo o que poderá ser feito. Ela tem pedido orientação ao grupo de apoio espiritual do centro. Mas, mesmo assim, peça a ela que redobre os cuidados e apresse as providências.

— Posso contar a ela sobre nossa conversa?

— Claro que pode. Ela entenderá e até ficará muito feliz. Venha cá, maninha, me dê mais um abraço gostoso.

E as duas irmãs abraçaram-se com imenso carinho e muita emoção.

Quando Larissa acordou, estava com os braços cruzados sobre o peito como se estivesse abraçando alguém. Abriu os olhos e levou algum tempo para entender que sonhara:

— Pati?

Claro, ela sonhara. Ou não? E se Patrícia tivesse ido mesmo visitar a jovem enquanto ela dormia? Larissa questionava-se, pois tudo parecera real para ela. Além do mais, as coisas que a irmã havia dito faziam muito sentido para a moça naquele momento.

Larissa decidiu que falaria com Lucila a respeito do que acontecera. A jovem fechou novamente os olhos e permitiu-se curtir a lembrança daquele encontro maravilhoso com sua irmã, um momento mágico em que duas almas de planos diferentes têm a recordação dos encontros que vivenciaram.

Momentos como aquele são mistérios maravilhosos entre o Céu e a Terra. Muito mais do que é capaz imaginar nossa vã filosofia, como dissera Shakespeare.

Capítulo 26

Lucila entrou cautelosamente no quarto de Larissa com receio de acordá-la, mas viu que ela estava despertando naquele exato momento.

A jovem espreguiçou-se, recostou-se na cabeceira da cama e abraçou os joelhos dobrados. Lucila entrou no quarto, sentou-se pertinho da filha e falou com voz carinhosa:

— Como você está, filha?

Emocionada, Larissa abraçou a mãe por um longo tempo. Depois, com os olhos abaixados, comentou:

— Que papelão o meu, hein, mãe?

Lucila acariciou os cabelos da jovem:

— Não precisa ficar se punindo, filha. Ninguém é perfeito. Muitas vezes, nós fazemos escolhas erradas e aprendemos com os nossos erros. Se formos espertos, aprendemos a lição. Se não, continuamos insistindo no erro.

Larissa balançou a cabeça de um lado para o outro:

— Nunca mais vou fazer isso, mamãe. Nunca mais. Foi horrível. Estou me sentindo mal até agora. Ainda bem que Ricardo me encontrou e me levou para o apartamento do Luciano. Não quero nem imaginar o que teria acontecido se eu tivesse aparecido aqui em casa do jeito que estava.

— Eu não sei como você estava, filha, mas, baseando-me na descrição de Ricardo, provavelmente seu pai teria tido um infarto se a tivesse visto.

— Mãe, não vou mentir para a senhora: eu estava completamente bê-ba-da. Bêbada, consegue imaginar?

— Larissa, você nunca fez isso antes. Por que isso agora? Foi por causa da demissão do Léo?

Larissa negou com um gesto de cabeça.

— Mas, então, por que foi, minha filha?

A jovem segurou as mãos da mãe e a olhou fixamente:

— Mãe, posso lhe contar uma coisa?

— Mas, Deus do céu, claro que pode!

— Devo prevenir a senhora de que se trata de uma coisa muito estranha, mas pode estar certa de que não estou mais sob o efeito do álcool.

— Estou acostumada a ouvir coisas estranhas, filha. Fique à vontade, conte-me o que quiser.

Larissa fez um pouco de suspense antes de falar empolgada:

— Eu vi a Pati, mãe! — e ficou olhando para Lucila, tentando notar se a reação da mãe era de alguém que tinha ouvido uma grande bobagem ou que estava diante de uma louca. Para sua surpresa, Lucila não pareceu nem um pouco chocada nem assustada com o que acabara de escutar. Apenas abriu mais os olhos como quem diz "uau!".

— Pati? Você viu a nossa Pati? — Lucila, surpresa, questionou.

— Vi, sim, mãe! E até conversei com ela! Pode até ter sido um sonho, mas para mim foi tudo muito real!

Os olhos de Lucila encheram-se de lágrimas, e Larissa assustou-se:

— Mãe, você está chorando?

— De felicidade, filha. De alegria! Porque isso é muito bonito! Sua irmã apareceu e você ainda pôde conversar com ela! É um privilégio maravilhoso, é uma dádiva de Deus!

— Conseguimos conversar bastante, mãe!

— Que inveja, filhinha! — e Lucila abraçou a filha. —Me conte tudo! Agora quero que você me conte tudinho.

As duas ajeitaram-se melhor na cama, e Larissa começou a narrar a conversa que tivera com Patrícia, com todos os pormenores, procurando não se esquecer de nada. Enquanto isso, o semblante de Lucila variava conforme a natureza da narrativa: ora sorria, ora ficava séria, ora mostrava preocupação.

Quando terminou de falar, Larissa ficou olhando para a mãe. Lucila fechara os olhos e fazia uma prece de agradecimento.

Larissa estava empolgada:

— O que você acha de tudo isso, mãe? É mesmo possível que isso tenha acontecido? Não foi apenas um sonho?

— Não foi apenas um sonho, Larissa. Pode ter certeza. Sua irmã veio realmente visitá-la! Seu espírito deve estar em paz, pois, em tão pouco tempo, conseguiu até obter permissão para vir lhe ver e ser vista e ouvida. Graças a Deus! E depois... — fez uma pausa antes de prosseguir — e depois, ela veio nos alertar.

— Como assim?

— Ela veio nos alertar do perigo que você e seu pai correm. Agora entendo o que aconteceu ontem com você. Você foi induzida a exagerar na bebida talvez para criar um conflito com seu pai. Essa indução foi provocada naquele rapaz que a abordou e também em você pelo espírito desorientado de uma mulher, que foi demitida do banco anos atrás. Ela quer vingança. Usou aquele rapaz, que agora sabemos que é filho dela, para seduzi-la e para enfraquecer seu espírito, sua força de vontade.

Larissa surpreendeu-se:

— Mas ela usaria o próprio filho?

— Sim. Ele foi usado para prejudicá-la. Se não fosse a boa vontade daquele manobrista, talvez você tivesse vindo para casa dirigindo, correndo o risco de causar ou sofrer um acidente. Pode estar certa de que sua irmã e os amigos espirituais dela tiveram muito trabalho para mantê-la viva, Larissa.

— Caramba! Ficarei atenta daqui para frente, mãe, mas eu ainda não sei como lidar com essas coisas.

— Primeiro, você precisa aprender algumas preces de pedido de proteção e de agradecimento a Deus e aos espíritos protetores. Eu vou lhe indicar alguns livros e, por meio deles, você poderá aprendê-las rapidamente. Depois, basta orar bastante. Estamos lidando com um espírito muito desequilibrado. Lá no centro, vamos tentar conversar com o espírito dessa mulher e fazê-lo entender que deve seguir outro caminho, porque o ódio não ajuda em nada, só atrapalha.

Ouvindo a mãe falar de forma tão clara e consistente, Larissa, atenta, nem piscava.

— Muitos espíritos não percebem que não pertencem mais à Terra ou não aceitam a condição de desencarnados. Então insistem em ficar por aqui, geralmente perturbando a vida dos outros. Muito apegados às coisas da Terra, esquecem que o espírito é eterno e que vai vivenciar novas experiências.

— Nossa! Eu mesma nunca tinha imaginado que essas coisas aconteciam. Eu não sabia de nada disso!

— A maioria das pessoas também não sabe. E, se sabe, não acredita e, portanto, também não consegue se proteger. Só aqueles que se familiarizam com a dinâmica da espiritualidade aprendem como funciona esse processo.

— E você já aprendeu tudo isso?

— Eu continuo aprendendo, minha filha. Há muitas coisas a respeito das quais todos nós ainda somos muito ignorantes. É por isso que precisamos viver várias vidas.

Larissa espantou-se com aquela afirmação da mãe:

— O quê? Viver várias vezes? Temos mais de uma vida?

A mãe sorriu:

— Dezenas! Centenas delas! Depois de algum tempo após o desencarne, voltamos à Terra para continuar a nos aprimorar e aumentar nosso grau de lucidez. Cada vinda ou cada retorno é uma nova oportunldade de aprendizagem. É assim que funciona o processo de reencarnação.

— E isso nunca acaba?

— Claro! Um dia acaba. Mas estamos em um estágio no qual ainda voltaremos muitas vezes.

— Gente, como sou ignorante nesses assuntos! Quanta coisa ainda preciso aprender!

— É verdade, mas vamos com calma. Você aprenderá tudo isso aos poucos. Primeiro, temos que resolver o problema desse espírito que está infernizando a sua vida e a de seu pai.

— E o Ricardo? Ele está correndo perigo também?

— Que eu saiba, até agora, não. Ele tem uma boa estrutura emocional e espiritual. Ao modo dele, se mantém em contato com os espíritos amigos. Ricardo não conversa muito sobre essa situação, mas sei disso pelos livros que vi na estante do quarto dele quando ele ainda morava aqui. E agora ele está na companhia do Luciano, que é espírita. Tudo indica que seu irmão está bem protegido.

Larissa pareceu intrigada e até um pouco magoada pelo fato de seu irmão nunca ter compartilhado aqueles assuntos com ela:

— Puxa vida, ele nunca me falou disso.

— É assim mesmo, minha filha, não se aborreça com seu irmão. Cada pessoa tem seu momento e precisa escutar seu coração. Não podemos nem devemos obrigar ninguém a crer em nada. A fé vem do coração.

Larissa abraçou a mãe. Estava orgulhosa dela:

— Que bonito tudo isso que a senhora falou, mãe! Já me sinto mais protegida.

Naquele momento, as duas ouviram batidas suaves na porta e voltaram-se para ver quem era. Afrânio apareceu e, hesitante e tímido, perguntou:

— Posso entrar? Posso participar da conversa?

Com a chegada do pai, Larissa ficou tensa. Baixinho, falou para a mãe:

— E agora?

A mãe respondeu também em um tom baixinho:

— Fique tranquila, filha. Está tudo bem — e em voz alta:
— Claro, querido, pode entrar.

Afrânio entrou devagarzinho no quarto e sentou-se do outro lado da cama. Estava visivelmente constrangido.

Larissa estava encolhida, os olhos baixos, mexendo na cutícula de uma unha apenas para disfarçar sua ansiedade. Esperava uma bronca homérica do pai. Mas, em vez disso, ouviu-o perguntar com voz mansa e serena:

— Você está melhor, minha filha?

Larissa olhou primeiramente para a mãe, que sorria, e depois para o pai. Ele estava com as mãos entre os joelhos, expressando humildade.

— Estou melhor, pai — e achou melhor tentar fazer as pazes: — Quero aproveitar a presença de vocês dois para pedir desculpas pelo que fiz. Prometo que isso não vai se repetir. Fui imatura e irresponsável.

Afrânio respondeu com um sorriso meio sem graça:

— Isso acontece com qualquer pessoa, filha. Nós começamos tomando uns drinques, nos distraímos e, de repente, já passamos da medida.

Comovida, Larissa entendeu a boa vontade do pai em desculpá-la, mas assumiu seu erro:

— Pode ser, pai, mas eu tenho consciência de que fiz um papelão.

A mãe interveio:

— É, mas já sabemos agora que não foi uma simples distração sua. Eu já havia prevenido seu pai. Antes era apenas uma teoria minha, mas agora temos certeza de que eu estava certa, depois de sua conversa com... — Lucila parou e olhou para Larissa. Ocorreu a ela que não devia tocar naquele assunto com o marido por enquanto. Ele ainda não estava preparado para saber daquelas coisas.

Mas era tarde. Afrânio percebeu que a esposa interrompera a frase:

— Conversa? Com quem Larissa conversou a respeito do assunto?

Foi Larissa quem decidiu falar tudo:

— Com Patrícia, papai. Não sei se o senhor vai acreditar ou não, mas ela apareceu para mim, aqui no quarto, ainda há pouco.

Afrânio ficou pálido, olhando para a filha, e levou um bom tempo ainda para refazer-se do susto:

— Como é que é? Patrícia apareceu para você? — e olhou para a esposa. Afrânio passara a confiar muito nos conhecimentos espirituais de Lucila devido aos últimos acontecimentos a que fora exposto.

— Foi isso mesmo, Afrânio. Patrícia esteve aqui em espírito e elas conversaram bastante. Foi agora há pouco, enquanto Larissa dormia.

O patriarca dos Castro pareceu aliviado com a informação:

— Ah, então foi um sonho.

— Não, querido, não foi um sonho. Quando querem se comunicar com os vivos, os espíritos usam de vários recursos e escolhem aquele a que a pessoa esteja mais receptiva no momento. Durante o sono, com nosso racional fora de ação, estamos mais receptivos para receber visitas espirituais. Foi o que aconteceu agora com Larissa.

Afrânio olhou para a filha:

— Então não foi um sonho?

— Não, papai. Tudo aconteceu como se fosse um sonho, só que de uma forma muito real. A gente pode tocar na pessoa, ser tocada, pode conversar com ela... Eu abracei minha irmã! — e, emocionada, Larissa começou a chorar. Lucila voltou a afagar os cabelos da filha, e os olhos de Afrânio encheram-se de lágrimas.

Larissa fungou, enxugou as lágrimas e continuou:

— Nós nos abraçamos... Eu pude senti-la... Era como se ela estivesse aqui. Depois, conversamos muito. Patrícia me preveniu da mulher que trabalhou com o senhor estava, aquela mesma que estava fraudando o banco.

— Então Patrícia confirmou a teoria de sua mãe? — Afrânio perguntou curioso.

— Sim. Disse que o espírito dessa mulher quer se vingar do senhor. Para isso, quer me ferir, porque assim, indiretamente, conseguirá ferir o senhor também.

Afrânio ficou indignado:

— Mas que mulherzinha cruel até depois de morta! Será que ela não sabe que você não tem nada a ver com isso?

— Ela deve saber, sim, pai. Mas acontece que sou sua filha.

Afrânio estava começando a interessar-se por aquele assunto e parecia não mais duvidar de que Patrícia realmente aparecera para Larissa:

— Que mais sua irmã disse?

— Disse que minha bebedeira foi provocada por essa mulher, que influenciou o filho para me seduzir, me embebedar e me molestar.

A indignação de Afrânio era cada vez maior:

— É como eu digo: essa mulher não tinha boa índole em vida e continua do mesmo jeito depois de morta! — e voltando-se para a esposa: — Lucila, temos que fazer alguma coisa.

— Já vamos fazer, querido! Lembra que amanhã iremos ao centro?

Larissa interessou-se:

— Eu gostaria de ir com vocês. Posso?

— Claro que pode, minha filha. Há muitas pessoas de sua idade lá. Será fácil você se enturmar.

— Tudo bem, mãe, mas não quero ir só para me enturmar. Quero aprender e participar.

— Eu sei, querida. Só estou lhe dando essa informação porque há muita gente jovem que pensa que nos centros espíritas só há pessoas da terceira idade, que isso é coisa para idosos...

— Vou ver se o Léo gostaria de ir comigo — e, voltando-se para o pai, perguntou: — Tudo bem, papai?

— Claro, eu inclusive estou querendo mesmo conversar com ele.

Lucila interveio:

— Se ele for, acho melhor deixar essa conversa para outra hora. É melhor não misturar os assuntos.

— Tudo bem. Vou convidá-lo para jantar conosco uma noite dessas.

Larissa não estava acreditando no que ouvia. Seu pai havia demitido o Léo e agora o convidaria para jantar em casa. A moça olhou para a mãe, que, discretamente, lhe enviou uma piscadela de olhos.

— Vamos descer, querido. Deixemos Larissa descansar mais um pouquinho.

Larissa movimentou-se para deixar a cama:

— Ah, não, mãe! Chega de descansar! Já dormi bastante. Agora vou tomar um bom banho e comer alguma coisa bem gostosa que Deolinda deve ter preparado.

— Com certeza.

Depois que os pais saíram do quarto, Larissa ficou pensando nas palavras que seu pai dissera. Estava boquiaberta:

— Gente, não estou acreditando! Papai vai convidar o Léo para vir jantar aqui em casa, depois de tudo que aconteceu! Uau! — ela exultava em pensar em quantas coisas estranhas e maravilhosas vinham acontecendo com ela naqueles últimos dias. A jovem então deu um pulo da cama e dirigiu-se ao banheiro.

Capítulo 27

Enquanto seguiam para o centro espírita, Lucila, mesmo dirigindo, percebeu que seu marido mostrava-se um pouco inquieto ao seu lado. Larissa e Léo estavam no banco de trás e conversavam sobre planos e amenidades como gostam de fazer os jovens enamorados.

Quando chegaram ao centro, já havia bastante gente.

Afrânio locomovia-se devagar e com cautela, pois ainda tinha um braço na tipoia, enquanto o outro manejava uma bengala para manter o equilíbrio.

O pequeno auditório estava quase lotado. Os dois casais entraram na fila para receber os passes de limpeza e depois tomaram seus lugares diante da mesa onde eram feitos os contatos com os desencarnados.

A palestra introdutória fora muito interessante e abordara justamente a questão dos espíritos perdidos que gostavam de perturbar os vivos.

No final, Lucila pediu permissão para ausentar-se por alguns instantes, pois precisava conversar com alguém, e foi procurar seu velho amigo Antero.

Da vez anterior em que conversara com ele, Lucila ouvira previsões sombrias, que acabaram sendo confirmadas.

Mas também ouvira a boa nova de que havia soluções em andamento, embora à custa de preocupações e riscos — até de morte.

Os riscos foram superados e as soluções estavam se consolidando. Mas Lucila queria certificar-se de que ela e Afrânio estavam no caminho certo para que essa consolidação acontecesse. Ninguém melhor do que Antero, por sua sensibilidade e intuição, poderia falar a respeito daquele assunto, e ele haveria de entender por que Lucila o estava procurando novamente, em tão curto espaço de tempo.

Como era comum, Antero estava ocupado, mas Lucila esperou pacientemente alguns minutos até que ele concluísse o atendimento a uma pessoa.

Quando entrou na salinha onde ele atendia, Lucila percebeu a expressão de surpresa no olhar de Antero:

— Ué, minha amiga voltou? Saudades ou novos problemas?

Antero estava na posição de sempre: sentado atrás de uma mesinha, com as mãos trêmulas apoiadas na bengala.

— Desculpe, Antero, não quero ser impertinente. Sei que, além de mim, há outras pessoas que precisam de seus conselhos. Mas é que...

O ancião tirou uma das mãos da bengala e fez um gesto de "deixa disso":

— Estou sempre à disposição de todos que achem que tenho algo interessante a dizer. E você bem sabe que lhe tenho um carinho muito grande. Afinal, somos amigos de longa data.

— Obrigada, meu amigo. Suas palavras são sempre inspiradoras e confortadoras. Que Deus lhe pague. Eu também lhe tenho uma estima muito grande.

— Como vão as coisas? — perguntou Antero.

Lucila expôs ao ancião rapidamente o que estava acontecendo. Contou-lhe que, conforme havia combinado com os demais médiuns que compunham a mesa de contatos, ela tentaria comunicar-se com o espírito de Lídia, a mulher que vinha perturbando sua filha e, por extensão, toda sua família.

Antero considerou a proposta do grupo adequada e comprometeu-se a orar também para que tudo corresse bem. Em seguida, Lucila falou-lhe do que realmente a preocupava: seu marido.

— Já há alguns anos ele vem passando por diversas situações difíceis, de conflitos e de perdas na família. A viagem de Eduardo, o desencarne de Patrícia e a mudança de Ricardo foram acontecimentos que o deixaram muito confuso, desorientado, e que aguçaram sua natural tendência ao autoritarismo. Tenho percebido que ele vem se esforçando para mudar, mas parece que esse processo está sendo muito difícil para ele.

Antero ouvia-a com atenção:

— Entendo. Continue, por favor.

— Como lhe disse, não há dúvidas de que Afrânio vem se esforçando para mudar. Inclusive, a solução, sobre a qual o senhor tinha me falado, estava a caminho quando estive aqui antes e já aconteceu. Há algumas semanas, ele fez uma viagem ao exterior e passou por uma experiência muito dramática, que o fez refletir bastante. Tenho a sensação de que, apesar do desejo de mudar e de se controlar, Afrânio poderá explodir a qualquer momento, porque acredito que essas transformações são superficiais, como um verniz.

— O que você quer dizer com isso, minha amiga?

— Sinto que elas não vêm de dentro dele, mas têm sido pressionadas por acontecimentos externos. Ou seja, ainda não se tratam de mudanças espontâneas. Parece que algo mais forte dentro do meu marido é quem rege seu comportamento. Então, para ajudá-lo, eu gostaria de saber se isso decorre de alguma disfunção de personalidade ou de influência de vidas passadas. Como o senhor bem sabe, para cada uma dessas causas o tratamento é diferente.

Antero balançou a cabeça lenta e afirmativamente:

— Onde está seu marido neste momento?

— Hoje ele está aqui na casa, veio comigo. Está se mostrando muito receptivo e dócil, mas, como disse, receio que isso seja apenas uma trégua, algo passageiro, e que ele venha a ter um estresse ou uma recaída, voltando a se comportar como antes, ou talvez pior. Não sei se seria pedir muito, mas será que o senhor poderia conversar um pouco com ele para ver se consegue ajudá-lo a superar esses conflitos?

— Mas é claro, minha filha. Se houver algo a fazer que esteja ao meu alcance, eu o farei com o maior prazer. Diga a ele que eu o estou convidando para uma conversinha.

Lucila sempre se emocionava com a enorme generosidade de Antero. Ele, apesar da idade e do cansaço, jamais recusava um pedido de ajuda.

Impulsivamente, mas de forma educada, Lucila pegou uma das mãos do ancião e beijou-a comovida. Ele foi pego de surpresa, mas teve tempo de fazer um leve gesto para mostrar-lhe que aquilo era desnecessário.

— Muito obrigada, Antero. Que os bons espíritos o protejam e iluminem sempre.

Lucila saiu da sala, retornou ao auditório e disse ao marido que Antero gostaria de falar a sós com ele por um momento. Afrânio não a questionou. Apoiando-se na bengala com muito cuidado e procurando ser o mais discreto possível, levantou-se e encaminhou-se para fora. Lucila aproveitou para explicar rapidamente a Larissa e a Léo o que tinha combinado com Antero:

— Escutem, o Afrânio vai ter um atendimento individual. Eu o deixarei lá e voltarei em seguida. Fiquem aqui para que possam acompanhar um pouco meu trabalho e entender melhor a doutrina espírita.

Larissa e Léo concordaram com gestos de cabeça.

Lucila encontrou-se com o marido, que a esperava diante da porta de saída do auditório, e encaminhou-o para a sala de Antero. No caminho, ela revelou a Afrânio que o ancião o convidara para uma conversa. Ele mostrou-se um pouco surpreso, mas concordou com o encontro com o dirigente da casa, embora seu semblante mostrasse certa preocupação diante da nova experiência.

O casal teve que esperar um pouco, pois Antero já estava atendendo outra pessoa. Percebendo que o marido dava mostras de nervosismo, Lucila, enquanto isso, tentava explicar-lhe em poucas palavras o que aconteceria em seguida:

— Não precisa ficar preocupado. Você vai ser atendido pelo Antero, que é o mais antigo dirigente desta casa. É um senhor já bem idoso, um médium muito experiente, com várias faculdades mediúnicas. É uma pessoa muito respeitada no meio espírita. Ele concordou em recebê-lo para uma conversa a dois. Eu o deixarei aqui e o esperarei com Larissa e Léo. Quando você concluir sua conversa com Antero, encontre-se conosco lá ou nos espere na lanchonete. Está bem assim?

Afrânio estava realmente nervoso e inseguro. Ficar ali sozinho não era uma ideia que o agradava muito, mas entendeu que a logística traçada por sua esposa estava absolutamente correta. Cada um cuidaria dos seus problemas e afazeres.

Ele, por fim, concordou com o arranjo pensado por Lucila, que, satisfeita, voltou para o auditório, fazendo uma prece em voz baixa para que tudo desse certo.

Quase meia hora depois, chegou a vez de Afrânio ser atendido por Antero. Ele entrou com certa insegurança na sala, sem saber direito como deveria se comportar naquela situação. Sentou-se com dificuldade e deixou a bengala apoiada sobre um dos braços da poltrona:

— Boa noite, senhor Antero. Sou o Afrânio, marido da Lucila. Ela lhe falou a meu respeito ainda há pouco.

Mesmo com a voz frágil, Antero deixou clara sua disposição para conversar:

— Ah, meu filho, como vai? Não precisa me chamar de "senhor". Temos quase a mesma idade. Veja que ambos já estamos até usando bengala... — brincou. Afrânio surpreendeu-se com o bom humor do ancião, que devia ter quase três décadas a mais de idade que ele. E Antero continuou: — É claro que estou brincando. Comparado a mim, você ainda é um garoto.

Com aquela recepção informal, Afrânio sentiu-se mais relaxado:

— E eu ainda tenho a desvantagem de estar com um braço quebrado! — resolveu entrar no bom humor.

— Essas coisas que os remédios e os médicos consertam não são tão graves assim, meu amigo. O problema se torna realmente sério quando as falhas são de caráter. Para essas, ainda não há remédios nas farmácias.

Afrânio não tinha certeza se aquelas palavras continham alguma mensagem ou indireta dirigida a ele, mas preferiu achar que não:

— Isso é verdade.

Antero levou uma de suas mãos à boca e pigarreou de leve:

— O que é que o está afligindo, meu filho, além dessa tipoia e da bengala?

Afrânio sorriu e respondeu com sinceridade:

— Bem, parece que, além da tipoia e da bengala, estou tendo um probleminha.

Para surpresa do banqueiro, Antero deu uma gostosa risada, muito firme para a idade dele:

— Probleminha? Você está com um problemão, meu filho! Na verdade, você tem um problemão nas mãos. Tem uma danada de uma mulher que não quer largar do seu pé.

Afrânio continuava achando curiosa a descontração do dirigente e a maneira informal com que ele se comunicava, pois entrou na sala achando que teria uma conversa muito séria com Antero. Melhor assim, ficaria menos tenso. Decidiu que seria melhor informar ao ancião alguns fatos que eram do seu conhecimento:

— Na verdade, Lucila já me havia prevenido de que o espírito de uma mulher está querendo me prejudicar. Eu não entendo nada desses assuntos e então nada posso falar a respeito disso. Inclusive, é a segunda vez que venho aqui.

Antero balançou novamente a cabeça:

— Eu sei. Rapaz, você precisa vir aqui mais vezes. Este lugar é muito bom, a gente aprende muitas coisas no centro. E é sempre saudável aprender algo. Dessa maneira, podemos ajudar outras pessoas e, ao mesmo tempo, aprender a nos defender de quem não tem outra coisa a fazer no pós-vida além de ficar aporrinhando os vivos, não é mesmo?

Afrânio teve vontade de rir com o jeito descontraído do ancião de falar as coisas, mas não tinha certeza se podia.

Antero continuava olhando fixamente para o visitante:

— Você sabe fazer alguma prece?

Constrangido, Afrânio balançou a cabeça para os lados.

— Isso não é bom, meu amigo. Quem não conhece pelo menos uma oração corre o risco de ficar vulnerável, desprotegido espiritualmente.

— Lucila tem puxado muito minhas orelhas por causa disso.

— E ela faz muito bem! Mas pelo menos o amigo acredita em Deus?

Afrânio não era um religioso praticante, mas acreditava na existência de um Deus criador do Universo. Sentiu-se confortável em admitir:

— Sim, acredito.

— E você conversa sempre com Ele?

A pergunta constrangeu novamente o patriarca dos Castro, que pigarreou antes de responder:

— Bem, não muito — decidiu ser sincero: — Na verdade, não.

Antero continuou olhando firme para Afrânio e, balançando levemente a cabeça, quase em um gesto de desaprovação, falou:

— Você ficaria muito surpreso de saber quanto tempo Ele está tentando lhe dar umas dicas de vida, sem conseguir. Deus não tem conseguido conversar com você, Afrânio.

Envergonhado, o patriarca dos Castro baixou a cabeça:

— Eu sinto muito...

O velho médium estava implacável, embora sua voz continuasse suave:

— Imagino que faz muito tempo que você sente muito, mas não faz nada para mudar essa situação. Estou certo?

Aquilo era uma repreensão explícita, algo com que Afrânio não estava habituado a lidar. Por isso, achou melhor fazer-se de desentendido:

— Desculpe, Antero, não entendi o que você quis dizer.

A voz de Antero não era de quem estava bravo, mas deixava claro que o ancião estava dando uma lição a Afrânio:

— Pois eu entendi tudo: você continua sendo e agindo do mesmo jeito que nas outras vidas.

Afrânio ficou confuso. Como mecanismo de defesa, respondeu com certa ironia na voz:

— Isso eu não saberia lhe dizer. Eu não me lembro como eu era em outras vidas.

— Claro que não lembra, meu filho. E não é pra lembrar mesmo. Já pensou que confusão seria se a gente pudesse se lembrar da vida anterior?

Afrânio não conseguia imaginar aonde aquela conversa iria parar:

— É, acredito que sim.

— Seria uma grande confusão! Já pensou se alguém pudesse lembrar que seu filho nesta vida foi seu maior inimigo na vida anterior? Ou que no passado você foi um escravo sofredor nas mãos de uma mulher perversa, que por acaso você ama hoje? É, seria mesmo uma confusão danada, rapaz — e deu uma gostosa gargalhada, seguida por um acesso de tosse provocado pelo esforço.

Afrânio aguardou que a crise de tosse do ancião passasse. Depois, tomou coragem e aproveitou o momento para tentar esclarecer algumas dúvidas sobre o assunto, principalmente as que diziam respeito a mudanças de comportamento:

— Peço que me desculpe, Antero, mas se a gente não se lembra das vidas passadas, como poderemos mudar nosso comportamento na vida atual? Minha mulher costuma dizer que cada passagem na Terra é uma oportunidade para melhorarmos. Mas melhorarmos em quê, se não lembramos de nada que possamos ter feito de errado no passado? Não consigo entender esse processo.

Antero respondeu de forma misteriosa:

— Você já vai entender. Ah, vai, sim.

Com considerável esforço, o ancião levantou-se, e Afrânio quis ser gentil diante da idade avançada do dirigente do centro:

— Precisa de ajuda, Antero?

— Não, meu filho. Obrigado. O corpo já está gasto, mas o espírito é forte. Ele me dá forças para fazer coisas que nem quando jovem eu conseguia fazer. É por isso que um corpo sem espírito não funciona.

Movendo-se devagar, Antero deu a volta na mesinha, apoiou a bengala no móvel e postou-se atrás da cadeira, onde Afrânio, imóvel e curioso com o que aconteceria a seguir, estava sentado.

Antero pôs as mãos sobre a cabeça do patriarca dos Castro e fez o que parecia ser uma prece, ainda que Afrânio não conseguisse distinguir as palavras que estavam sendo ditas. Depois, o médium colocou a palma da mão direita sobre a testa de Afrânio, que a sentiu estranhamente firme, morna e macia para a idade daquele homem, e lhe pareceu mãos de outra pessoa.

Afrânio não via Antero, pois o ancião postara-se atrás dele, mas ouvia claramente a voz do dirigente, que parecia ter rejuvenescido muitos anos. O patriarca dos Castro questionava-se se aquela impressão era fruto de sua imaginação ou se de fato a voz do dirigente teria assumido um tom diferente. Se não tivesse certeza de que ninguém entrara naquela sala, seria capaz de jurar que não era o velho Antero que estava atrás de si.

O ancião falou com uma voz serena e bem clara:

— Feche os olhos, procure relaxar e fique calmo, meu filho. Vamos fazer uma viagem no tempo. Não se preocupe que não é perigosa. Não vamos sair desta sala, nem você desta cadeira. Pelo menos não vamos enfrentar nenhum trânsito como o de São Paulo.

"Incrível como este homem mantém a descontração mesmo nos momentos mais sérios e ritualísticos...", pensou Afrânio.

Capítulo 28

Afrânio não percebeu o instante exato do início da viagem. Apenas notou que, estranhamente, já não estava mais na sala onde estivera sentado até aquele momento. E, em pensamento, ainda teve tempo de questionar-se se estaria sonhando ou se fora hipnotizado.

De qualquer forma, Afrânio tinha a clara certeza de que se encontrava em um lugar bem iluminado, de onde podia avistar um cenário, uma espécie de grande tela ou palco, no qual atores se apresentavam. O curioso era que o patriarca dos Castro tinha a sensação de estar naquele palco, participando das cenas que se desenrolavam à sua frente.

Como se fossem o resultado de uma edição de trechos de vários filmes produzidos em épocas diferentes, cenas surgiam rapidamente na mente de Afrânio. Eram sequências desenroladas em vários períodos, desde épocas de dinastias, impérios, reinados, até cenas mais recentes da era colonial, republicana, industrial — mas apenas até o fim do século 18 e início do 19, conforme pôde notar pelos trajes, construções, carruagens e cenários.

O curioso era que, em todas as cenas, sem exceção, uma figura imponente e autoritária de quem parecia ser um imperador, rei, comandante, chefe — de alguma forma o mandatário do contexto, o líder — se destacava sempre.

Pelas suas ações, notava-se que se tratava de um sujeito cruel, arrogante, frio e agressivo, e muitas cenas envolvendo-o desfilaram diante de um espantado Afrânio. Apesar da velocidade com que apareciam e eram substituídas, era perfeitamente possível para ele acompanhar e compreender todas as situações mostradas.

Depois, como se fosse o segundo ato de uma peça de teatro, uma série de imagens da atualidade foi exibida. A última sequência mostrava o próprio Afrânio em suas atividades profissionais no banco. Ali, estavam reunidos momentos em que ele humilhou ou constrangeu funcionários, verdadeiros exemplos de assédio moral. Apareceu inclusive o momento em que Afrânio retirou a ajuda financeira da ONG, maltratando seus representantes, até o momento em que humilhou e demitiu Léo.

Afrânio não saberia dizer quanto tempo durou aquela exibição, projeção mental, sonho ou imaginação, até que ouviu a voz de Antero:

— Pronto, moço, estamos de volta. Acabou o passeio. Espero que tenha gostado. Se não gostou, a culpa não é minha. Não fui eu que escolhi o roteiro — e deu um leve sorriso maroto.

Afrânio abriu os olhos e notou que estava novamente sentado em sua cadeira à frente de Antero, separado do ancião apenas pela mesinha redonda, forrada com uma toalha branca.

Estava atordoado, confuso. Insistia em perguntar-se se dormira e sonhara com aquilo tudo ou se fora hipnotizado. A última lembrança que tinha de lucidez era do velho médium atrás de si, ainda com uma mão em sua testa.

Sentindo-se meio sem graça, perguntou:

— O que foi isso, Antero? O que aconteceu comigo?

Antero tinha uma expressão serena:

— O que você acha?

— Não sei, estou confuso. Não sei se sonhei ou se imaginei tudo que vi. Por que apareci nessas últimas sequências?

Antero deu um amplo sorriso:

— Na verdade, meu amigo, você apareceu em todas as cenas.

Afrânio levou um susto enorme. Agora a confusão era total:

— Eu apareci em todas as cenas? Eu? Como assim?

O velho mentor debruçou o corpo um pouco mais sobre a mesinha para ter certeza de que seria ouvido e entendido por Afrânio:

— Em suas vidas passadas, você sempre desempenhou papéis de liderança, Afrânio. Isso aconteceu em vários países, em várias épocas e culturas. Você tinha sempre a missão maravilhosa de conduzir seus comandados a caminhos de fartura, bem-aventurança, harmonia e segurança. Mas, por causa de seu egoísmo, orgulho, de sua vaidade e arrogância, você nunca percebeu a importância da função que desempenhava. Preferiu usar o poder que lhe foi conferido em proveito próprio, para satisfazer à sua ganância, ao seu bem-estar individual, sempre por meio de atitudes cruéis e totalitárias. Ou seja, você não aproveitou nenhuma das vidas anteriores para mudar e aperfeiçoar seu comportamento. E, mesmo na atual encarnação, vem repetindo e mostrando a mesma personalidade egoísta e autoritária das vidas passadas. Isso significa que, se você não se esforçar sinceramente para mudar, demorará muito mais tempo para alcançar a felicidade e conquistar a paz.

Afrânio estava boquiaberto, pasmo:

— Quer dizer... quer dizer que eu fui todos aqueles tiranos?

Antero confirmou com a cabeça, completando:

— E também quer dizer que, em todas as vidas anteriores, você fez pessoas infelizes e sempre terminou seus dias odiado e solitário, abandonado até pelas esposas e pelos filhos.

De uma forma ou de outra, mais cedo ou mais tarde, as pessoas sempre o abandonavam devido à sua maldade e ao seu egoísmo.

Naquele momento, passaram pelo pensamento de Afrânio as figuras de seus filhos, que se afastaram dele, ainda que por motivos diferentes. Patrícia havia deixado este mundo, Eduardo e Ricardo tinham ido embora de casa e agora Larissa ameaçava fazer o mesmo. Até Lucila, outro dia, insinuara a possibilidade de seguir o mesmo caminho dos filhos e partir.

Afrânio baixou os olhos e ficou refletindo por algum tempo. Depois, olhou fixamente para Antero e disse-lhe com convicção:

— Não sei se você vai acreditar em mim, mas isso não vai mais se repetir. Vou mudar, vou ser outro homem.

O ancião nada falou e ficou observando Afrânio como se não acreditasse no que ele estava dizendo. O patriarca dos Castro percebeu e repetiu:

— Eu estou garantindo a você, Antero, que isso não vai mais se repetir. Sei que o poder fascina, embriaga e que é difícil abrir mão das vantagens, dos privilégios e do conforto que ele traz. Agora percebo que o poder também provoca perdas irreparáveis e que ele, por si só, não traz amor, paz e harmonia. É preciso muita maturidade para exercê-lo sem entregar-se à corrupção, devassidão, crueldade e ao vício.

— E você acha que já tem essa maturidade?

Afrânio balançou a cabeça:

— Humildemente, reconheço que ainda não estou preparado para lidar com essa situação. Sei que terei que passar ainda por muitas vidas para me sentir pronto para ser um líder generoso e verdadeiro, que conduz pessoas com o coração, a razão, a emoção e com o espírito. Agora reconheço isso e estou afirmando: o Afrânio que entrou nesta sala não é o mesmo que vai sair dela.

Por um instante, os dois homens ficaram se olhando em silêncio. Depois, com esforço, Antero deu um largo sorriso, se levantou, voltou a apoiar a bengala na mesinha e estendeu os braços para o novo homem que via à sua frente.

— Pois então diga à sua mulher, a minha amiga Lucila, que ela acaba de ganhar um novo marido.

E abraçaram-se como velhos amigos, ainda que Afrânio só pudesse usar um dos braços.

Com o coração cheio de alegria e disposição, Afrânio saiu e foi encontrar-se com Lucila, Larissa e Léo. Ele tinha um longo caminho a percorrer e não queria perder tempo — nem um minuto que fosse.

A sessão ainda não havia terminado. Olhando em volta, Afrânio percebeu que uma das salas funcionava como uma pequena biblioteca. Resolveu entrar, ficou olhando as prateleiras preenchidas com as mais diversas obras sobre espiritualidade, quando, de repente, teve sua atenção chamada por um livro. Pegou-o na prateleira, sentou-se com esforço a uma mesa, apoiou a bengala no móvel e deu início à leitura. Era *O Livro dos Espíritos*, de Allan Kardec.

Capítulo 29

No pequeno auditório do centro, enquanto Afrânio conversava com Antero, Larissa e Léo assistiam à sessão que transcorria em torno da enorme mesa oval, composta por médiuns especializados em conversar com os espíritos que estivessem liberados para comparecer e desejassem estabelecer contato.

Em certo momento, Lucila, que fazia parte da mesa como médium experiente e sensível que era, pediu ao dirigente da sessão que convidasse o espírito de Lídia. O convite havia sido feito várias vezes, mas o espírito da mulher ainda não havia se manifestado.

Aquela situação deixava Lucila muito frustrada e preocupada, pois significava que a guerra iria continuar. Estava subentendido que a mulher desencarnada não queria conversar.

Quando a sessão terminou, Lucila, Larissa e Léo foram encontrar-se com Afrânio na lanchonete. Assim que avistou o grupo, ele percebeu o semblante de preocupação de sua mulher e do jovem casal, em contraste com sua alegria.

Afrânio aproximou-se da esposa externando sua ansiedade:

— O que aconteceu, querida? Sua fisionomia é de quem está preocupada. Aconteceu algo desagradável durante a sessão?

— Estou preocupada mesmo. O espírito de Lídia não quis se comunicar conosco, não apareceu. E isso não é um bom sinal...

— Você sabe que não entendo desse assunto, querida, mas tenho uma pergunta a fazer: esses contatos costumam acontecer logo na primeira vez em que é feito o convite?

Lucila percebeu que o marido queria tranquilizá-la:

— Na verdade, não. Pode ser apenas uma coincidência... Ou o espírito não quis ou não obteve permissão para se manifestar. A verdade é que a minha expectativa de contato era muito grande. Estou ansiosa para resolver logo esse assunto.

— Eu entendo sua ansiedade, mas não se preocupe tanto assim. Vamos tomar as cautelas necessárias e tentar novamente nos comunicar com ela Lídia nas próximas sessões, até que ela decida se manifestar.

Lucila deu de ombros:

— Que jeito, né? — e mudando o tom de voz: — E você, como foi a conversa com Antero?

O semblante de Afrânio expressava a alegria que sentia:

— Foi excelente! Gostei muito dele. Conversamos bastante... e ele fez um exercício muito interessante. Descobri coisas incríveis a meu respeito, inclusive sobre minhas vidas passadas, que vão me ajudar bastante em minhas mudanças.

Lucila ficou feliz e entusiasmada ao ouvir o marido falar com tanta naturalidade sobre suas vidas passadas.

— Que ótimo, querido! Em casa, quero que me conte tudo em detalhes!

Afrânio queria saber como Larissa e Léo tinham se sentido:

— E vocês, o que acharam?

Léo foi o primeiro a responder:

— Bem, seu Afrânio, foi a primeira vez que assisti a uma sessão espírita. Não tenho maiores conhecimentos a respeito do assunto, mas achei a coisa toda muito interessante, apesar de ter ficado com muitas dúvidas.

Larissa completou:

— É o que eu também achei. Mas aos poucos vamos nos familiarizar com o assunto. Vamos voltar mais vezes aqui.

Lucila gostou do que ouviu do jovem casal:

— É isso aí. A coisa toda é muito interessante e séria. Por isso, é fundamental manter constância na frequência.

Larissa mostrava-se mais entusiasmada:

— Pretendemos vir aqui toda semana, não é, lindo?

— Sim, claro. Queremos conhecer melhor a doutrina e depois decidiremos se vamos nos tornar seguidores dela.

Afrânio expressou sua concordância com um inesperado entusiasmo:

— Muito bem, pessoal, é assim que se faz. O questionamento, a contestação, são atitudes sadias, pois nos ajudam a esclarecer as dúvidas e divergências sobre algo. O debate democrático serve exatamente para isso: para evitar que as coisas nos sejam enfiadas goela abaixo.

O grupo ficou boquiaberto: Afrânio falando de democracia? Instintivamente, os olhares de Lucila, Larissa e Léo convergiram para o patriarca dos Castro. O gesto coletivo foi tão acintoso que ele percebeu:

— Ei, não me olhem desse jeito! Já disse que vou mudar.

Todos caíram na risada, e foi Larissa quem deu a sugestão:

— Bem que poderíamos comer uma pizza, o que acham?

A aceitação foi unânime. Léo propôs:

— Conheço uma boa pizzaria, que trabalha com rodízio. É um lugar barato e de boa qualidade.

Afrânio brincou:

— Só espero que não tenha muitas escadas. Ou então vocês vão ter que me carregar nos braços.

Durante o jantar, o clima foi bastante descontraído e alegre. Parecia que as coisas começavam a voltar à normalidade, apesar de ainda existirem pendências e assuntos não resolvidos entre o grupo.

Depois de saírem da pizzaria, deixaram Léo na portaria do prédio onde ele morava e seguiram para casa. Afrânio aproveitou a oportunidade para consultar a filha:

— Filha, voltarei a trabalhar na próxima semana. Estou pensando em convidar o Léo para ir até o banco para conversarmos.

Larissa brincou:

— Para demiti-lo de novo é que não é.

O pai entendeu a brincadeira e não levou o comentário a sério:

— Pelo contrário, estou pensando em convidá-lo a voltar para a empresa.

Surpresas, Lucila e Larissa perguntaram quase ao mesmo tempo:

— Voltar a trabalhar no banco?

— Não acham uma boa ideia?

Larissa guardou um momento de silêncio antes de comentar:

— Não se ofenda, pai, mas, se bem conheço meu namorado, tenho quase certeza de que ele não vai aceitar seu convite.

Foi a vez de Afrânio surpreender-se:

— Ué, ele é tão orgulhoso assim?

— Não é questão de orgulho, pai. Ele já fez vários contatos com outros bancos e tem três ou quatro entrevistas agendadas. Ele está se virando por conta própria.

— Então ele prefere trabalhar em um concorrente meu?

— Não se trata disso, pai. Léo e eu já conversamos sobre esse assunto. Trabalhando no seu banco, ele sempre será visto como o "namorado da filha do diretor". O senhor sabe que o pessoal comenta, faz fofoca, e isso não é bom para a carreira dele. Se um dia Léo for promovido por mérito pessoal, ainda assim vão achar que as coisas foram facilitadas por você. Se for demitido, mesmo que por um motivo justo, vão achar que você é carrasco, cruel e coisas assim, como, aliás, já aconteceu. Então, em outro banco, ele não terá esses envolvimentos e o que acontecer de bom ou de ruim não poderá ser atribuído ao nosso namoro nem à sua intervenção como sogro. Eu concordo com ele, mas não sei se você compreende nossa posição.

Afrânio pensou um pouco antes de responder:

— Compreendo, filha. Pensando bem, acho que Léo está certo. Claro que se, dentro de algum tempo, ele não conseguir um novo emprego, voltarei a insistir na proposta. Mas, se ele conseguir, pelo menos nas mesmas condições que tinha comigo, concordo que seria preferível mesmo trabalhar em outro lugar.

Lucila sorriu e Larissa suspirou aliviada:

— Ah, que bom que o senhor entende nossas razões. Léo estava com medo de que o senhor achasse que a recusa dele fosse fruto de ressentimento ou mágoa.

— Nada disso. Pode tranquilizá-lo. Está tudo bem. Eu só pretendia corrigir meu erro. Diga a ele que, se precisar de referências, pode contar comigo. Terei o maior prazer em recomendá-lo.

Larissa não cabia em si de felicidade diante da boa vontade do pai para com seu namorado:

— Legal, pai. O senhor precisa saber que o Amílcar, seu diretor de Recursos Humanos, ajudou bastante o Léo indicando seu currículo no mercado.

— Ótimo. O Amílcar é um grande sujeito e um excelente profissional. Tem um coração de ouro. Só poderia mesmo trabalhar em Recursos Humanos.

— Isso é verdade. Ele foi muito simpático na saída do Léo. Ele e a gerente de RH, a Heloísa.

Lucila, que até então se mantivera em silêncio por estar atenta à direção, disse feliz:

— Eu não estou reconhecendo meu marido! É outro homem! Onde está aquele rabugento?

Visivelmente orgulhoso, Afrânio exibiu um largo sorriso e respondeu:

— Acho que ele foi para o espaço e nunca mais voltará.

Sem saber por que, Ricardo revirava-se inquieto na cama. Estava sozinho no apartamento, pois Luciano fora à reunião do seu grupo espírita e ainda não retornara.

O jovem então levantou-se, tomou um copo de leite morno para ver se o sono chegava e voltou a deitar-se. Sua mãe jurava que esse gesto simples ajudava a trazer o sono.

Uma hora depois, Ricardo ainda não tinha conseguido dormir. Impaciente, o jovem levantou-se novamente e foi para a sala para ouvir um pouco de música para relaxar. Decidiu, por fim, pôr o "Bolero" de Ravel para tocar, porque aqueles acordes repetitivos sempre o ajudavam a dormir — embora prosseguissem em um crescendo até explodir em um *grand finale*, que conseguia despertá-lo. Mas achava aquela sinfonia linda e de alguma maneira relaxante.

Ricardo sentou-se em uma almofada, recostou a cabeça na parede, fechou os olhos e pôs-se a curtir a melodia, deixando a cabeça pender sobre o peito.

De repente, sem saber dizer se aquilo que vivenciava era um sonho ou não, o rapaz sentiu um leve toque em seus joelhos e, ao erguer o corpo para olhar ao redor, viu Patrícia ajoelhada à sua frente, com um amplo e luminoso sorriso estampado no rosto, falando de forma divertida:

— Ei, moço, já vai dormir?

Ricardo não se assustou. Naquele momento, não passou por seu pensamento o fato de que Patrícia já não pertencia ao mundo terreno. O jovem apenas entregou-se à alegria de rever a irmã:

— Paaaaati! É você?

— Lógico, seu bobo! Faz um tempão que estou tentando mantê-lo acordado para conversar, mas você não relaxa! Assim não dá! Se estiver tenso e inquieto, não consigo me aproximar de você — ela falava sorrindo, como se estivesse brincando de ralhar com o irmão.

Ricardo estava deslumbrado:

— Pati, que legal — e estendeu as mãos para juntá-las às da irmã. E, assim, ele sentado na almofada e ela ajoelhada à sua frente, abraçaram-se forte e carinhosamente. Estavam emocionados.

— Maninha, que saudade de você!

— Ah, nem me diga! Mas agora estou aqui, pronto!

Ricardo puxou a irmã para sentar-se ao seu lado:

— Pronto, assim poderemos conversar melhor.

— E aí, meu irmão, como você está?

— Estou bem, Pati. Algumas coisinhas andaram acontecendo, mas acho que você deve saber de tudo, não é?

— Sei de tudo. Os espíritos são abelhudos... — brincou. — Mas esta visita tem um motivo...

O rapaz brincou:

— Espero que tenha realmente um bom motivo!

— Bom, digamos que são dois motivos: um é bom e o outro não é tão bom. Você prefere que eu comece por qual?

— Vejo que você não perde seu bom humor, hein? Pois comece pelo bom, lógico!

Patrícia ficou de frente para o irmão e, ajoelhada, envolveu as mãos de Ricardo entre as dela:

— A boa notícia é que papai agora está no caminho certo. Na viagem que fez ao Alabama, ele aprendeu uma lição sofrida, muito dura, mas eficaz. Ele deve ter contado para vocês, não contou?

— Contou, sim. Coitado do papai... Quase morreu.

— Pois é, mas foi esse "quase" que o salvou e o conduziu para uma nova vida. Em meio àquele sofrimento, papai pôde perceber tudo o que vinha fazendo de inadequado e o risco que estava correndo de perder tudo e todos. Deus deu uma nova oportunidade para ele. E, até agora, papai tem feito escolhas bem melhores.

— É muito bom ouvir isso, maninha. Do jeito que papai vinha se comportando, manter uma convivência com ele estava se tornando cada dia mais insuportável. Por isso decidi sair de casa.

— O pior é que ele fazia os outros sofrerem, mas sofria também, porque não era feliz. O espírito dele não estava em paz, em harmonia.

— Ele foi hoje ao centro com mamãe — Ricardo comentou animado.

— Eu sei. Eu o vi lá. E percebi que ele saiu do centro muito feliz.

— Verdade? Que bom! Amanhã vou pedir a mamãe ou a Larissa para me contar o que rolou.

— Faça isso — e mudou o tom de voz, sentando-se no chão à frente do irmão: — Agora, eu preciso confidenciar-lhe uma coisa muito séria...

— É a coisa não tão boa?

— Isso mesmo.

— Diga.

Patrícia estava muito séria quando respondeu:

— Larissa continua correndo perigo, Ricardo.

Achando estranha aquela informação, o rapaz franziu a testa:

— Continua? Mas hoje, no centro, eles não conseguiram falar com a tal mulher que vem aprontando tudo isso?

— Infelizmente não conseguiram. O espírito dela não apareceu. Tudo indica que ela, por ora, não quer conversar.

Ricardo mostrou-se preocupado:

— Nossa mãe! E agora?

— Provavelmente ela vai continuar perturbando Larissa. Agora que não estou mais aqui, nossa irmã passou a ser o ponto fraco de papai. Lídia quer se vingar, atingindo-o por meio de nossa irmã.

— E o que será que ela pretende fazer?

— Ah, não dá pra saber. Esses espíritos desorientados agem por impulso, por raiva. Dificilmente planejam as coisas. Eles ficam perto da pessoa que querem atingir à espera de uma oportunidade. Se a ocasião for propícia para atacar, então eles atacam o outro com a ideia que lhes ocorrer na hora.

— Se Larissa continuar a frequentar o centro, ainda assim não estará segura?

— Estará segura enquanto estiver nas dependências do centro, mas isso só acontece uma vez por semana, durante poucas horas. O que Larissa precisa, no momento, é aprender a se defender sozinha.

— E como ela pode aprender a se defender?

— Nesse mesmo centro há cursos preparatórios para médiuns. Se ela fizer o curso, ficará sabendo como funciona o mundo espiritual e terá mais condições de se defender e de interagir pacificamente com ele.

Ricardo pensou um pouco a respeito do assunto:

— É, parece uma boa ideia. Mas e você, não pode protegê-la?

— Na medida do possível e sempre que obtenho permissão, já venho fazendo isso. Mas lembre-se de que praticamente acabei de chegar ao astral e tenho uma intensa programação de aprendizagem e desenvolvimento a cumprir. Mas sempre farei o possível para protegê-la.

— E eu? Posso fazer alguma coisa?

— Claro que pode! Você é um espírito forte, bem estruturado, harmonizado com o bem. E sua amizade com Luciano, que é espírita, pode ajudar muito nesse processo. Sempre que puder, tente ficar perto dela. Estimule Larissa a aprender preces — Patrícia cutucou o peito do irmão e continuou: — E isso vale para você também, viu, moço?

Ricardo sorriu, entendendo o recado da irmã:

— Veja, Pati, para mim não é problema ficar perto da Larissa. A questão é que também tenho o tempo lutando contra mim. Lembre-se de que eu trabalho o dia todo. Tenho as noites livres, mas nesse horário ela está sempre com o Léo, namorando.

— Eu entendo, sei que não é fácil, mas faça o que for possível para estar perto dela. E avise a mamãe. Ela tem muita experiência e certamente saberá sugerir outras providências para ajudar nossa irmã.

— Fique tranquila, mana. Vamos montar uma rede de proteção para nossa irmã — e então mudou o tom de voz: — Agora me fale de você.

Feliz, Patrícia sorriu:

— Eu estou bem. Estou em um lugar maravilhoso, com pessoas maravilhosas, me desenvolvendo e me preparando para uma próxima encarnação.

— Deve ser um barato!

— É sim! Mas saiba que tenho saudade de vocês e dos amigos... No entanto, aprendi que logo a gente se envolve com outras atribuições do astral e nem sobra tempo para tristezas.

Ricardo ensaiou um choro:

— Eu sinto tanta falta de você, maninha! Nós aqui não temos como compensar sua ausência! Por isso, a saudade é enorme...

Patrícia apertou carinhosamente a ponta do nariz do irmão, balançando-o suavemente de um lado para o outro:

— Ah, não! O senhor não vai chorar agora! Lembre-se de que estarei sempre por perto. Vamos, me dê mais um abraço que eu preciso ir embora.

— Mas já?

— Já, meu irmão. Tenho um monte de coisas para fazer no astral. E meu tempo de folga está quase acabando. Aliás, sempre que venho visitar vocês acabo me atrasando. Ainda bem que meus instrutores são muito pacientes comigo.

— E quando você vai aparecer de novo?

— Sempre que for preciso e, claro, desde que tenha autorização para isso.

Os dois irmãos abraçaram-se longa e emocionadamente.

Como se estivesse abraçando alguém fortemente, Ricardo "acordou" com um sorriso nos lábios e com os braços cruzados sobre o peito. Os olhos ainda estavam úmidos de lágrimas.

"Mas, afinal, isso foi um sonho... ou aconteceu de verdade?", pensava.

Não importava. Ricardo estava feliz. Para ele, fora uma delícia poder rever sua querida irmã, sempre tão bonita e sorridente. O rapaz, então, permaneceu recostado nas almofadas, relembrando emocionado cada segundo daquela experiência.

Minutos depois, Luciano chegou. Parou diante da porta, e, olhando para Ricardo com uma expressão risonha de curiosidade, perguntou:

— Ué, o que é que meu amigo está fazendo sentado aí no chão?

Ricardo ainda estava emocionado e falou com a voz embargada:

— Cara, você nem imagina o que acabou de acontecer!

Luciano largou sobre a mesa uns livros que trazia e sentou-se em uma das almofadas ao lado do amigo:

— Me conte. Estou curioso.

Ricardo fez suspense. Posicionou-se de frente para o amigo e começou a falar devagar, como quem está prestes a revelar um grande segredo:

— Acabei de receber a visita de minha irmã.

Luciano não entendeu de imediato o que o amigo dissera:

— Larissa veio aqui novamente?

— Não estou falando da Larissa, seu tonto!

A surpresa ficou estampada na fisionomia do amigo:

— Ah, não! Não acredito! Você está brincando comigo!

— Pois pode acreditar, cara!

— A Pati?

— A Pati. Ela mesma! Minha irmã esteve aqui!

Vibrando, Luciano levantou-se e deu um pulo. Depois, voltou a ajoelhar-se diante do amigo:

— Cara! Que legal! Como foi?

— Aconteceu em um sonho! Em um sonho maravilhoso. Conversamos por um bom tempo! Ela estava linda, sorridente!

— Cara, vamos fazer uma prece de agradecimento aos espíritos de luz por terem permitido essa visita — os amigos deram-se as mãos e emocionados fizeram a prece. Depois, mais calmos, passaram a conversar sobre aquela inesperada visita:

— Ela disse algo em especial? Me conte logo, cara! Me conte tudo sobre essa incrível experiência!

— Bem, entre outras coisas, ela me disse que meu pai vai mudar muito e para melhor.

— Que ótimo!

— E que Larissa continua correndo perigo. Aquela tal mulher quer mesmo se vingar de meu pai através dela. Precisamos continuar a vigiá-la.

Luciano ficou preocupado:

— Puxa! Isso não é legal. Temos que pensar em alguma maneira de proteger sua irmã de qualquer jeito.

Apesar da preocupação com Larissa, Ricardo estava em estado de êxtase pela visita de Patrícia:

— Ah, Luciano, mas a visita foi tão legal! A Pati estava tão linda, tão iluminada!

Os dois, então, mantiveram-se em uma silenciosa atitude de respeito pela transcendência do que havia acontecido.

Capítulo 30

Naquela segunda-feira, quando retomou suas atividades no banco, Afrânio decidiu reunir toda sua equipe antes de iniciar qualquer outra atividade. Aquela foi sua primeira providência depois de tanto tempo longe do trabalho. Ele estava calmo e seu semblante transmitia paz e segurança.

À direita de sua enorme sala de trabalho, havia uma porta que dava acesso a um salão amplo, requintado e finamente decorado e mobiliado. Tratava-se de um espaço nobre, usado apenas para receber pessoas que o banco considerava muito especiais. Naquele dia, ela iria ser usada por Afrânio para reunir e conversar com toda a equipe da área financeira.

Muitos daqueles funcionários, apesar de trabalharem no banco há muito anos, estavam entrando naquela sala pela primeira vez. O semblante de todos traía a tensão e expectativa que os dominavam. Depois do retorno do diretor após algumas semanas de licença, ainda ostentando um braço na tipoia, curativos no rosto e uma bengala, ninguém podia imaginar qual seria o teor daquela reunião, convocada de repente.

A equipe da área financeira era formada por quarenta funcionários. Antes da chegada de Afrânio, o burburinho na sala era grande: cada um dos funcionários fazia questão de sussurrar para o colega uma hipótese acerca da reunião ou simplesmente entregava-se às fofocas. Alguns até diziam que ele iria renunciar ao cargo.

Quando, por fim, Afrânio entrou na sala, fez-se um silêncio absoluto e imediato no ambiente. Todos acomodaram-se como puderam, disponibilizando as poltronas para as mulheres, já que o local não comportava todos os funcionários convocados para a reunião. Ansioso, o grupo aguardava a palavra do diretor.

Afrânio postou-se em uma das cabeceiras da comprida mesa, pigarreou e começou a falar, aparentando uma inusitada serenidade:

— Bom dia a todos.

A resposta pareceu um coral entoando um refrão:

— Bom dia!

E o silêncio voltou a reinar.

Afrânio começou a falar com voz pausada e calma:

— Não sei se todos vocês sabem, mas em minha recente viagem aos Estados Unidos, e especificamente ao estado do Alabama, fui testemunha e vítima de uma terrível ocorrência natural, que foi noticiada pela mídia de todo o mundo, tamanha a gravidade do episódio. Pela primeira vez em minha vida, vi e senti na pele, literalmente, o que é um tornado.

Ele fez uma pausa e tomou um gole de água antes de prosseguir:

— Durante esse tornado, passei por uma experiência muito dramática, mas também muito transformadora — Afrânio fez uma nova pausa, e os funcionários perceberam que, apesar de sua aparente calma, ele estava emocionado. Depois, o diretor continuou: — Apenas peço permissão a vocês para não entrar em detalhes sobre o ocorrido, pois não gostaria de rememorar os momentos angustiantes e desesperadores que vivi naquela ocasião.

Algumas pessoas do grupo fizeram um leve movimento com a cabeça, mostrando que entendiam a situação. Afrânio fez mais uma pausa para recompor-se e continuou:

— Convoquei esta breve reunião para dizer a vocês que, em função dessa experiência, adquiri uma nova perspectiva a respeito da missão das pessoas e dos líderes em particular. Hoje, sei que cometi muitos erros como indivíduo e como profissional. E, em relação a vocês, sei que por diversas vezes fui injusto, grosseiro e mal-educado com alguns. Não fui o melhor parceiro, amigo, muito menos um verdadeiro líder.

Estampado nas fisionomias dos funcionários estava o espanto diante da humilde e corajosa confissão de Afrânio.

O silêncio na sala continuava absoluto. Os funcionários estavam aturdidos com as palavras do chefe e não sabiam o que pensar.

Afrânio prosseguiu:

— Quero me desculpar com todos e prometer que, daqui para a frente, teremos um relacionamento diferente do que tínhamos antes. Continuará a ser uma relação profissional, porque temos metas a atingir e tarefas a cumprir, mas certamente tudo acontecerá em um clima de respeito e afetividade. Durante quase toda minha vida profissional, usei fundamentalmente a razão, porque achava que era o único caminho certo a seguir. A partir de hoje, quero fazer uso também da emoção e da espiritualidade em minha vida.

Aproveitando uma pausa, Afrânio passeou o olhar lentamente por todos os presentes. Seus funcionários entreolhavam-se, e havia uma expressão oculta no olhar de todos, algo que ele imaginava significar: "Você está ouvindo o mesmo que eu?".

Afrânio achou que já tinha dito tudo que queria e, por fim, decidiu encerrar a reunião:

— Era isso que eu queria dizer a vocês. Muito obrigado pela presença de todos e bom trabalho.

Em um primeiro momento, ninguém se mexeu. A estupefação era geral. Todos agiam como se estivessem decidindo se o que ouviram era verdadeiro ou se fora uma ilusão coletiva. Depois, lentamente, o grupo movimentou-se e encaminhou-se para a porta de saída. Sem saber se poderia ou não cumprimentar o diretor, a maioria deles hesitava em estender-lhe a mão. Alguns o fizeram, mas de forma tímida. E, para surpresa do próprio Afrânio, as funcionárias tinham lágrimas nos olhos.

Depois de retornar à sua sala, Afrânio começou a receber telefonemas de outros diretores, cumprimentando-o pelo gesto, o que significava que a notícia da reunião já correra solta pelo banco.

Amílcar, o diretor de Recursos Humanos, por ter maior proximidade com Afrânio, foi pessoalmente à sua sala e deu-lhe um abraço forte e emocionado.

— Meu caro, já soube da reunião que você fez com sua equipe e por isso fiz questão de vir pessoalmente cumprimentá-lo pela sua magnífica atitude. Primeiro, gostaria de parabenizá-lo por ter escolhido mudar. E, depois, por tornar pública essa mudança.

Afrânio respondeu ainda emocionado:

— Amílcar, eu acredito que, ao longo da minha vida, Deus deve ter me dado vários puxões de orelha para que eu me conscientizasse do quanto estava errado na forma como procedia em casa e no trabalho. Eu fui surdo, fiz ouvidos de mercador. Não prestei atenção. Mas, quando estive no Alabama, acho que Ele decidiu me dar uma palmada, já que os puxões de orelha não vinham surtindo efeito.

Os dois homens sorriram com o comentário.

— Dessa vez, caro Amílcar, o recado foi direto e incisivo. Vi a morte de perto. E tive um salvador na figura de um voluntário, um simpático rapaz chamado Michael Ferguson, que arriscou a própria vida para me salvar, tirando-me daqueles escombros onde permaneci aprisionado por longas horas.

Veja a ironia da vida: logo eu, que fui contra a escolha de minha filha Patrícia de ser voluntária, fui salvo justamente por alguém que dedica a vida ao voluntariado.

Amílcar balançou afirmativamente a cabeça:

— A vida é assim mesmo, Afrânio. Ela está cheia de ações e milagres de Deus. Pena que a maior parte das pessoas não percebe isso. O maravilhoso é que, mesmo permitindo que as pessoas façam suas escolhas na vida utilizando o livre-arbítrio, Ele concede intuições, força e iluminação para que essas escolhas sejam acertadas e conduzam à evolução. Graças a Ele você recebeu e percebeu o sentido dessa mensagem.

Afrânio concordou com a cabeça, reforçando com palavras:

— Isso mesmo. Hoje sou outro homem, meu amigo. Agora posso dizer que uso a emoção e não somente a razão para guiar minhas decisões e escolhas. E o resultado prático e imediato dessas mudanças pessoais é que pretendo acompanhar minha mulher em suas atividades espirituais e quero ler bastante sobre o assunto.

O diretor de RH levantou-se e abraçou o colega com alegria:

— Que boa notícia! Novamente, você merece meus parabéns! Nunca tinha visto tamanha transformação em uma pessoa! E, se você me permitir, desejo contribuir para esse processo de transformação: posso lhe emprestar alguns livros e lhe mostrar vídeos muito interessantes sobre a espiritualidade.

— Aceito de bom grado, meu amigo. Vou precisar mesmo.

Outra ação inesperada de Afrânio foi marcar um encontro com os dois representantes da ONG, que, semanas antes, foram tratados de forma descortês pelo diretor do banco. Naquele dia, ao chegar à empresa, Afrânio pedira a Olga que agendasse uma reunião com os representantes da ONG para o horário subsequente à reunião que agendara com sua equipe.

No horário marcado, Olga abriu a porta, mas o casal da ONG, temeroso e desconfiado, permaneceu parado à entrada do escritório. Foi preciso, então, que a secretária insistisse:

— Por favor, entrem e sentem-se.

Os representantes sentaram-se e ficaram olhando Afrânio com uma expressão de apreensão e desconfiança no semblante. Só relaxaram um pouco quando o viram sorrir e estender-lhes a mão para cumprimentá-los.

Afrânio falou em um tom de voz bem amistoso, muito diferente daquele que utilizara no dia em que os insultara:

— Em primeiro lugar, quero pedir a vocês dois minhas sinceras desculpas pela maneira injusta e grosseira com que os tratei em nosso encontro anterior. Peço-lhes sinceramente perdão.

Só então o casal relaxou de vez. Tentando ser delicado, o homem falou:

— Não precisa se desculpar, doutor Afrânio. Nós entendemos perfeitamente que há dias em que as coisas não acontecem como gostaríamos. Não se preocupe com isso.

Afrânio entendeu que o rapaz estava apenas tentando ser gentil, mas ele mesmo admitia que naquele dia exagerara em sua grosseria. Por isso, estava cauteloso na escolha das palavras seguintes:

— Espero que me compreendam, mas eu não gostaria de entrar em detalhes acerca dos acontecimentos que me transformaram em outro homem e em outro tipo de profissional. Chamei-os aqui porque, além de desejar pedir-lhes desculpas, como já o fiz, desejo informar-lhes que estou autorizando a continuação do subsídio financeiro para a entidade que vocês representam. Inclusive com um valor, digamos, atualizado.

Os olhos do casal brilharam de surpresa e alegria, e a mulher falou emocionada:

— Puxa, doutor Afrânio, não precisava!

— Eu sei, eu sei, minha senhora, mas é apenas uma maneira de materializar meu arrependimento. Esse valor adicional, que quase dobrará o do subsídio, é uma contribuição pessoal minha. Meu desejo sincero é de que vocês continuem a se dedicar a esse trabalho humanitário por meio da entidade que representam. Aprendi recentemente que a solidariedade é uma das mais belas atitudes do ser humano.

O rapaz da ONG também estava emocionado e não fazia questão de esconder sua gratidão:

— Doutor Afrânio, não sabemos como agradecer esse seu gesto de generosidade. Seu subsídio anterior já era um dos maiores que nossa entidade recebia. E agora, com o valor quase dobrado... nem sei o que dizer! Isso nos permitirá ampliar bastante nosso campo de ação.

Afrânio abanou as mãos:

— Por favor, não precisam me agradecer. Eu é que preciso, mais uma vez, me desculpar pelos desconfortos gerados em nosso encontro anterior. Se por um lado os magoei, por outro aprendi uma grande lição. E, no frigir dos ovos, o saldo foi positivo para todos nós.

Mesmo lutando contra uma natural inibição, a mulher pediu:

— Doutor Afrânio, posso... posso lhe dar um abraço?

Afrânio ruborizou, mas levantou-se em sinal de concordância. Ele mesmo deu a volta na mesa e abraçou fortemente os dois representantes da ONG, que depois dos cumprimentos saíram da sala com um sorriso resplandecente.

Vendo-os tão eufóricos, Olga, sorridente, levantou-se, foi ao encontro do casal e também os abraçou fortemente.

Estavam todos muito emocionados, acreditando que, definitivamente, milagres acontecem.

A próxima reunião que Afrânio pedira à sua secretária para agendar seria com Léo, que logo foi introduzido por Olga na sala do diretor do banco.

Léo parecia outra pessoa, bem diferente daquele jovem inseguro e temeroso do encontro anterior. O rapaz entrou na sala com um sorriso nos lábios e de forma decidida e simpática. Estendeu a mão para cumprimentar o ex-chefe, que o recebeu também sorridente:

— Sente-se, meu jovem. Que bom vê-lo aqui. Estava ansioso para conversar a sós com você.

— É um prazer e uma honra estar aqui com o senhor.

Afrânio estava ansioso para definir a situação:

— Bom, meu jovem, vou direto ao assunto: gostaria que você voltasse a trabalhar conosco.

Léo não se mostrou surpreso com a proposta do sogro, pois Larissa já havia comentado com o rapaz sobre a intenção de Afrânio, e, com uma expressão tranquila, respondeu educadamente:

— Doutor Afrânio, eu me sinto muito honrado com esse convite...

Afrânio interrompeu o rapaz delicadamente:

— ...que me deixará muito feliz se você aceitar.

Léo hesitou e mostrou-se um pouco desconcertado:

— Bem, esse é o ponto... Agradeço muitíssimo seu convite, mas não posso aceitá-lo.

A decepção na fisionomia de Afrânio era evidente, mas ele fez o possível para disfarçá-la. Naquele momento, lembrou-se das palavras de sua filha, que já antevira aquele resultado. Contudo, esforçou-se para que sua voz soasse natural:

— Você já está trabalhando?

— Ainda não, doutor Afrânio.

Intrigado, Afrânio franziu a testa:

— Mas então, meu jovem, eu não entendo sua recusa.

— É que já estou participando de vários processos seletivos em alguns bancos. Não quero parecer presunçoso, mas tenho certeza de que, pelo menos em um deles, serei aprovado. E isso para mim é muito importante, porque são todos bancos de grande porte, que oferecem bons salários e ótimos benefícios.

Afrânio tentou dissuadir o rapaz:

— Não duvido disso, mas estou lhe propondo algo que já é certo. Você sabe que todo processo seletivo é sempre uma incógnita.

Orgulhoso por perceber o interesse de Afrânio em seu retorno, Léo sorriu, mas mostrou-se firme em sua decisão:

— Eu sei, doutor Afrânio, mas confio em Deus e em meus conhecimentos. Como eu disse ao senhor, sei que serei aprovado em pelo menos um dos bancos — fez uma pausa pensando em como dizer ao sogro o que lhe ia à mente: — E depois, tem outra coisa...

Apesar da justificativa apresentada, Afrânio tinha certeza de que havia algo mais por trás da posição de Léo:

— Que coisa?

— Desculpe-me a sinceridade, doutor Afrânio, mas é que, trabalhando aqui, eu sempre serei visto pelos colegas e pelos outros gerentes como "o namorado da filha do chefão". Alguns se aproximarão de mim tentando tirar proveito dessa relação, enquanto outros se afastarão com medo de que eu possa ser um delator diante de alguma irregularidade que eu perceba. Além disso, qualquer promoção que eu venha a receber, ainda que exclusivamente devida ao meu desempenho profissional, vai gerar comentários. As pessoas acharão que foi por protecionismo, por influência do senhor. Então, pensando nesses aspectos, concluí que, para mim, seria sempre desconfortável trabalhar aqui.

Afrânio ouviu atentamente as considerações de Léo, refletiu sobre os argumentos do jovem e não pôde deixar de dar razão ao rapaz:

— Infelizmente, não posso tirar a sua razão, meu jovem. Mas acho uma pena que você não tenha aceitado minha proposta. Você sempre foi um funcionário exemplar e só foi demitido devido à minha estupidez. No entanto, admito que há realmente pessoas maldosas aqui dentro, que darão uma interpretação errônea ao seu inevitável crescimento neste banco.

Léo ficou aliviado:

— Fico contente que o senhor tenha entendido.

Afrânio levantou-se, deu a volta na mesa e sentou-se na poltrona ao lado de Léo:

— Bom, acho que não há mais nada a falar sobre este assunto. Mas ainda tenho outro pedido a lhe fazer...

"Ih, será que ele vai querer que eu diga quando pretendo me casar com Larissa?", Léo pensou.

— Léo, eu gostaria de ter certeza de que você não vai guardar ressentimentos pelo que ocorreu entre nós na ocasião de sua demissão.

O rapaz foi firme em sua sinceridade:

— Pois pode ter certeza disso, doutor Afrânio. Nosso encontro anterior aconteceu em um momento difícil para todos e por isso compreendo sua posição. Admito que naquela ocasião fiquei bastante abalado com o ocorrido, mas já superei isso. Por favor, acredite que já não guardo mágoas ou ressentimentos pelo fato. Pode ter absoluta certeza disso.

Afrânio suspirou aliviado:

— Graças a Deus!

O diretor levantou-se e deu por encerrado o encontro com Léo. Antes de despedir-se do rapaz, no entanto, fez mais uma oferta:

— Se você precisar de indicações ou referências pessoais e profissionais, pode contar comigo.

— Muito obrigado, doutor Afrânio. Falarei com o senhor caso venha a precisar.

Afrânio sorriu e brincou, jogando uma última cartada:

— E também se alguma coisa der errado nos processos seletivos...

Léo também sorriu agradecido e fez figa com os dedos:

— Pode ficar tranquilo, doutor Afrânio. Vai dar tudo certo. Há muita gente torcendo por mim, e farei os testes acompanhado por muitos protetores espirituais.

Afrânio mostrou-se agradavelmente surpreso ao ouvir a referência do jovem ao mundo espiritual:

— Fico feliz de ouvi-lo falar assim, Léo. Por favor, combine com a Larissa um jantar lá em casa.

Ao ouvir aquele convite, Léo não coube em si de alegria e orgulho:

— Com prazer, doutor Afrânio.

Ao sair, Léo deu um grande e agradecido abraço em Olga, que comentou feliz:

— Meu querido, agora os tempos são outros! — e despediram-se sorrindo.

Capítulo 31

Naquela mesma manhã, ao sair para trabalhar em seu carro, Larissa sentia-se muito estranha.

Não estava passando mal nem sentindo dor alguma, mas tinha a impressão de que estava esquisita, com os pensamentos meio fora de ordem. Não tinha uma explicação para o que estava acontecendo, pois na véspera tivera uma ótima noite de sono após a visita ao centro espírita acompanhada de seus pais e de Léo.

A moça, no entanto, pensava que talvez melhorasse quando chegasse à empresa onde trabalhava e começasse a realizar suas tarefas do dia.

No trânsito, Larissa percebeu que estava dirigindo meio distraída, o que não era do seu feitio. Principalmente quando dirigia em um trânsito tão caótico quanto aquele que enfrentava quase todos os dias. Costumava ser muito cuidadosa e atenta ao guiar um carro.

O pensamento de Larissa começou a vagar e ocorreu à jovem que ela deveria ir ao apartamento de Léo. Afinal, se ela não estava se sentindo bem, por que ir trabalhar? Em vez de arriscar-se a sofrer ou causar um acidente, seria bem melhor ficar juntinho de seu amado o dia inteiro.

Sem que Larissa pudesse desconfiar, aquele pensamento lhe estava sendo sugerido pelo espírito de Lídia, que se encontrava instalado ao lado da jovem, no banco do carona — obviamente de forma invisível. Era ela que, desejando provocar danos a Larissa e assim atingir Afrânio, usava de sua energia para colocar na mente da moça aqueles pensamentos tortuosos.

Ao voltar do banco, onde tivera a tranquila reunião com Afrânio, Léo ficou feliz, mas ao mesmo tempo intrigado, quando encontrou Larissa à sua espera em seu apartamento.

A jovem estava no chão, recostada em várias almofadas, com as roliças pernas à mostra e a parte superior da blusa aberta, deixando visível seu belo colo. Léo, então, sentou-se pertinho da namorada e beijou-a:

— Que surpresa agradável! Não foi trabalhar hoje, moça?

Larissa respondeu com um tom de voz insinuante e sedutor:

— Não está feliz em me ver aqui, lindo?

Léo não entrou no jogo de sedução da namorada e brincou com a situação:

— Claro que estou, mas o desempregado aqui sou eu. Pelo que sei, você ainda trabalha.

A moça deu um muxoxo, mas ainda tentou manter-se sensual:

— Não estou a fim de trabalhar hoje — e, chegando mais perto de Léo, lançou a isca: — Estou a fim de você, meu lindo.

O rapaz afastou-se delicadamente:

— Uau! Que ataque de romantismo! Mas pelo menos avisou para sua chefe que iria faltar hoje?

Larissa mostrou-se amuada pela recusa do namorado em cair em sua rede:

— Não avisei a ninguém. Estou de saco cheio de ficar prestando contas de minha vida a todo mundo.

Em um canto da sala, o espírito desorientado de Lídia sorria satisfeito. Tudo estava correndo conforme planejara.

Léo contemporizou. Não queria discutir nem brigar com a namorada:

— Desculpe, linda, não foi essa minha intenção, mas você nunca faltou ao trabalho sem um bom motivo.

— Ué, e este não é um bom motivo? Ficar com a pessoa que amo?

— Esse é o melhor motivo do mundo, mas tenho a impressão de que sua chefe e seus pais não concordariam com isso. Poderemos nos ver à noite, sem causarmos nenhum problema ao seu trabalho. Concorda?

Repentinamente transformada, Larissa levantou-se depressa, mostrando-se impaciente e irritada:

— Quer saber do que mais? Não estou a fim de falar sobre isso. Eu vim aqui para curtir um tempo com você e quero saber se está ou não a fim de mim. Se não estiver, é só me dizer que vou embora!

Léo achou ainda mais estranha aquela mudança brusca de atitude e, mesmo assim, tentou levar a situação na brincadeira:

— Gente, o que foi que você bebeu e comeu no café da manhã para te deixar tão excitada?

A jovem aproximou-se do namorado e voltou a insinuar-se:

— Ahn, foi uma fórmula afrodisíaca... Venha para mais perto de mim, meu lindo!

As intenções de Larissa estavam bem claras para Léo, mas ele continuava achando que aquele não era exatamente o momento indicado para fazerem amor. Como parte dos processos seletivos dos quais estava participando, o rapaz ainda tinha algumas entrevistas agendadas e por isso precisava sair de casa para não perder os compromissos.

O rapaz ainda se dispôs a explicar sua situação para ela:

— Linda, você sabe que eu te amo, que eu te adoro, mas...

Larissa nem o deixou terminar a frase. Voltou a assumir a expressão agressiva de antes:

— "Mas" o quê, cara? Vai dizer que vai me rejeitar?

Surpreso e chocado com os modos da namorada, Léo começou a perder a paciência:

— Larissa, não se trata disso. Você está distorcendo tudo. Aliás, eu nem estou conseguindo reconhecê-la. Eu a amo, já disse, e a desejo muito, mas agora não é o momento. Você precisa ir trabalhar, e eu preciso sair para participar de alguns processos seletivos. Tenho que conseguir logo um novo emprego.

— Por que você se preocupa tanto com isso? Meu pai não o convidou para voltar a trabalhar no banco?

— Já conversamos sobre esse assunto. E eu acabo de ter uma conversa com seu pai, aliás, uma ótima conversa, na qual deixei claro que, por várias razões, não voltarei a trabalhar no banco.

A jovem explodiu de raiva e frustração:

— Você é um idiota!

Léo ficou chocado com a reação intempestiva da namorada. Durante todo o tempo em que namoravam, ela nunca o havia tratado daquela forma, nunca o havia insultado como o fizera naquele momento:

— Larissa! O que está acontecendo com você?

— Eu disse que você é um idiota! Aceite logo o convite de meu pai, pare de procurar emprego e venha aqui se deitar comigo, venha! — e dizendo isso deitou-se sensualmente sobre as almofadas.

Léo levantou-se irritado:

— Chega! Não sei o que está acontecendo com você, mas não estou gostando nem um pouco de suas atitudes!

Larissa fingiu-se de ingênua e continuou a provocar o namorado:

— Que atitudes, meu docinho de coco? Venha aqui, venha...

O rapaz estava decepcionado com a namorada:

— Você está tão... tão vulgar! Tão irresponsável! Não estou reconhecendo a garota que amo!

A moça não mudou o tom:

— Vulgar e irresponsável só porque quero fazer amor com o homem por quem estou apaixonada?

Léo tentou acalmar-se, pois não queria brigar com a namorada. Ficaria nervoso e isso poderia prejudicá-lo nas entrevistas:

— Esqueça. Falei sem pensar. Mas você precisa reconhecer que, agora, não há clima para isso. E, além do mais, não tenho mais camisinhas aqui em casa. Preciso passar na farmácia para comprar.

Larissa levantou-se e abraçou o namorado sedutoramente:

— Mas eu quero transar com você agora!

O jovem afastou-a delicadamente:

— Você está louca, menina? E se você engravidar?

— Ué, e qual é o problema? Meu pai seria vovô! Vovô Afrânio! E minha mãe, vovó Lucila — e caiu na gargalhada.

Léo ficou sério, sem achar graça do comentário da namorada. Contrariado, percebeu que ela continuaria insistindo na tentativa de seduzi-lo:

— Larissa, vamos mudar de assunto. Uma gravidez agora não seria interessante para nossos planos. Além disso, você sabe que seu pai não ficaria nem um pouco feliz se você engravidasse antes de se casar.

De repente, a jovem explodiu furiosa:

— Eu quero mais é que meu pai se lixe!

Foi o limite para Léo:

— Larissa! Chega! Vou ligar para sua mãe vir buscá-la. Você não está bem! Não sei o que está acontecendo, mas você não está boa do juízo!

Larissa levantou-se irritada:

— Não precisa chamar ninguém, palhaço! Eu me viro sozinha! — e saiu batendo a porta com estardalhaço.

O espírito de Lídia, que, até então, se divertia com o desempenho de Larissa, ficou possesso com a resistência de Léo. Para seus planos, teria sido ótimo se Larissa engravidasse. Afrânio enlouqueceria. Irritada, Lídia praguejou contra o rapaz e saiu atrás da jovem. Tinha que pensar em outra estratégia para fazer a moça praticar uma grande tolice.

Na outra extremidade da sala, o espírito iluminado de Patrícia mostrava-se aliviado, pois conseguira fazer Léo resistir às tentativas de sedução de Larissa. No entanto, ainda havia muito a fazer. A garota ainda precisava de ajuda, pela forma estabanada como saíra do apartamento.

Por sua vez, ainda pasmo, Léo continuava olhando para a porta por onde Larissa saíra. Não sabia o que pensar sobre o ocorrido. Estava sem ação, chocado e muito surpreso. Por fim, decidiu ligar para Lucila para preveni-la sobre o comportamento de Larissa.

Deolinda, a fiel empregada da família Castro, foi quem atendeu à ligação. Quando o rapaz se apresentou, ela mostrou sincera alegria:

— Oi, Léo, como está?

— Tudo bem, Deolinda. Posso falar com dona Lucila?

— Meu filho, ele está com uma dor de cabeça danada. Deu de repente. Foi descansar um pouco e pediu para não ser incomodada, a menos que por um assunto muito importante.

Léo estava ansioso. Eles precisavam fazer algo urgente para proteger Larissa:

— Deolinda, eu receio que o assunto seja muito importante. Eu preciso falar com dona Lucila. É sobre Larissa.

— Ah, é? Então espere um pouco, meu filho.

Deolinda, apreensiva, bateu de leve na porta do quarto de Lucila e empurrou-a devagarinho. A mulher estava deitada de barriga para cima, com os braços posicionados ao lado do corpo, com uma venda escura sobre os olhos.

— Dona Lucila? — Deolinda chamou baixinho para ter certeza de que ela estava acordada.

Lucila tirou a venda que cobria seus olhos e respondeu com a voz sonolenta:

— Sim, Déo?

— O Léo está no telefone. Ele quer falar com a senhora. Disse que é sobre a Larissa e que é muito importante.

O coração de Lucila deu um pulo. De repente, ela teve a certeza de que logo iria saber o motivo daquela forte dor de cabeça, que a atacara tão repentinamente.

Lucila pegou o aparelho sobre o criado-mudo, que era uma extensão da linha principal:

— Oi, Léo, tudo bem, meu filho?

Apesar de nervoso e ansioso, Léo estava sem jeito para falar com a mãe da namorada:

— Dona Lucila, desculpe incomodá-la.

Lucila fazia força para não demonstrar sua ansiedade:

— Não se preocupe, Léo, pode falar.

— Nem sei se é importante o que vou lhe relatar, dona Lucila, mas para mim foi muito estranho — e, superando a natural inibição de falar com a sogra sobre certos trechos mais íntimos do encontro que tivera com Larissa, Léo, por fim, contou tudo, desde o momento em que a moça chegou ao seu apartamento até a hora em que ela saiu brava, batendo a porta.

Lucila ouvia em silêncio o relato de Léo e sua preocupação ia aumentando em um crescendo assustador. No final, exclamou com convicção:

— Meu Deus, é aquela mulher de novo!

Léo não entendeu:

— Como assim, dona Lucila? Que mulher?

— Lembra-se do que conversamos sobre a mulher que incentivou o rapaz desconhecido a embebedar Larissa? Trata-se do espírito de uma ex-funcionária do banco, Lídia, que foi flagrada preparando um grande desfalque contra a empresa. Ela foi demitida e morreu vítima de um infarto logo em seguida.

— Nossa!

— Pois é o espírito dessa mulher que está perseguindo Larissa e fazendo-a cometer desatinos. Sabe-se lá o que mais ela vai tentar fazer. Precisamos encontrar Larissa! Ela não tem defesas espirituais ainda. É uma boa moça, mas é muito ingênua e impulsiva. Por isso minha filha está nas mãos daquela mulher terrível e daquele rapaz, que é filho dela. Você conhece bem Larissa e sabe que, em seu estado normal, ela jamais se embriagaria daquela forma nem faltaria ao trabalho para namorar.

— Eu sei disso, dona Lucila. Por isso mesmo decidi lhe telefonar. Percebi que Larissa não estava em seu estado natural.

— Fez muito bem em me ligar, meu filho. Agora precisamos encontrá-la. E logo!

Léo mostrou-se hesitante:

— O problema é que eu tenho algumas entrevistas de emprego para fazer agora e...

— Não se preocupe, Léo. Vá fazer suas entrevistas. Talvez manter você desempregado seja até parte do plano daquela megera. Não falte às entrevistas. Eu vou pedir ajuda ao Ricardo.

— Está bem, dona Lucila. Mas, por favor, não deixe de me contar o resultado disso tudo.

— Fique tranquilo, meu filho. E muito obrigado pelo seu comportamento de cavalheiro, de homem sério e ético. Outro certamente teria se aproveitado da situação e sabe-se lá quais seriam as consequências desse ato.

— Larissa também é uma moça ética e séria, dona Lucila, a senhora sabe disso. É que ela estava sob a influência desse espírito ao qual a senhora se referiu.

— Com certeza, Léo. Voltarei a falar com você depois e lhe darei notícias.

Capítulo 32

Fred estava na Rua 25 de Março, atendendo a alguns fregueses, quando "ouviu" a voz de sua mãe:

— Atenção, moleque! Fique esperto! Largue essas bugigangas aí e corra para o local que vou lhe indicar!

Os fregueses à frente de Fred assustaram-se quando o ouviram falar em voz alta. Em seu pânico, o jovem esquecera-se de que não precisava verbalizar uma resposta, mas apenas pensar em uma:

— Mas agora? Tem que ser agora? E o que faço com minhas mercadorias?

— O que você faz com essas porcarias? Largue tudo aí e corra, moleque! Tem que ser agora! A oportunidade é de ouro e não podemos perdê-la. É agora ou nunca!

Os fregueses ficaram ainda mais assustados quando viram o rapaz sair correndo, abandonando o tabuleiro com as mercadorias. Julgando que ele fugia da polícia, resolveram afastar-se também depressa.

Fred corria na direção indicada pela voz de sua mãe. Na pressa, correu alguns riscos atravessando ruas sem olhar para os semáforos, passando entre os carros em movimento.

Depois de um tempo, Fred chegou esbaforido ao ponto que sua mãe queria: ele estava diante da mesma garota que paquerara no barzinho e que agora se encontrava parada ao volante de um novíssimo carro, apesar de o semáforo estar verde. Alguns motoristas impacientes começaram a buzinar para que ela se mexesse, sem que a moça esboçasse qualquer reação. Aparentemente algo acontecera, porque a jovem estava com uma expressão assustada, sem saber se retomava ou não a direção do carro, e parecia confusa.

A voz de Lídia ecoou na mente de Fred:

— Tem que ser agora, moleque! Já fiz a minha parte! Corra! Aproveite que o carro está parado!

Fred apressou o passo, aproximou-se do carro de Larissa e bateu de leve na janela do lado do assento do carona para chamar a atenção da jovem. Larissa olhou para o rapaz e, pela sua expressão, Fred percebeu que ela o reconhecera. Ele só não sabia como a jovem reagiria.

Depois de sair irritada do apartamento de Léo, Larissa voltou ao seu carro e dirigiu a esmo pelas ruas e avenidas da cidade por um bom tempo. Continuava se sentindo confusa. Não sabia definir o que estava acontecendo, mas sentia-se aborrecida, impaciente e ansiosa. Não estava conseguindo raciocinar direito.

De repente, aquela mulher, a ex-funcionária de Afrânio, apareceu subitamente à frente do carro da jovem, que instintivamente pisou com força no freio, fazendo os pneus cantarem, chamando a atenção das pessoas que estavam nas proximidades. Larissa freara de maneira tão brusca que quase um carro que vinha logo atrás batera em seu automóvel.

Com o veículo já parado, Larissa saltou assustada. Preocupada, a moça correu para a frente do carro para ver

291

se havia atropelado a mulher, mas, para sua surpresa, não havia ninguém caído no chão.

Incrédula, Larissa certificou-se mais uma vez de que não atingira uma pessoa, e os transeuntes ainda confirmaram que ninguém atravessou a frente do carro da jovem.

Intrigada e ainda nervosa, a moça voltou para seu veículo, disposta a redobrar os cuidados na direção. Enquanto isso, outros motoristas buzinavam impacientes, pedindo passagem.

Quando Larissa se preparava para colocar o carro em movimento novamente, alguém bateu na janela ao lado do banco do carona. A jovem logo reconheceu a pessoa que a abordava: era o mesmo rapaz que a fizera embriagar-se. Sorrindo, ele continuava a mostrar-se sedutor e envolvente, e, como o vidro não estava de todo levantado, a moça conseguiu ouvir o que o rapaz, sorrindo, dizia:

— Ei, belezinha, lembra-se de mim? Outro dia tomamos uns drinques, mas você acabou fugindo...

Ainda que estivesse com a mente embotada, Larissa não tinha dúvida: era o mesmo cara que a fizera beber em demasia naquela noite.

Uma parte da mente da jovem dizia-lhe que não deveria dar atenção àquele rapaz e que precisava acelerar o carro tão logo o sinal ficasse verde; outra parte, no entanto, dizia-lhe que diante da rejeição de Léo não havia mal algum em dar carona a um jovem tão simpático e atraente. Larissa, por fim, acabou destravando a porta, permitindo que o rapaz entrasse em seu carro e se sentasse a seu lado:

— É isso aí, garota! Vamos curtir um barato! Eu gostei de você desde a primeira vez em que a vi.

Larissa estava dividida. Não sabia o que dizer ou fazer. O espírito de Lídia estava bem atrás dela, causando-lhe uma profunda confusão mental.

Sem capacidade de reação, a moça apenas perguntou:
— Para onde vamos?

O rapaz sorriu cinicamente:

— Não se preocupe com isso, gata. Vou levá-la ao paraíso. Apenas siga minhas indicações.

O jovem começou a orientar Larissa sobre o trajeto a seguir. A moça estava sem iniciativa alguma e sentia que já não detinha mais o controle de suas mãos sobre o volante. Para Larissa, o carro tinha adquirido vida própria.

Depois de quase uma hora de percurso e de bobagens obscenas proferidas ao ouvido de Larissa, o rapaz indicou uma entrada que dava acesso a um caminho de terra. Pouco depois, ele pediu à jovem que estacionasse o carro:

— Pode parar aqui, garota. Para o que vamos fazer, aqui está ótimo! Já vim neste lugar outras vezes com outras garotas. É tranquilo.

Larissa estava assustada. Ela olhou à sua volta e viu que o lugar parecia o início de uma estradinha abandonada e deserta, certamente próxima a algum bairro da periferia da cidade. Apesar do dia ainda estar claro, dava para perceber que se tratava de um lugar ermo, sujo e com mau cheiro. Deveria também ser perigoso, pois tudo indicava que aquele local era usado por marginais para o consumo e venda de drogas. Ou para coisas piores.

Apesar de assustada, Larissa ainda se esforçou para não demonstrar sua insegurança:

— O que viemos fazer aqui?

— Ora, não seja boba! Vamos curtir um barato, já falei. Eu trouxe um bagulho pra nós dois. Vai ser suficiente pra uma festinha. E não se preocupe que este lugar é discreto e ninguém virá nos interromper.

Sorrindo com cinismo, o rapaz tirou do bolso da surrada calça jeans um pacotinho. Abriu-o com cuidado e mostrou para Larissa diversas pedras de crack.

A jovem não sabia o que era aquilo que o rapaz tinha nas mãos:

— O que é isso?

Ele soltou uma escandalosa gargalhada de deboche e depois ironizou:

— Mas você é uma patricinha mesmo! Então não sabe o que é isso? Chama-se crack, garota, crack! Já ouviu falar nisso? Essa quantidade aqui vale uma fortuna, e é tudo nosso! Vamos queimar tudo! Você vai ficar muito doida! Vamos fazer uma viagem incrível da qual você nunca se esquecerá!

No banco de trás, o espírito de Lídia já antecipava uma vitória, mas, inesperadamente, levou um grande susto e ficou profundamente irritado: ao seu lado, acompanhado de um mentor, posicionara-se o espírito iluminado de Patrícia. Lídia, então, sentiu uma onda de calor envolvendo-a, e essa energia passou a rodear o que seria seu corpo, imprimindo uma enorme pressão sobre si, quase a ponto de fazê-la sentir-se sufocada. A mulher começou a perceber que aquela imensa energia sugava e enfraquecia a sua e, como consequência, notou também que já não conseguia mais estabelecer uma conexão com os vivos.

Enquanto seu mentor espiritual mantinha Lídia imobilizada, Patrícia projetou toda sua energia para a mente da irmã, vibrando para que ela a captasse e entendesse sua mensagem:

— Larissa, maninha, sou eu, Pati. Este indivíduo ao seu lado está sob o controle do espírito perturbado de Lídia, aquela mulher que trabalhou no banco. Lembra-se dela? Foi essa mulher que, através do filho, fez você se embriagar naquela noite. Este rapaz ao seu lado é o filho dela. Preste bem atenção: agora ele está lhe oferecendo uma das drogas mais perigosas e prejudiciais ao ser humano: o crack, uma forma impura da cocaína, mas cinco vezes mais potente que ela. Se você aspirar a fumaça que essa droga produz quando é queimada, ela atingirá seu sistema nervoso central em dez segundos. Daí, você sentirá muita euforia, prazer e excitação por uns dez minutos. Depois disso, no entanto, você cairá em uma terrível depressão, que só passará com uma dose cada vez maior dessa droga. E é assim que uma pessoa acaba viciada e dependente do crack. Em pouco tempo você terá alucinações, ficará paranoica, terá seus neurônios destruídos e seu cérebro detonado com danos irreparáveis. É isso que você quer para seu futuro? Para seus pais? Para seu namorado? Claro que não! Portanto, não deixe que esse rapaz acenda o "cachimbo" que está preparando agora.

O espírito perturbado de Lídia não parava de praguejar e continuava a debater-se, tentando inutilmente libertar-se do mentor de Patrícia.

Larissa logo captou a mensagem da irmã na forma de uma intuição, o que é algo comum nesse tipo de comunicação entre os dois planos. Como nessa esfera o conceito de tempo é diferente do conceito terreno, tudo o que Patrícia disse à irmã levou apenas poucos segundos para ser compreendido. Enquanto isso, o rapaz ainda se esforçava para montar um "cachimbo", que seria aceso para que a droga pudesse ser consumida.

Aproveitando a concentração do jovem naquela tarefa, Larissa, em um movimento rápido, deu um forte tapa na mão do rapaz, fazendo os papelotes, o "cachimbo" e as pedras de crack caírem no tapete do carro. E, enquanto o rapaz tentava entender o que acontecera, a moça abriu a porta do carro, saiu e rapidamente tirou o celular da bolsa.

Fred olhava-a assustado e surpreso com aquela reação inesperada, enquanto ela o ameaçava, gritando:

— Se você não sumir daqui, vou ligar para a polícia! — e, vendo que a porta do carro ficara aberta, Larissa esticou rapidamente o braço e tirou a chave da ignição. Em seguida, acionou o botão do alarme, fazendo disparar um alarme estridente e suficientemente escandaloso para chamar a atenção de alguém a uma enorme distância.

Assustado, o rapaz tentou por alguns segundos decidir o que fazer. Em essência, ele não era mau; estava apenas sendo guiado pelo espírito perturbado de Lídia. Por isso, quando ocorreu a quebra da conexão espiritual com a mãe, o jovem entrou em pânico. Ao retornar ao seu estado normal, ele percebeu que estava em perigo e que poderia ser preso se a polícia aparecesse. Dessa forma, o rapaz pediu assustado:

— Calma, garota! Eu juro que não queria lhe fazer mal. Não sei o que deu em mim! Nunca fiz mal a ninguém.

Larissa não conseguia acreditar no que o rapaz dizia, porque não conhecia a forma de conexão espiritual estabelecida entre ele e Lídia — conexão que fora anulada pelo espírito de luz que acompanhava Patrícia.

Percebendo que dominava a situação, pois era visível o medo no olhar do rapaz, Larissa preferiu não correr riscos:

— Calma nada! Não quero que você se aproxime de mim! Fique longe e não tente fazer nada!

Fred estava sinceramente assustado e temia as consequências daquela enrascada em que se metera involuntariamente. Larissa, por sua vez, continuava no comando:

— Saia já do meu carro! Rápido!

O rapaz saiu do veículo, mas não teve tempo de fugir. Duas viaturas da polícia chegaram com as sirenes desligadas, para evitar que o jovem se evadisse, e estacionaram ao lado do automóvel da jovem.

O carro de Larissa havia sido rastreado pelo sistema de segurança, que fora acionado por Afrânio. Tão logo recebera o telefonema de Lucila, que relatara a saída brusca de Larissa da casa de Léo, Afrânio decidiu tomar providências para tentar localizar a filha.

Fred agora chorava descontrolado:

— Não me prendam, por favor! Eu não ia fazer mal à moça. Por favor, eu posso explicar!

Os policiais, armados e bastante corpulentos, algemaram Fred e fizeram-no entrar na viatura para que fosse, por fim, conduzido à delegacia.

Ainda que ninguém pudesse ouvi-lo, o espírito de Lídia começou a implorar de forma desesperada:

— Por favor, não façam mal a ele. Ele não tem culpa de nada! É um bom menino!

Ao lado, o espírito de Patrícia ironizou:

— Mas você queria que esse bom menino fizesse mal à minha irmã, não é?

— Por favor, moça, não deixe que o maltratem — e, com um grito de angústia, declarou: — Ele é meu filho!

Alheio ao que se passava entre as entidades invisíveis, um dos policiais procurava saber se Larissa estava bem.

— Estou bem. Acho que ele estava tentando me fazer usar aquela droga jogada no tapete do carro.

— Sem dúvida. Ele será julgado por tentativa de sequestro e por posse e tráfico de drogas. Meu pessoal vai recolher as provas que estão no seu carro, além das impressões digitais do rapaz. Depois, precisamos que a senhorita vá até a delegacia para formalizar a queixa.

— Irei, com certeza! — respondeu Larissa, enquanto observava os policiais recolherem, o "cachimbo" inacabado e os papelotes caídos no chão do carro.

Um dos agentes preocupou-se em saber:

— A senhorita sente que tem condições de dirigir ou prefere que a levemos para sua residência?

— Obrigada pela preocupação, mas, graças a vocês, estou bem. Muito obrigada, de verdade. Vou direto para casa.

Em pensamento, Larissa completou: "...e graças, mais uma vez, ao espírito da minha irmã Patrícia e a seus amigos do bem".

Em seguida, Larissa ligou para Lucila e fez um resumo do ocorrido, enfatizando que estava bem e a caminho de casa.

Depois, a jovem ligou para Léo e repetiu a narrativa do que acontecera a ela. Antes de desligar, no entanto, Larissa pediu mil desculpas ao namorado pelo seu comportamento naquela manhã, quando estava sob o domínio do espírito perverso de Lígia.

Léo foi compreensivo:

— Não precisa se desculpar, linda. Eu sabia que você não estava em seu juízo perfeito e que alguma coisa estava errada. Não era a minha Larissa, a doce garota que conheço e que amo tanto.

Depois de desligar o telefone, Larissa dirigiu com cuidado e segurança em direção à sua casa.

Capítulo 33

Quando Larissa chegou em sua casa, correu ao encontro dos pais. Afrânio, assim que soubera do suposto desaparecimento, acionara a polícia e retornara imediatamente para casa. Léo e Ricardo também estavam lá. Todos queriam abraçar a jovem e saber se ela estava bem.

Juntos, ouviram atentos à narrativa detalhada de Larissa sobre o ocorrido. Ela admitiu que, naquele dia, acordara esquisita e que fora direto para o apartamento do namorado em vez de seguir para o trabalho.

A jovem não sabia explicar por que tentara seduzir Léo da maneira que o fez e reconheceu que saiu do apartamento do namorado muito brava por ter se sentido rejeitada.

— Mas, Larissa, como você pôde pensar que eu a estava rejeitando?

— Lindo, agora eu sei que você não estava me rejeitando, mas na hora, sob a influência do espírito daquela mulher, foi o que eu senti.

— Bom, graças a Deus está tudo esclarecido agora.

Larissa continuou a narrativa e contou do susto que tivera quando supôs ter atropelado a ex-funcionária de seu pai.

Lucila explicou:

— Foi a estratégia que o espírito de Lídia usou para fazê-la parar o carro e possibilitar que o filho dela se aproximasse de você.

Ricardo e Léo ficaram surpresos, pois ainda não tinham aquela informação.

Afrânio esclareceu:

— É verdade. Um dos policiais ligou há pouco para nos explicar o ocorrido e saber se Larissa estava bem. Ela precisa ainda ir até a delegacia para formalizar a queixa de tentativa de sequestro. Foi lá, durante o interrogatório, que Fred, esse é o nome do rapaz, revelou ser filho de Lídia, uma falecida ex-funcionária do banco, e que ele não tinha nada contra Larissa. O rapaz disse à polícia que tudo que fizera foi em obediência à voz do espírito da mãe, que não saía de sua cabeça. Ele disse que está muito arrependido e deseja pedir desculpas à nossa família.

— Verdade? — Larissa não confiava naquela mudança tão brusca de comportamento do rapaz.

O pai balançou a cabeça:

— Claro que a polícia não acreditou em nada do que ele disse e acha que essa história de ouvir a voz da mãe não passa de alucinação devido ao uso de drogas. Mas o estranho, segundo comentou o policial, é que esse rapaz não tem nenhum antecedente criminal e que a vizinhança do local onde ele mora deu as melhores referências sobre o rapaz.

Lucila completou:

— Isso explica muita coisa. A influência do espírito de Lídia sobre o filho se confirma então com essas informações.

Larissa retomou sua narrativa a partir do momento em que o rapaz entrou em seu carro, depois que ela achou que tinha atropelado Lídia. A jovem admitiu que foi ela mesma quem destravou a porta:

— Não sei o que deu em mim. Simplesmente destravei a porta e o deixei entrar. Parecia que eu estava hipnotizada por ele.

Lucila confirmou:

— De certa forma, você estava realmente hipnotizada, minha filha.

Larissa falou em um tom de voz baixo, como se fosse revelar um segredo:

— Agora, gente, preciso contar uma coisa maravilhosa para vocês... Acho que fui salva por Patrícia! — e, naquele momento, Larissa não pôde evitar o choro, contagiando a todos com sua emoção. — Parece que ouvi a voz de minha irmã pedindo que eu saísse do carro, pois eu estava correndo um grande perigo com o filho de Lídia. Foi quando o ataquei e peguei o rapaz de surpresa. Ele ficou confuso, e eu aproveitei a oportunidade para sair depressa do carro e ligar o alarme. Quando eu fiz menção de que chamaria a polícia pelo celular, o cara ficou muito estranho. Pareceu que ele tinha acordado de um transe, porque ficou assustado, atordoado e com muito medo. Ele parecia não saber o que estava fazendo ali, e foi então que a polícia chegou.

Afrânio comentou:

— Pelo que entendi, esse rapaz foi usado pela própria mãe. Pois agora, mesmo em espírito, ela vai ter o dissabor de ver o filho atrás das grades.

Lucila teve uma intuição:

— Eu posso estar enganada, Afrânio, mas acho que agora o espírito de Lídia vai querer se comunicar no centro.

Ninguém entendeu a conexão dos assuntos, e Larissa perguntou:

— Por que você acha que isso vai acontecer, mãe?

— Por uma razão muito simples: ela já sabe o que ocorreu com o filho e deve estar desesperada.

— E...?

— Tenho quase certeza de que ela vai nos pedir para não formalizarmos a queixa de sequestro contra o rapaz, porque assim ele não seria preso.

Afrânio tentou argumentar:

— Mas ele foi preso em flagrante. Não dá para se livrar do processo facilmente em um caso assim.

301

Lucila insistiu em seu ponto de vista:

— Larissa poderia dizer à polícia que não foi obrigada a ir para aquele lugar. Poderia afirmar que já conhecia o rapaz e que ele apenas a convidou para conversar, mas que, ao chegarem àquele local, o jovem começou a se mostrar mal-intencionado. Ou seja, não teria sido exatamente um sequestro. E tem mais um detalhe que não pode ser esquecido: era a Larissa quem estava dirigindo o carro o tempo todo e o rapaz não tinha nenhuma arma obrigando-a a fazer isso.

Afrânio tentava manter a sua lógica:

— Mas, querida, você não está entendendo! O rapaz carregava drogas! Como pode ser inocentado de algo assim?

— Querido, você deve saber melhor do que eu que a lei não considera crime o uso da droga para consumo pessoal. O viciado não é um criminoso; perante a Lei, ele é um doente que precisa de tratamento e não de cadeia. Em vez de ir para a prisão, ele deveria ir para um centro de recuperação ou de tratamento de dependentes químicos, o que é bem diferente de ser preso?

Todos ficaram em silêncio, refletindo sobre as ponderações de Lucila. Foi o próprio Afrânio quem deu o primeiro sinal de concordância:

— Bom, analisando a questão por esse lado...

Lucila complementou seu raciocínio. Não queria ficar com a imagem de ser "boazinha" e condescendente com um viciado:

— Vejam bem, eu não proporia isso se o rapaz fosse realmente culpado, se tivesse machucado nossa filha ou se tivesse chegado a obrigá-la a usar aquela droga. Mas, graças a Deus, essa história não passou de um grande susto. E também temos que levar em conta que, durante todo esse tempo, ele agiu de forma inconsciente, influenciado pelo espírito da mãe. Penso, então, que não seria justo deixá-lo passar anos na prisão sem que fosse realmente culpado.

Inclusive, conforme o próprio policial sinalizou, ele não possui antecedentes criminais e parece ser um bom moço de acordo com a vizinhança.

Todos continuavam refletindo a respeito da inesperada sugestão de Lucila, que arrematou:

— E, ao mesmo tempo, essa seria uma moeda de troca interessante para apresentar ao espírito de Lídia.

Sem entender, Larissa e Afrânio perguntaram quase ao mesmo tempo:

— Como assim?

— Diremos para Lídia que não daremos queixa contra o filho dela com a condição de que ela inicie imediatamente o tratamento espiritual de que necessita. Esta seria uma condição inegociável.

Todos ficaram pensando a respeito do assunto e, por fim, Afrânio deu sua opinião:

— Está bem, podemos fazer assim. Mas com uma condição: primeiro, vamos fazer contato com o espírito de Lídia para apresentarmos a proposta. Se ela aceitar, esperamos os espíritos de luz a levarem para o astral e então iremos à polícia para retirar a queixa.

Lucila achou justa a contraproposta, mas queria saber a opinião dos demais:

— E quanto a vocês? Estão de acordo?

A família e Léo concordaram com a proposta, embora demonstrassem ainda um pouco de insegurança.

Naquela noite, todos foram ao centro espírita. Lucila usou do seu bom relacionamento com os membros da equipe de apoio para realizar uma sessão extraordinária. Tão logo tomaram conhecimento da história, concordaram em colaborar com a resolução daquele problema que se instaurara na família Castro.

Lucila estava certa. Assim que a sessão foi iniciada e que o convite foi feito, o espírito de Lídia incorporou em Elza, uma antiga e experiente médium da casa.

Tão logo foi convocada, o espírito da mulher não teve nenhuma inibição para falar. Lucila estava à mesa e sua família assistia à cena sentada no pequeno auditório.

Por meio de Elza, Lídia falava com desenvoltura:

— Eu sei que muitos aqui presentes estão aborrecidos comigo. Sei que fiz coisas erradas, que incomodei pessoas, mas eu estava tomada por um grande desejo de vingança. Não quero falar sobre isso, porque creio que todos aqui já conhecem minha história. Confesso que não iria parar, que continuaria a importunar a família do Afrânio. No entanto, por conta do que aconteceu ontem, tudo mudou. Não posso permitir que meu filho pague pelos meus erros.

Lucila não pôde deixar de manifestar sua revolta:

— Isso é uma contradição sua, Lídia, porque você queria que minha filha pagasse pelos seus erros!

Pelo tom de voz, Lídia mostrava que estava conformada:

— Eu sei que isso é errado. Eu estava sendo muito injusta. Sua filha não tinha nada a ver com as bobagens que fiz e ainda ia fazer no banco. Mas eu estava com ódio do seu marido. Achava que ele era o culpado por eu ter sido desmascarada e por eu ter morrido. Buscando vingança, decidi magoá-lo profundamente e achei que conseguiria isso se fizesse sua filha sofrer.

O dirigente da mesa deu sua opinião:

— Esse pensamento mostrou como seu espírito estava desorientado.

A voz de Lídia tornou-se suplicante:

— Agora eu sei disso! Mas acreditem que meu filho é um bom menino. Tudo que ele fez foi estimulado por mim. Eu o convenci a fazer aquelas bobagens contra Larissa. Não deixem que meu filho seja preso. Ele não tem culpa de nada e também não é traficante. É verdade que Fred usa drogas de vez em quando, que talvez já esteja até viciado ou dependente, mas isso é tratado em clínicas, não em cadeias.

Por favor, peçam que Larissa não formalize a queixa de sequestro. Meu filho ficaria muitos anos na prisão e seria profundamente infeliz.

O dirigente insistiu:

— Nós a entendemos, mas não podemos esquecer que tudo que seu filho fez contra Larissa foi muito grave.

Lídia estava desesperada:

— Eu sei, mas foi a primeira vez que ele fez algo assim. Fred não tem antecedentes. Meu filho não recebeu boa educação e agora precisa de ajuda e orientação, coisas que eu não soube dar a ele.

Todos na mesa aguardavam a palavra final de Lucila, que, depois de alguns segundos de reflexão, disse:

— Lídia, podemos atender ao seu pedido...

O espírito da mulher apegou-se com desespero àquele fio de esperança de libertar o filho:

— Pelo amor de Deus, façam isso!

Lucila continuou com voz firme:

— Mas temos uma condição para que isso aconteça.

— Eu aceito qualquer coisa para não prejudicar meu filho! Ele está começando a vida e uma prisão irá prejudicá-lo para sempre! Qual é sua condição? Diga!

— Você deve seguir agora com os espíritos que estão ao seu lado para um posto de socorro no astral. Lá receberá amparo e poderá refazer sua vida. Depois, poderá ir para uma colônia, onde irá rever parentes e amigos desencarnados.

Lídia ficou surpresa e emocionada com a proposta:

— Rever parentes e amigos queridos? Isso seria maravilhoso! Mas, para conseguir isso, eu tenho mesmo que ir para esse posto de que você falou?

— Tem. É uma condição única e inegociável, Lídia. É pegar ou largar. Estou oferecendo a você a oportunidade de salvar seu espírito pelo amor em vez de pela dor, evitando que uma injustiça seja cometida contra seu filho, já que você afirma que ele é inocente.

Houve um momento de silêncio e todos ficaram angustiados. A resposta de Lídia poderia encerrar o conflito ou dar continuidade àquela agonia.

Elza, a médium que servia de instrumento, respirava forte. Depois de alguns segundos, dirigindo-se a Lucila, ela finalmente falou:

— Está bem, eu... eu aceito a condição. Mas posso confiar em você? Você não vai me enganar e deixar meu filho ir para a prisão?

— Lídia, eu sigo as palavras de Deus. Não engano nem manipulo as pessoas. Pode confiar em mim. Depois que você for para o posto de socorro, levarei Larissa à delegacia para que a queixa seja retirada.

A voz de Lídia era de resignação:

— Estou pronta para ir.

Os membros da mesa deram-se as mãos e fizeram uma prece tocante. De repente, um delicado e delicioso aroma de flores tomou a sala. O ambiente ficou mais leve, como se tivesse recebido uma lufada de ar puro e refrigerado. Emocionados, todos continuaram orando, agora inteiramente comovidos com aquela maravilhosa presença. Os olhos de todos estavam úmidos de lágrimas de emoção e felicidade. No auditório, a família de Lucila compartilhava aquele intenso momento.

Aos poucos, o aroma foi diminuindo até sumir e a temperatura da sala voltou ao normal. Ao mesmo tempo, Elza, a médium intermediadora, acalmou-se e em poucos segundos retomou sua personalidade.

Quando a prece de encerramento foi concluída, Lucila finalmente pôde expressar toda sua emoção reprimida e todo seu alívio, pondo-se a chorar fortemente. Comovidos, Afrânio, Larissa e Léo, então, foram até ela para abraçá-la.

Todos os irmãos da mesa estavam felizes pelo sucesso do trabalho e cumprimentavam-se uns aos outros.

Mais uma vez, o amor vencera!

Na manhã seguinte, conforme havia sido prometido, Afrânio, Lucila e Larissa foram à delegacia e retiraram a queixa contra Fred. Disseram que tudo não passara de um mal-entendido, que Larissa conhecia socialmente o rapaz e não sabia que ele era um doente, um usuário de drogas. Assim, a jovem jamais poderia supor que ele tivesse más intenções quando pediu carona. Por isso, Larissa achava que ele merecia tratamento e não ir para a prisão.

Compreensivos, os policiais entenderam a situação e concordaram com a decisão da jovem e da família, principalmente depois que verificaram que o rapaz não possuía antecedentes criminais.

A família, então, voltou para casa aliviada. Estava tudo resolvido e a vida voltaria ao normal.

Em uma sessão posterior, o espírito de Lídia voltou a manifestar-se. A mulher contou que obtivera uma permissão especial para agradecer a Lucila o cumprimento de sua palavra, o que evitara que Fred fosse preso e processado pela acusação de tentativa de sequestro.

Antes de retornar ao posto de socorro, Lídia ainda confessou ao grupo que estava passando por uma fase difícil, mas que tinha certeza de que sairia transformada dessa fase, pois tinha sido informada de que começaria um programa de transformação de crenças e de posturas. Com a vontade que tinha de mudar, ela sabia que cresceria e seria feliz. Mais uma vez pediu desculpas a todos e retornou definitivamente ao mundo espiritual.

Fred sentiu um enorme alívio ao entrar em seu quartinho nos fundos do armazém. Naquele momento, pensava que havia se livrado de uma bela encrenca, pois, se Larissa não tivesse retirado a queixa contra ele, agora poderia estar enfrentando um processo, que o levaria para a prisão por um bom tempo.

O rapaz ainda não entendia a atitude da garota, que dissera para a polícia que tudo não passara de um mal-entendido, mas preferiu não fazer questionamentos. Por telefone, fez questão de agradecer a ela e a seus pais por aquela atitude. Eles pareciam satisfeitos com o final da história e não demonstraram nenhum rancor contra ele. Fred achou tudo aquilo muito estranho, mas não se queixou de nada. Acabara de livrar-se de uma grande enrascada.

Fred decidira, então, que o melhor seria ficar um bom tempo afastado de qualquer tipo de confusão e que iria parar de beber e de usar drogas. Ele aprendera que, na vida, uma coisa sempre leva à outra. Se arrumasse confusão e voltasse a aparecer na polícia, eles certamente iriam reconhecê-lo e não poderia contar com ninguém para livrá-lo da cadeia.

O jovem pensava que o melhor mesmo era começar a levar a vida a sério e tratar de procurar um trabalho decente. Poderia ser qualquer emprego que aceitasse o fato de ele ter estudado apenas até o colegial. Depois, quem sabe, poderia até voltar a estudar e fazer uma faculdade. Tinha percebido que seus ditos "amigos" só o empurravam para o buraco e que estava na hora de reformular toda sua vida e de conhecer gente nova.

Fred também agradecia a Deus por aqueles sonhos pavorosos com sua mãe terem cessado de vez. Depois da confusão em que ela o metera, tivera apenas mais um único sonho com Lídia e este fora completamente diferente dos anteriores. Nele, a mãe do jovem apareceu-lhe dócil, amorosa, pedindo-lhe perdão pela confusão em que o metera.

No sonho, Lídia ainda admitia que, levada por impulsos baixos e vergonhosos, o incentivara a trilhar o caminho do mal em busca de uma vingança. E dera tudo errado. A mulher pediu muitas desculpas e implorou que ele refizesse a vida, procurasse um emprego decente, novos amigos e que fizesse o possível para retomar os estudos. Ela ficaria muito feliz se ele seguisse esses conselhos. Por fim, Lídia despediu-se dizendo que agora, em outra dimensão, estava em paz.

Fred não entendeu aquela parte do sonho, mas não ficou preocupado com aquilo. O importante era que sua mãe, onde quer que estivesse, estava bem e deixara de importuná-lo.

O rapaz então olhou para a montanha de produtos ilegais dispostos a um canto do seu quarto e começou a acomodá-los em caixas de papelão e em sacos plásticos. Na manhã seguinte, iria devolver todas as mercadorias aos respectivos "fornecedores", alegando que conseguira um bom emprego e que por isso não venderia mais aqueles produtos.

Enquanto não conseguisse um trabalho que lhe oferecesse a oportunidade de crescer, Fred decidira também dedicar mais tempo ao armazém do "amigo" de sua mãe, que, certamente, acharia ótimo ter mais mão de obra para ajudá-lo em tempo integral.

Naquela noite, Fred dormiu rápida e profundamente e sonhou com passagens agradáveis de sua infância. Talvez por isso acordou com uma excelente disposição e, após o desjejum, saiu à procura de emprego.

Epílogo

A manhã estava radiosa.

No sobrado da família Castro, todos estavam reunidos, pois haviam combinado de almoçar juntos. Deolinda, como sempre, caprichara nos pratos. E, pelas conversas e risadas, todos pareciam muito felizes, sobretudo depois de uma reparadora noite de sono.

Larissa recuperara o frescor de antes — as faces voltaram ao seu rubor natural — e não se desgrudara do namorado desde que retornara para casa.

Diante da confusão do dia anterior, o jovem guardara para um momento oportuno uma boa notícia: fora aprovado em dois processos seletivos dos quatro que participara. Agora, cabia a ele decidir qual banco escolheria para voltar a trabalhar. Com esse objetivo, combinou com Afrânio que, no dia seguinte, faria uma visita ao sogro para que pudesse receber algumas orientações a respeito do assunto.

Para Léo, era importante conhecer a posição daqueles bancos no mercado, as perspectivas de crescimento de cada um e a qualidade das políticas internas, não apenas quanto à remuneração e aos benefícios, mas também quanto à qualidade do clima interno e à possibilidade de fazer carreira em uma daquelas empresas. Sendo uma pessoa de ideias corretas e consistentes, Léo não se interessava apenas pelo porte do banco no qual iria trabalhar, mas também pelas chances de crescimento e pelas perspectivas de poder trabalhar com motivação, segurança e bem-estar.

Por sua vez, Ricardo estava satisfeito em seu emprego. Sabia que era cedo para pensar em promoções, mas não tinha pressa. As coisas aconteceriam no tempo certo.

De repente, Afrânio pigarreou e pediu a palavra. Os olhares voltaram-se para ele e todos se calaram para ouvi-lo. Ele começou a falar com alguma hesitação, sem esconder que estava emocionado:

— Bom, o momento é de alegria, de satisfação e eu não quero estragar essa ocasião tão linda. Mas há um assunto a respeito do qual eu gostaria de ter algumas, digamos, definições — pigarreou e, dirigindo-se à filha, continuou:

— Larissa, por minha culpa, tivemos alguns desentendimentos e você ficou muito ressentida comigo. Pensei até que estava querendo sair de casa...

Larissa mostrou-se surpresa, pois era verdade que chegara a pensar naquela possibilidade, surgida em um momento de raiva:

— Quem, eu? E para onde eu iria, pai?

— Bom, foi o que temi diante de sua, digamos, truculência — todos riram. — Então, eu, de coração, queria saber: tudo são águas passadas? Podemos manter seu quarto do jeito que está?

A jovem respondeu secamente:

— Não.

Espanto geral. Houve um silêncio absoluto na sala. Afrânio engoliu em seco. Lucila estava de olhos arregalados. Larissa continuou:

— Não podem mantê-lo do jeito que está! Ele está precisando de algumas melhorias... — e aconteceu uma

311

explosão de risadas. Larissa correu até o pai e abraçou-o emocionada. — Eu te amo, paizinho. Você e mamãe ainda vão ter que me aguentar aqui por mais um tempo, até que aquele moço ali — e estendeu a mão aberta — se firme em um emprego decente e peça minha mão em casamento. Não aguento mais esperar — nova risada geral.

Afrânio voltou-se para Ricardo:

— E quanto a você, meu filho? Seu caso me parece mais complicado... Você já saiu de casa. Seria muito pedir ou esperar que voltasse a viver conosco?

Ricardo pigarreou.

— Não se trata disso, papai. Não há ressentimentos nem mágoas entre nós. Quando decidi morar no apartamento do Luciano, confesso que estava chateado pelas coisas que estavam acontecendo aqui. Mas já passou.

— Então... — havia um fio de esperança na voz e no olhar de Afrânio.

— Então, pai, as motivações agora são outras. Adoro nossa casa, adoro estar com vocês, mas, entendam, já tenho vinte e quatro anos. Já faz um tempo que eu alimento a ideia de morar sozinho. São aspirações muito naturais em um jovem... Já trago comigo as principais lições de valores e princípios que aprendi com vocês. Já aprendi as lições acadêmicas. Agora preciso assimilar as lições da vida. Estou gostando da experiência de morar com o Luciano, apesar de quase não nos vermos.

— Então, o que o faz preferir continuar lá? — insistiu o pai.

— O fato de ter um apartamento inteiro à minha disposição, sem hora para chegar e sair, sem a obrigação de arrumar a cama toda manhã — novas risadas. — Sei lá, isso pode ser coisa da idade, mas me dá uma gostosa sensação de independência, autonomia, liberdade... não sei explicar — fez uma pausa. — Eu gostaria de prolongar mais um pouco essa experiência, mas não estou descartando a possibilidade de voltar a morar com vocês. Por isso, atenção: deixem meu quarto como está, hein? Nada de transformá-lo em ateliê, escritório ou quarto de hóspedes. Continua sendo o meu quarto! — Afrânio e Lucila sorriram felizes com aquela perspectiva. — Posso voltar para cá de uma hora para outra, no entanto, acho que fará bem para meu crescimento pessoal ficar mais algum tempo no apartamento do Luciano ou, quem sabe, alugar um cantinho só para mim — fez uma pausa, tentando interpretar as expressões de cada um naquela sala, já que ninguém se manifestava: — Gente, vocês me entenderam?

Afrânio segurou a mão de Lucila.

— Eu entendi, filho, e creio que sua mãe também entendeu. Claro que vamos sentir sua falta, mas, pelo menos uma vez por semana, vamos deixar combinado de nos encontrarmos nas reuniões do centro e depois virmos jantar aqui?

— Claro, estaremos todos lá.

Afrânio continuou:

— Como você diz, agora suas motivações são pacíficas, pois já não há mágoas. Você poderá voltar para casa na hora que quiser, mas, enquanto isso não acontece, procure ser feliz, seja no apartamento do seu amigo, seja no apartamento que vier a alugar para morar sozinho.

Agora foi a vez de Ricardo levantar-se e dar um abraço bem apertado e carinhoso em Afrânio e em Lucila, que não conseguia segurar as discretas lágrimas.

— E você, mamãe, não vai falar nada? — provocou Larissa.

Lucila ruborizou.

— Ah, nem esperem por isso. Vocês sabem que sou muito tímida, não sei falar em público.

Larissa aproximou-se da mãe, procurando incentivá-la:

— Não seja tão modesta, mãe. Fale logo. Não nos deixe frustrados. Todos aqui querem ouvi-la.

313

Lucila percebeu que não tinha escapatória, por isso pigarreou e começou a falar com uma voz surpreendentemente firme, embora suave:

— A primeira coisa que quero dizer a todos vocês é que, do fundo do meu coração, eu os amo muito — ouviu-se um "ooooh!" geral e todos se levantaram para dar um gostoso abraço coletivo em Lucila. Por alguns momentos, a confusão na sala foi generalizada, mas depois cada um retornou ao seu lugar.

Lucila estava ruborizada e tocada por aquela demonstração de carinho:

— Puxa vida, com tanta emoção, não vou conseguir falar mesmo... — a família não conseguiu segurar o riso.

— Estou muito feliz em ver como as coisas chegaram ao seu final. Sei que fomos ajudados por Deus e pelos amigos espirituais, que nos protegem sempre. Há muita gente que nos ama lá no plano superior.

Naquele momento, Lucila inspirou fortemente como se estivesse sorvendo uma enorme dose de ar — que fora exalada depois vagarosamente —, e suas faces tornaram-se avermelhadas. Ela, então, fechou os olhos e estendeu as duas mãos com as palmas para cima.

O pequeno grupo entendeu o que estava acontecendo e, em respeitoso silêncio, ficaram observando-a.

Lucila começou a falar com o tom de voz levemente alterado. De imediato, todos ali reconheceram a voz suave de Patrícia:

— Minha mãe, meu pai, Larissa, Ricardo, Léo... Eu também quero dizer a vocês que eu os amo muito. Daqui de onde estou não perco vocês de vista um instante sequer. Todos os olhos ficaram cheios de lágrimas diante daquela maravilhosa presença invisível.

Patricia continuou: — Tive meus pedidos atendidos pelo meu mentor para interferir nos últimos acontecimentos e lidar com um espírito descontrolado, que precisava de orientação e que agora, felizmente, está recebendo tratamento. Fiquei feliz por ter conseguido ajudar minha irmã e, sempre que me for permitido, protegerei vocês.

Ninguém ousava interromper aquela fala. Todos mantinham o olhar fixo em Lucila, que continuou a intermediar a mensagem da filha Patrícia:

— Tenho estado perto do Eduardo e posso assegurar-lhes que ele está muito bem, muito feliz, realizando-se com seu belo trabalho humanitário, ao lado dos Médicos Sem Fronteiras. Ele está planejando vir fazer-lhes uma visita muito em breve. Há uma grande possibilidade de ele retornar definitivamente ao Brasil e continuar seu trabalho aqui. Quanto a mim, estou muito feliz, estou muito bem, cercada por entidades maravilhosas e frequentando lugares lindos. Embora o tempo aqui seja medido de um jeito diferente do tempo da Terra, sinto que cresço um pouquinho mais a cada dia que passa. Portanto, fiquem em paz, fiquem com a luz e, por favor, ofereçam-nos preces de vez em quando, pois elas nos fortalecem. Os espíritos precisam e gostam de preces sinceras e proferidas com o coração. Fiquem em paz.

Dito isso, Lucila deu um grande suspiro e suas faces voltaram à cor normal. Ela, então, abriu os olhos e contemplou todos os presentes com um grande sorriso nos lábios.

— Meus queridos, vamos atender desde já ao pedido de nossa querida Patrícia?

Deram-se as mãos e fizeram uma comovida prece. Depois, abraçaram-se emocionados.

Depois daqueles momentos emocionantes, o grupo ficou quieto durante algum tempo, refletindo sobre o que ocorrera. Aquela manifestação tocara profundamente a todos.

Aos poucos, o ambiente foi voltando à normalidade e a tranquilidade retornou àquela família. Todos se puseram a conversar sobre assuntos amenos e logo estavam sorrindo descontraidamente.

Pouco antes do almoço, Afrânio puxou delicadamente sua mulher para um canto da sala e falou-lhe baixinho ao ouvido:

— Quero lhe fazer um convite e espero que você aceite... Se aceitá-lo, vai me deixar muito feliz.

Lucila olhou com malícia para o marido:

— Vejamos que convite é esse...

— Precisamos conversar sobre nós! Agora que nossos filhos estão bem, é chegado o momento de pensar em nós dois.

— Sim, acho que seria bom. E o que você sugere?

Parecia um diálogo entre dois jovens namorados, tal era o romantismo e a sedução presentes nas palavras e nos gestos de cada um:

— Bom, faz um tempão que não jantamos fora.

— Isso é um convite?

— Com certeza. E só nós dois. O almoço de agora será coletivo, mas este jantar a que me refiro será só para nós.

— Hummmm, parece interessante! Mas tenho uma condição...

— Aceito todas. Mas posso saber qual é?

— Terá que ser à luz de velas e com música ao vivo.

— Sua condição não poderia ser melhor. Mas também tenho uma...

— Ah, é? E qual é?

Desta vez Afrânio mostrou-se inseguro, pois não tinha certeza se Lucila aceitaria sua proposta:

— É que... depois do jantar não voltaremos logo para casa... Daremos antes uma paradinha no caminho.

Para surpresa e deleite de Afrânio, ela respondeu gaiata:

— Sua condição não poderia ser melhor...

E beijaram-se apaixonadamente como não faziam havia anos. Só interromperam o gesto quando perceberam que todos haviam feito um círculo em volta do casal e aplaudiam os enamorados animadamente.

Surpresos, os dois voltaram-se para o grupo meio acanhados, mas continuaram abraçados e sorridentes.

A paz, duramente conquistada, voltara definitivamente a instalar-se naquela casa e naquela família.

Lá fora, passarinhos insistiam em pousar nas janelas daquele sobrado. Eram visitantes alados da luz, que participavam daquele momento de alegria.

Fim

Romances

Zibia Gasparetto
pelo espírito Lucius

A verdade de cada um *(nova edição)*
A vida sabe o que faz
Entre o amor e a guerra
Esmeralda *(nova edição)*
Espinhos do tempo
Laços eternos
Nada é por acaso
Ninguém é de ninguém
O advogado de Deus
O amanhã a Deus pertence
O amor venceu
O encontro inesperado
O fio do destino *(nova edição)*
O matuto
O morro das ilusões
O poder da escolha
Onde está Teresa?
Pelas portas do coração *(nova edição)*
Quando a vida escolhe *(nova edição)*
Quando chega a hora
Quando é preciso voltar
Se abrindo pra vida
Sem medo de viver
Só o amor consegue
Somos todos inocentes
Tudo tem seu preço
Tudo valeu a pena
Um amor de verdade
Vencendo o passado

Ana Cristina Vargas
pelos espíritos Layla e José Antônio

A morte é uma farsa
Em busca de uma nova vida
Em tempos de liberdade
Encontrando a paz
Intensa como o mar
O bispo *(nova edição)*
Sinfonia da alma
O quarto crescente *(nova edição)*

Mônica de Castro
pelo espírito Leonel

A atriz *(edição revista e atualizada)*
Apesar de tudo...
Até que a vida os separe
Com o amor não se brinca
De frente com a verdade
Desejo – Até onde ele pode te levar? *(pelos espíritos Daniela e Leonel)*
De todo o meu ser
Gêmeas
Giselle – A amante do inquisidor *(nova edição)*
Greta *(nova edição)*
Impulsos do coração
Jurema das matas
Lembranças que o vento traz
O preço de ser diferente
Segredos da alma
Sentindo na própria pele
Só por amor
Uma história de ontem *(nova edição)*
Virando o jogo

Marcelo Cezar
pelo espírito Marco Aurélio

A última chance
A vida sempre vence *(nova edição)*
Coragem para viver
Ela só queria casar...
Medo de amar *(nova edição)*
Nada é como parece
Nunca estamos sós
O amor é para os fortes
O preço da paz
O próximo passo
O que importa é o amor
Para sempre comigo
Só Deus sabe
Treze almas
Um sopro de ternura
Você faz o amanhã

Conheça mais sobre espiritualidade e emocione-se com outros sucessos da editora Vida & Consciência:

vidaeconsciencia.com.br   /vidaeconsciencia   @vidaconsciencia

© 2015 por Floriano Serra
© Cultura/Moof/Getty Images

Coordenadora editorial: Tânia Lins
Assistente editorial: Mayara Silvestre Richard
Coordenador de comunicação: Marcio Lipari
Capa e projeto gráfico: Jaqueline Kir
Diagramação: Rafael Rojas
Preparadora: Janaína Calaça
Revisão: Equipe Vida & Consciência

1ª edição — 2ª impressão
1.500 exemplares — julho 2015
Tiragem total: 4.500 exemplares

CIP-Brasil — Catalogação na Publicação
(Sindicato Nacional dos Editores de Livros, RJ)

S496
    Serra, Floriano,
        A grande mudança / Floriano Serra. 1. ed. — São Paulo: Centro de Estudos Vida & Consciência, 2015.
        320 p.; 23 cm.

        ISBN 978-85-7722-361-9

        1. Romance espírita. I. Título.

14-14833   CDU-133.9   CDD-133.9

Índices para catálogo sistemático:
1. Romance espírita : Espiritismo

Todos os direitos reservados. Nenhuma parte desta edição pode ser utilizada ou reproduzida, por qualquer forma ou meio, seja ele mecânico ou eletrônico, fotocópia, gravação etc., tampouco apropriada ou estocada em sistema de banco de dados, sem a expressa autorização da editora (Lei nº 5.988, de 14/12/1973).

Este livro adota as regras do novo acordo ortográfico (2009).

Editora e Gráfica Vida & Consciência
Rua Agostinho Gomes, 2.312 — São Paulo — SP — Brasil
CEP 04206-001
editora@vidaeconsciencia.com.br
grafica@vidaeconsciencia.com.br
www.vidaeconsciencia.com.br